Valerie le Fiery

Frank Böhm

ABWÄRTSSPIRALE

Jaspers Weg

Queer

DANKE!

Ein ganz besonderes **Danke** geht an unsere fleißigen Betabienchen, die uns unglaublich toll unterstützt haben. Mädels, ihr seid großartig.

Inhalt

JE GRÖSSER DIE SCHWIERIGKEIT, DIE MAN ÜBERWAND,
DESTO GRÖSSER DER SIEG.

*Marcus Tullius Cicero, * 106 v. Chr. † 7. Dezember 43 v. Chr.*
Römischer Philosoph

Allein in Berlin

Mit einer gehörigen Portion Wut im Bauch trat ich eine leere Getränkedose zur Seite und wischte mir mit dem Ellbogen den Schweiß von der Stirn. Ich konnte das alles nicht begreifen, war nicht in der Lage, zu verstehen, wieso und weshalb all das geschehen musste. Mir war zwar mehr als deutlich bewusst, dass ich zum Großteil selbst schuld an meiner Situation war, dennoch wollte ich es irgendwie nicht wahrhaben – und das machte mich regelrecht zornig.

Am liebsten hätte ich mich übergeben, als ich sah, wie freudig und gut gelaunt die Leute die Straßencafés füllten, ihr Eis aßen, sich mit lautstarken Unterhaltungen gegenseitig Aufmerksamkeit schenkten und sich somit in den Fokus schoben, als wären sie das Maß aller Dinge. Nein, sie waren es nicht, für mich waren es Menschen, denen ich nur zu gern ihr blödes Getränk über den Kopf gegossen hätte, doch dafür fehlte es mir an Mut. Deshalb kickte ich lediglich weiterhin auf dem Ku'damm herumliegende Dinge weg, fraß meine Aggression in mich hinein und begann, mir Vorwürfe zu machen. Vorwürfe darüber, dass ich zum zweiten Mal zu blöd war, das Klassenziel zu erreichen. In der siebten Klasse war ich einfach zu faul gewesen, deshalb hatte ich wiederholen müssen, aber im vergangenen Schuljahr war es für mich unmöglich gewesen, den geforderten Stoff zu bewältigen, vor allem, weil bei mir zu Hause alles drunter und drüber ging. Meine Mutter war vor mittlerweile einem halben Jahr ausgezogen, in einer Nacht- und Nebelaktion war sie einfach verschwunden, mit einem anderen Kerl. Seitdem lebte ich mit meinem Vater allein in unserer Wohnung, bloß der kam mit der Situation absolut nicht klar, pöbelte bloß noch herum und verfiel täglich mehr dem Alkohol, um darin seinen Frust zu ertränken.

Doch zurück zu mir. Ich stand allein mitten in Berlin zwischen Menschen, die ich nicht kannte. Völlig isoliert in einer Großstadt, in der ich zwar aufgewachsen, die mir jedoch zu diesem Zeitpunkt absolut fremd war, und das mit dem Wissen, die zehnte Klasse wiederholen zu müssen, statt eine Ausbildung beginnen zu können.

Hektisch blickte ich mich um, weil ich für einen kurzen Moment dachte, dass mein bester Freund Simon in eine der Seitenstraßen eingebogen wäre. Das konnte jedoch nicht sein, denn der war schließlich gleich zu Beginn der Sommerferien mit seinen Eltern nach Spanien geflogen. Äußerlich gleichgültig wirkend zuckte ich mit den Schultern, rannte weiter in Richtung Tauentzienstraße und betrachtete mich dabei in den an mir vorbeifliegenden Schaufensterscheiben. Vom äußeren Erscheinungsbild her brauchte ich mich absolut nicht zu verstecken, denn ich hatte einen schlanken, durchtrainierten Körper, und eine Mitschülerin war mal der Meinung gewesen, dass sie sich in meine blonden, kurzen Haare verliebt hätte und mir stundenlang in meine blau-grünen Augen sehen könnte. Mir war das eigentlich egal, doch in dem Moment war mir das eine Hilfe. Es baute mich auf und gab mir ein klein wenig Selbstbewusstsein, aber es sorgte auch dafür, dass ich erneut an mir zweifelte, da ich innerlich irgendwie so zerrissen war. Einerseits ein gut aussehender, junger Mann, andererseits ein Vollidiot, der wegen familiärer Probleme zu bescheuert war, seinen Abschluss zu schaffen und damit den besten Weg eingeschlagen hatte, sich eventuell sogar das ganze Leben zu versauen. Warum? Ich wusste es nicht, irgendwie war ich ziemlich unmotiviert, und so sehr ich auch dagegen ankämpfte, ich konnte diese Lustlosigkeit nicht überwinden. Und deshalb schoss ich ein weiteres Mal eine herumliegende Dose von der einen Ecke zur anderen.

»Jasper Gräf, komm mal klar!«, rief ich mir selbst zu, und zwar so laut, dass sich ein paar Leute in den Zwanzigern, die in einem Straßencafé saßen, kopfschüttelnd zu mir umdrehten.

Ich grinste und machte mich aus dem Staub, da mir mein Verhalten ziemlich peinlich war. Das Grinsen war jedoch nur oberflächlich, denn in meinen Augen sammelten sich Tränen. Mir wurde von Minute zu Minute immer bewusster, dass ich allein war. Wäre ich in diesem Moment einfach verschwunden, es hätte mich niemand vermisst. Simon war im Urlaub, meine Mutter zog es vor, mit einem Fremden zu vögeln, und mein Vater kümmerte sich mehr um seinen Rotwein und sein Bier als um mich. Mehr Menschen gab es in meinem Umfeld nicht. Niemand war da, obwohl mich in Berlin Abertausende Augen anstarrten. In meinem Kopf überschlugen sich die Dinge, ich ging schneller die Straße entlang, schaute nicht mehr nach links und rechts, guckte auf meine Füße, die wie automatisiert einen Schritt vor den anderen setzten, und sah aus den Augenwinkeln ein paar Autos an mir vorbeifahren. Ich entschuldigte mich nicht, als ich einen Geschäftsmann anrempelte, der mich daraufhin anpöbelte. Höhnisch schaute ich auf, zeigte ich ihm den Mittelfinger und tat so, als wäre er Luft. Was zum Teufel war nur mit mir los? Wieso war ich mir selbst gegenüber und zu anderen Personen so bescheuert? Weshalb war ich allein und hatte außer Simon keine Freunde, mit denen ich abhängen konnte? Und warum fühlte ich mich wie eine Silhouette in einer Stadt voller Menschen? Ich fand keine Antworten auf all diese Fragen, was mich echt traurig stimmte. Mir war lediglich eines klar: Ich war gefangen in einer Metropole, die förmlich boomte! Allein unter Millionen von Menschen! Und das fühlte sich an, als hätte ich mich in Einzelhaft befunden und wäre jetzt an einen Pranger gestellt worden.

Mit einem Seufzer lehnte ich mich an eine Wand, dabei war es mir egal, ob die nun sauber oder dreckig war, ich wollte bloß Halt finden. Der raue Putz, der sich durch den dünnen Stoff meines hellen T-Shirts drückte, verursachte zunächst einen ganz leichten Schmerz, doch nach einigen Sekunden gewöhnte ich mich daran und begann sogar, mich an der Wand zu bewegen. Meine Schultern schubberten hin und her, was zur Folge hatte, dass das sanfte Drücken in eine Art Massage überging, die ich so lange ausführte, bis ich den verwunderten Blick einer Frau einfing. Sie war ungefähr im Alter meiner Mutter und sah mir besorgt in die Augen.

»Ist alles okay bei dir?«

Wieso duzte die mich? Die kannte mich doch gar nicht. Erschrocken und wütend zugleich stieß ich mich von der Hauswand ab und ließ die Frau einfach stehen. Das fehlte mir gerade noch, dass sich jetzt schon Fremde in mein Leben einmischen wollten. Genervt sah ich mich um. Sollte ich mich in das Café setzen, das gleich gegenüber lag? Nein, besser nicht, das Pärchen, das sich dort ausdauernd gegenseitig die Zunge in den Hals steckte, widerte mich einfach an. Diese zur Schau gestellte Verliebtheit war echt so zum Kotzen. Ob meine Mutter das mit ihrem Kerl auch so machte? Bestimmt! Unwillkürlich sah ich mich um, als könnte ich meine Mutter und ihren neuen Lover irgendwo entdecken, was natürlich nicht der Fall war.

Nachdem das Café also keine Option war, starrte ich hoch, blinzelte, weil die Sonne mich blendete, und überlegte gleich darauf weiter, was ich nun mit dem angefangenen Tag weiter anstellen könnte. Nein! Andere Menschen, diese anonyme Masse an Körpern, dieses hohle Gewäsch, das aus ihren Mündern kam, das war alles nicht das, was ich wollte. Hilfesuchend schaute ich mich um, bis ich plötzlich wusste, wozu ich Bock hatte. Mit energischen Schritten näherte ich mich einem großen Kaufhaus und betrat das Erdgeschoss.

Angenehme Kühle umfing mich, ließ mich aufatmen. Ja, das war viel besser als diese drückende Schwüle, die davon kündete, dass an diesem Tag wahrscheinlich noch ein Gewitter zu erwarten war. Bedächtig schlich ich durch die Reihen, als mein Blick an einer der Spiegelsäulen hängen blieb. Irritiert trat ich näher, betrachtete mich von der Seite und erschrak. Mein Shirt war an mehreren Stellen blutig, kleine Punkte waren zu sehen. Das musste passiert sein, als ich mich an der Wand gescheuert hatte. Bestimmt hatte ich dabei ein paar meiner kleinen Pickel auf den Schultern aufgerissen. Komisch, dass es nicht wehtat, aber mit diesen Flecken auf dem Oberteil konnte ich definitiv nicht weiter durch die Stadt laufen und nach Hause zog mich irgendwie nichts. Es war Samstag und ich wusste, dass mein Vater sicher wieder angetrunken sein würde. War er außerhalb seines Jobs eigentlich immer. Bier, einen ganzen Kasten pro Wochenende und einige Flaschen Rotwein, manchmal mehr. Wenn sein Chef ihn in dieser Verfassung sehen könnte, wäre er sicher sehr erschrocken über den sonst so taffen Abteilungsleiter Norbert Gräf. Also heimfahren war nicht das, was ich wollte, von daher musste ich mir etwas einfallen lassen.

Rasch checkte ich meine Barschaft und stellte fest, dass sie für ein billiges T-Shirt reichen würde und sogar für einen Snack, um bis zum Abend in der Innenstadt bleiben zu können. Entschlossen wandte ich mich der Rolltreppe zu, ließ mich in den ersten Stock bringen und suchte nach den Ständern mit den Oberteilen. Interessiert schob ich Bügel um Bügel zur Seite, zog das eine oder andere heraus, legte mir mehrere der Kleidungsstücke über den Arm und suchte nach den Umkleidekabinen. Auf dem Weg dorthin stach mir an einem anderen Ständer ein Hemd besonders ins Auge. Es schimmerte in einem ganz eigentümlichen Blau und als ich es berührte, fühlte es sich so seidig an, dass ich es kurzerhand ebenfalls mitnahm.

In der kleinen Kabine probierte ich ein Oberteil nach dem anderen an, ließ die, die mir nicht gefielen, achtlos auf den Boden fallen und hängte die zwei, die in die engere Auswahl kamen, an die Stange mit den Kleiderhaken. Irgendwann war jedoch nur noch das schimmernde Exemplar übrig. Fast ehrfürchtig streifte ich das Hemd über meine leicht lädierten Schultern und schloss ein paar der Knöpfe. Fasziniert schaute ich in den Spiegel, sah, wie sehr mich dieses Stückchen Stoff veränderte. Meine Augen schimmerten, trotz des kleinen Grauanteils, fast ebenso wie das Hemd und meine Haare schienen förmlich zu leuchten. Dieses Hemd wollte ich, ich musste es einfach haben. Unbedingt. Rasch guckte ich auf das Preisschild. Autsch, das war heftig, die Zahl, die dort stand, überstieg mein Budget um ein Vielfaches, aber … ich wollte es so sehr. Das oder keins.

Vorsichtig blickte ich mich um. Niemand war zu sehen, kein Mensch konnte mich dort beobachten, ich war absolut sicher. Einen Moment lang zögerte ich noch, dann riss ich entschlossen, aber vorsichtig das Preisschild ab und prüfte, ob ich irgendwelche anderen Sicherungen entdecken konnte, wurde jedoch nicht fündig. Hastig stopfte ich das Hemd anschließend in meinen kleinen Rucksack, den ich stets bei mir trug, doch niemals schulterte, zog das alte, blutverschmierte Shirt wieder an, ließ die übrigen Kleidungsstücke einfach dort liegen, wo ich sie hingeworfen hatte, und verließ die Kabine.

Mit schnellen Schritten und ohne mich umzusehen erreichte ich die Rolltreppe nach unten und eilte im Erdgeschoss zielstrebig auf den Ausgang zu, als sich unerwartet eine Hand auf meine Schulter legte und eine sonore Stimme erklang.

»Nun, junger Mann, ich glaube, wir müssen uns mal miteinander unterhalten.«

Erschrocken, aber nach außen unbeeindruckt, drehte ich mich um und schaute in das ernste Gesicht eines Mannes in den Vierzigern.

»Ich wüsste nicht, worüber wir sprechen sollten!«, gab ich schnippisch zurück und für einen winzigen Augenblick überlegte ich, einfach loszulaufen, Fersengeld zu geben und mir nichts, dir nichts abzuhauen, doch ehe ich mich versah, fasste der Kerl meinen Arm und deutete mit seiner freien Hand auf den Rucksack.

»Wenn ich mich nicht irre, befindet sich da drin etwas, das du definitiv nicht bezahlt hast. Also, komm mit in mein Büro. Wir müssen deine Eltern verständigen.«

Innerlich grinste ich hämisch. Meine Eltern! Am liebsten hätte ich laut losgelacht, doch als er mich mit sich zog, spürte ich, dass die Lage, in der ich mich befand, ziemlich ernst war. Er war mir körperlich überlegen und schob mich mit einer energischen Handbewegung in sein Arbeitszimmer am äußeren Ende des Kaufhauses, wo er mir allerdings nicht einmal einen Platz anbot. Da stand ich nun. Erwischt hatte man mich, wieder einmal war ich der Versager. Meine Wangen wurden heiß, als ich wie ein kleines Kind auf die zahlreichen Bildschirme blickte, die das gesamte Geschäft überwachten, jede noch so kleine Ecke ausleuchteten. Ich hätte es wissen müssen, war viel zu dumm, doch dieses Hemd, es hatte mich einfach kopflos werden lassen und plötzlich war ich ein Dieb.

»Nun«, begann der Typ zu erklären, »als Erstes werde ich deine Daten aufnehmen und anschließend deine Erziehungsberechtigten kontaktieren. Also, dein Name?«

»Jasper!«, murmelte ich leise.

»Jasper!«, wiederholte der Detektiv und sah mich ungläubig an. »Und gibt es auch einen Nachnamen oder musst du dir den auch noch ausdenken? Also, ich kann dir nur sagen, falls ich merke, dass du mich veräppeln willst, bin ich durchaus in der Lage, die Polizei mit einzubeziehen.«

Autsch! Der Typ meinte es ernst.

»Ich heiße wirklich so!«, bekräftigte ich meine Aussage. »Mein Name ist Jasper Gräf.«

Mit nüchternem Blick schrieb der Mann etwas auf eine Art Dokument und schaute anschließend wieder direkt in mein Gesicht.

»Wann bist du geboren?«

»Am vierzehnten Mai Neunzehnhundertneunundachtzig.«

»Dann bist du siebzehn!«, stellte er nickend fest.

Wow! Allem Anschein nach hatte ich es mit einer Intelligenzbestie zu tun. Rechnen konnte er. Ich antwortete mit einem knappen »Ja!« und wartete auf die Dinge, die da kommen würden. Er notierte mein Geburtsdatum und forderte mich auf, den Rucksack zu öffnen. Da ich mir sicher war, dass ich den Kürzeren gezogen hätte, sofern ich mich geweigert hätte, zog ich am Reißverschluss und gab ihm das Hemd, das ich eingesteckt hatte. Der Typ nickte wissend.

»Habe ich es doch geahnt! Mit vier Sachen in die Umkleide zu gehen, drei auf den Fußboden zu werfen und das vierte Teil anschließend nicht mehr in der Hand zu haben, das ist schon sehr verdächtig. Aber ihr Diebe seid alle gleich und fühlt euch so sicher in den Umkleiden, dass ihr leichtsinnig werdet. Aber nicht mit mir, ich komme euch immer auf die Schliche. Es gibt zwar keine Kameras in den Kabinen, aber die Flure sind schon damit ausgerüstet«, flüsterte er vor sich hin und schüttelte den Kopf. Anschließend erfragte er meine Adresse, ließ sich alle Angaben durch meinen Personalausweis bestätigen und wollte anschließend noch die Handynummer meiner Mutter, die er gleich darauf wählte. Innerlich war das für mich ein Freudenfest, denn mir war natürlich klar, dass er bei ihr auf Granit beißen würde, da sie sich, seit sie diesen neuen Fickbruder an ihrer Seite hatte, einen Dreck für mich interessierte. Als er ihr mitteilte, dass er ihren Sohn beim Ladendiebstahl erwischt hatte, konnte ich sie förmlich durch die Leitung brüllen hören.

»Na, hören Sie mal, was erlauben Sie sich, mich wegen solcher Lappalien anzurufen? Da müssen Sie sich wohl an meinen Idioten von Mann wenden und ihm klarmachen, dass er unseren Sohn mal richtig erziehen soll. Ich bin weit weg und kann Ihnen da nicht helfen. Von mir aus sperren Sie den Bengel für ein paar Nächte ein oder geben ihn in eine Erziehungsanstalt, wenn er so aus den Fugen gerät. Und damit hat sich das für mich erledigt. Auf Wiederhören!«

Meine Mutter beendete das Gespräch und ließ den Kaufhausdetektiv am anderen Ende der Leitung verwirrt zurück. Erneut schüttelte er den Kopf und sah mich an.

»Da deine Mutter sich wohl nicht zuständig fühlt, werde ich nun deinen Vater anrufen. Irgendjemand sollte sich wohl angesprochen fühlen. Also die Nummer?«

Sein Blick war durchdringend, er starrte so intensiv, als hätte er Röntgenaugen und könnte direkt in mein Inneres schauen. Das verunsicherte mich, ich ließ mir dennoch nichts anmerken, versuchte, stark zu bleiben und murmelte die ersten fünf Ziffern der Nummer, entschied mich jedoch dafür, abzubrechen.

»Und weiter?«, forderte er mich auf.

»Nix weiter!«, antwortete ich und atmete verächtlich aus. »Mein Alter«, begann ich weiter zu erklären, »der hat um diese Uhrzeit bestimmt schon mindestens zwei Promille im Blut. Aber falls Sie sich das unbedingt antun möchten, mit einer Alkoholleiche zu reden, und eine zweite Pleite erleben wollen, nur zu.«

Der Detektiv legte den Hörer beiseite und hob die Augenbrauen.

»Pass mal auf, du Früchtchen«, zischte er drohend durch die Zähne, »entweder rufe ich deinen Vater jetzt an oder ich verständige die Polizei. Wir haben hier schließlich einen Ladendiebstahl vorliegen. Das ist kein Kavaliersdelikt. Aber ...«

Der Typ stockte, warf mir einen anzüglichen Blick zu und zog die Luft tief ein.

»Aber?«, wiederholte ich.

Der Kerl erhob sich plötzlich von seinem Stuhl und verschloss die Tür. Das machte mir ein wenig Angst.

»Nun, ich wäre bereit, über diese Kleinigkeit mit dem Hemd hinwegzusehen, sofern du dich bereit erklärst, ein klein wenig nett zu mir zu sein.«

Irritiert zog ich meine Augenbrauen zusammen, was hatte das zu bedeuten?

»Hast du verstanden, was ich gesagt habe?«

Der Kaufhausdetektiv stand mittlerweile dicht vor mir, stemmte die Arme in die Seiten und sah mich mit einem süffisanten Gesichtsausdruck an.

»Die Worte habe ich verstanden«, gab ich zur Antwort und straffte meine Schultern, bevor ich ihn mit festem Blick ansah. »Die Worte schon, allerdings erschließt sich mir der Sinn nicht ganz.«

»Ach, jetzt stellst du dich auch noch dumm. Na gut, werde ich eben deutlicher. Du gefällst mir, kleiner Jasper, sehr sogar, wenn du kapierst, was ich meine.« Er trat noch einen Schritt näher an mich heran, schob mich auf einen Stuhl und drückte mit dem Zeigefinger seiner Hand mein Kinn so weit hoch, damit selbiges an seinen Bauch stieß. »Ich will dich, Jasper. Du könntest mir etwas Gutes tun und im Gegenzug vergesse ich, was du angestellt hast. Vielleicht schenke ich dir das Hemd sogar. Nun?«

Mit vor Erstaunen weit aufgerissenen Augen und nach hinten gebeugtem Nacken überlegte ich fieberhaft. Dieser Heini wollte mich, das konnte nur bedeuten, diese kleine Drecksau wollte Sex. Zumindest etwas in der Art. Dieses Schwein nutzte ganz offensichtlich seine Position nicht zum ersten Mal aus, dafür kam das alles viel zu glatt über seine Lippen. Sollte ich einwilligen? Was könnte mir denn im schlimmsten Fall passieren?

»Was stellen Sie sich genau vor?«, hauchte ich ihm aufgrund meiner unbequemen Stellung vor den Bauch.

Ein dreckiges Grinsen überzog jetzt das ganze Gesicht des Detektivs, bevor er meines knapp oberhalb seines Hosengürtels so fest gegen seinen Bauch drückte, dass ich beinahe keine Luft mehr bekam.

»Ich dachte daran, dass du ein bisschen für meine Entspannung sorgst, wenn du jetzt verstehst, was ich damit umschreibe. Deine Lippen und deine Hände wirst du sicherlich einzusetzen wissen.«

Was für ein Widerling. Natürlich war mir vom ersten Moment an klar, dass ich ihm einen runterholen und seinen Schwanz lutschen sollte. Ich überlegte einen Augenblick, war mir unsicher. Hatte ich, der Versager, denn etwas zu verlieren? Und war es eigentlich schlimm, einen Männerschwanz zu blasen? Von den Mädchen und Frauen wurde es ja auch verlangt. Sollte ich also einwilligen? Immerhin war ich noch Jungfrau und für Männer hatte ich mich bisher nicht interessiert, für Mädchen allerdings auch nicht. Trotz der Abneigung, die der Typ in mir hervorrief, wurde ich neugierig.

»Nun, hast du es dir überlegt, süßer Jasper?«

Ich nickte, da ich nach wie vor nicht sprechen konnte, meine Lippen klebten inzwischen fast auf dem billigen Hemd, das der Detektiv trug, da er meinen Kopf immer fester gegen sich gepresst hatte. Er roch ein wenig nach Schweiß, einem muffigen Eau de Toilette und Weichspüler. Glücklicherweise war er sonst nicht allzu eklig, also überwinden würde ich mich nicht müssen.

Daraufhin drückte der Typ meinen Kopf nach hinten und umfasste mein Gesicht mit beiden Händen.

»Dann haben wir einen Deal?«

Erneut nickte ich, da ich irgendwie noch immer nicht in der Lage war, zu reden.

»Gut, Jasper, dann sehe ich dich heute Abend. Um acht bei mir. Xantener Straße 23a. Klingel einfach und gleich darauf machen wir es uns nett. Es wird dir sicher gefallen, ich verspreche es. Aber sei pünktlich da, ich verstehe nämlich keinen Spaß und wenn du mich verarschst, kenne ich kein Pardon, dann erstatte ich Anzeige. Hast du das kapiert?«

»Ja«, murmelte ich und schaute den Mann an. »Kann ich jetzt gehen?«

»Verschwinde!«

Ohne mich noch einmal umzusehen, stand ich auf, griff nach meinem Rucksack, hastete zur Tür, schloss auf und verließ auf schnellstem Wege das Büro.

Unseriöses Angebot

Nachdem ich das Kaufhaus verlassen hatte, hätte ich mich sofort für meine absolute Doofheit ohrfeigen mögen. Wieso nur war ich auf die bescheuerte Idee gekommen, dieses Hemd einzustecken und mich dazu noch von diesem Schleimbeutel von Kaufhausdetektiv erwischen zu lassen? Und weshalb war ich so blöd gewesen und hatte dieser miesen Erpressung zugestimmt? Klar, ich wollte keinesfalls noch mehr Ärger bekommen, als ich ohnehin schon hatte. Zudem stand für mich die Angst vor einer Anzeige im Vordergrund und die Furcht vor einer Strafe war größer als die Aufregung vor dem, was ich an diesem Abend vor mir hatte.

Ich kramte im Rucksack nach meiner Zigarettenpackung, nahm mir einen Glimmstängel heraus und zündete ihn an. Meine Finger zitterten, weil ich so nervös war, mein Herz klopfte dermaßen heftig, dass es mir bis an die Luftröhre schlug und in meinem Kopf kreisten Abertausende Dinge. Ein tiefer Zug an meiner Kippe beruhigte mich etwas. Aber diese scheinbare Ruhe war lediglich von kurzer Dauer, immer wieder schoben sich die Unsicherheit und die Skepsis vor dem, was mir bevorstand, in den Vordergrund. Ich überlegte, was mir geschehen könnte, wenn ich einfach nicht hinginge. Sicherlich würde ich eine Anzeige bekommen und selbst, wenn ich der Polizei die Geschichte von meiner Warte aus und zudem von dem unseriösen Angebot erzählen würde, wäre das aller Wahrscheinlichkeit nach aussichtslos. Immerhin war er der großartige, rampenlichttaugliche Detektiv, der mich erwischt hatte, und ich nur der siebzehnjährige Dieb, der bestraft werden musste und eh nur log. So sah ich keine Chance und beschloss, es hinter mich zu bringen. Augen zu und durch.

An einem Kiosk kaufte ich mir einen kleinen Snack und eine Cola, aß jedoch nicht auf, sondern fütterte mit dem Rest eine Handvoll Stadttauben, da mich das ein klein wenig ablenkte. Ich suchte ständig nach irgendwelchen Dingen, die mich etwas aus meinem tristen Alltag herausbrachten, doch an diesem frühen Abend war das mir Bevorstehende zu präsent. Immer wieder stieg mir die Erinnerung an den Schweiß dieses Mannes in die Nase, den ich nunmehr in etwa zwei Stunden würde bedienen müssen. Bedienen! So als wäre ich ein Stricher! Ich wollte heulen, dennoch verkniff ich es mir, verteilte die letzten Krümel des weichen Brötchens auf dem Asphalt, sah zu, wie sich eine Masse von Tauben darauf stürzte, und verschwand, um mich auf einer nahe gelegenen öffentlichen Toilette ein wenig frisch zu machen.

Das Schicksal ließ es tatsächlich zu, dass ich exakt um acht Uhr abends bei dem Detektiv vor der Tür stand. In der Straße waren mehrere Häuser desselben Stils aneinandergereiht, das verlieh dem Betrachter den Anschein einer Idylle, doch mir war so, als würde ich in wenigen Augenblicken die Hölle erleben. Ich warf meine Zigarettenkippe weg und betätigte die Klingel mit dem Namen Bernd Mönch, der für mich irgendwie klein kariert und etwas scheinheilig klang. Ich konnte Schritte hören, sie wurden schneller, je näher der Kerl zur Tür kam. Ich verspürte einen Würgereiz, unterdrückte diesen jedoch und lächelte, als ich Sekunden später in das Gesicht des Detektivs sah.

»Komm rein!«, befahl er. »Nun los, mach schon!«

Die Eingangstür fiel ins Schloss und der Typ verriegelte sie. Nun war ich gefangen und bekam erneut Angst. Furcht vor dem, was passieren sollte. Was würde geschehen, wenn sein Vorhaben weit über das hinausgehen würde, als das, was er vorher in diesem muffigen Büro von mir wollte? Ich mochte gar nicht daran denken.

»Geradeaus! Ins Wohnzimmer!«, wies er mich weiter an.

Dort angekommen stieß ich auf eine aufgebaute Matratzenlandschaft, die einem großen Bett glich. Die Rollläden hatte der Typ vorsorglich heruntergelassen und auf dem Tisch standen zwei leere Gläser, eine Flasche Wasser, Bier sowie Knabberzeug.

»So, Jasper!«, fuhr der Kerl, der in jenem Moment wohl eine Art Freier für mich war, fort. »Ich rieche, dass du geraucht hast. Das mag ich nicht. Also geh erst nach nebenan und putz dir die Zähne. Eine frische Zahnbürste und ein Becher stehen auf der Ablage. Und beeil dich. Ich habe keine Lust, lange auf dich zu warten.«

Ich tat, wie mir befohlen. Im Bad schaute ich mich ein wenig um. Es war klein, aber modern. Mit Dusche und großer Badewanne. Alles war sauber und gepflegt, man sah nicht das kleinste Staubkörnchen auf dem Boden, geschweige denn Wasserflecken. Das beruhigte mich, denn der Typ schien auf Hygiene zu achten. Ich hoffte inständig, dass er das bei seinem Schwanz auch tat.

Wenige Minuten später betrat ich erneut das Wohnzimmer und blieb vor dem Kerl stehen. Der fasste mir zunächst an den Hinterkopf, strich mir durchs Haar und lief anschließend um mich herum, als ob er mich begutachten würde.

»Du bist so schön!«, hauchte er heiser und gab mir einen leichten Klaps auf den Hintern. »Und heiß!«, zischte er dabei. »Das mag ich. Es macht mich an. Ich bekomme schon einen Ständer, wenn mir der Name Jasper über die Zunge geht. Deshalb werde ich dich vernaschen und du wirst mich so richtig geil verwöhnen. Und nun zieh dich aus. Na los!«

»Ich soll mich ausziehen? Alles?«, fragte ich unsicher nach.

»Natürlich. Ich will dich nackt vor mir sehen. Jetzt mach endlich! Worauf wartest du noch? Oder willst du doch eine Anzeige riskieren?«

Heftig schüttelte ich den Kopf und schob rasch mein blutbesprenkeltes T-Shirt hoch, doch bereits im nächsten Moment bremste mich der Typ aus.

»Mach langsam, ich will es genießen. Komm, leg mal einen Strip hin, ich will schließlich mein Vergnügen haben.«

Innerlich würgte ich, nach außen hin ließ ich mir jedoch nichts anmerken und kam seinem Befehl nach. Im Zeitlupentempo schälte ich erst den einen, dann den anderen Arm aus dem Shirt und bewegte meinen Körper dazu, als würde ich eine nur für mich hörbare Musik wahrnehmen können. Das schien ihm zu gefallen, denn er schnaufte mit erregter Stimme ein »Dreh dich um!« in den Raum. Nun gut, ich gehorchte und warf mein Oberteil wie ein Profi lässig in den Raum, bevor ich langsam meine Gürtelschnalle löste, Knopf um Knopf an meinem Hosenschlitz öffnete und mit betont lasziven Bewegungen die Jeans über meine Hüften schob, dabei schwang ich meinen Hintern hin und her und vernahm deutlich, dass das Keuchen des Detektivs lauter wurde. Nur noch mit Slip und

Socken bekleidet wandte ich mich erneut frontal dem Typen zu und sah, dass der inzwischen seine Hose geöffnet hatte und sich ganz offensichtlich an seinem Schwanz zu schaffen machte. Aus irgendeinem Grund, der jeder Logik entbehrte, machte mich der Anblick dieses wichsenden Mannes ziemlich an und ich musste mich sogar anstrengen, mir nichts anmerken zu lassen.

»Komm her«, keuchte der Mann heiser und ich gehorchte ein weiteres Mal. »Los, fass ihn an«, befahl er gleich darauf und zog seine Hose weiter auseinander, sodass ich einen Blick auf seinen steifen Schwanz werfen konnte. Donnerwetter, der Ständer war nicht von schlechten Eltern. Das Teil war zwar nicht übermäßig lang, aber dafür ziemlich dick. Die Eichel hatte sich bereits vollkommen herausgeschoben und die ersten Tropfen des Vorsaftes hinterließen einen feucht glänzenden, schmierigen Film auf der samtigen rosa Oberfläche mit dem kleinen Loch in der Mitte. Mit einer Mischung aus Skepsis, Neugier und beginnender Geilheit schaute ich darauf, bis der Kerl meine Hand umfasste und an seinen Schaft führte.

»Los, wichs mich!«, knurrte er, und ohne weiter darüber nachzudenken, schob ich meine Hand auf und ab, ließ das Köpfchen verschwinden und wiederauftauchen und staunte darüber, wie sich der pralle Schwanz noch um einiges vergrößerte. Stöhnend warf der Kerl seinen Kopf in den Nacken und plötzlich schoss sein Sperma hervor, floss über meine Hand und hinterließ ziemlich große, nasse Flecken auf seinen Hosenbeinen. Bevor ich meine Hand jedoch zurückziehen konnte, um sie irgendwo abzuwischen, hielt er sie fest.

»Schon mal probiert?«, fragte er grinsend.

»Was probiert? Wichsen? Klar!«, antwortete ich.

»Nee, ich meine den Saft, das Sperma, das weiße Gold«, gab er zu verstehen und sein Grinsen verstärkte sich deutlich. »Na los, leck es ab. Mach deine Hand mit der Zunge sauber«, forderte er mich auf und sein Blick bohrte sich förmlich in meine Augen, sodass ich nicht wagte, mich zu widersetzen.

Zögernd löste ich meine Finger von dem mittlerweile erschlafften Schwanz und hob sie vorsichtig an mein Gesicht. Argwöhnisch stupste ich mit der Zunge an meinen Zeigefinger und probierte zum ersten Mal das klebrige, weiße Zeugs. Es schmeckte leicht salzig, aber gar nicht so übel, wie ich befürchtet hatte. Langsam schob ich mir den gesamten Finger in den Mund und leckte ihn rundherum sauber. Nach einer auffordernden Kopfbewegung seitens des Detektivs kümmerte ich mich auch um die anderen Finger und den Rest der Hand, wobei er mich genauestens beobachtete.

Sobald ich mit meiner Tätigkeit fertig war, schob er mich ein Stück weit von sich.

»Und jetzt zieh endlich den Rest aus, aber gaaanz langsam, verstehst du? Und bleib direkt dort stehen, ich will alles genau sehen.«

Millimeterweise schob ich den Slip Stück um Stück herunter und entblößte dadurch meinen Schwanz, der ohne mein Zutun oder Wollen ziemlich erregt emporschnellte, als die Stoffhülle fiel. In den Augen des Typen glitzerte es, sobald er diese Tatsache registrierte.

»Na nun guck mal einer an, du bist ja geil. Bist du etwa schwul?«

»Nein, eigentlich nicht«, erwiderte ich und verfluchte innerlich meinen Körper, der mich gerade so schmählich verriet. »Ich reagiere jedes Mal so extrem, da reicht schon fast der Anblick eines Baumes, um mich steif zu machen.«

»Wenn du meinst, Jasper, dann ist das wohl so. Streif die Socken ab und dreh dich mal um, ich will deinen Hintern sehen und vor allem dein Loch. Na los, mach hinne.«

Zögernd wandte ich ihm meinen Rücken zu und wartete auf das, was nun folgen sollte.

»Bück dich und zieh die Arschbacken auseinander«, kam es in herrischem Ton von meinem Erpresser, denn als genau den empfand ich ihn gerade.

Sollte ich das wirklich tun? Mich so weit erniedrigen, dass ich ihm quasi Einblick in meine intimste Zone gewähren würde?

Ohne weiter darüber nachzudenken, legte ich meine Hände auf meine Pobacken und zog diese auseinander, um mich dem Kerl darzubieten. Ich hörte sein aufgegeiltes Lachen und spürte bereits nach wenigen Sekunden einen Finger an meinem Eingang, merkte, wie er daran herumfummelte und gleich darauf ein wenig eindrang, was mich teils vor Schmerzen und Angst, aber auch vor Erregung aufstöhnen ließ. Mittlerweile hatte sich mein Schwanz völlig versteift, er stand wie eine Eins und verlangte nach Aufmerksamkeit und so gern ich das auch verhindert hätte, es war mir irgendwie nicht möglich. Es gab dem Detektiv Anlass genug, mich genau an dieser bestimmten Stelle anzufassen, an der ich noch nie zuvor auf diese Art und Weise von einer anderen Person, erst recht nicht von einem Mann berührt worden war. Ich wusste nicht, ob ich es gut finden sollte, zweifelte an mir selbst, hatte jedoch keine andere Wahl, als es geschehen zu lassen. Ja! Er wichste mich und brachte mich binnen kurzer Zeit heftig zum Spritzen. Es war ein ganz anderes Gefühl als die unzähligen Male, in denen ich es mir selbst gemacht hatte, es war schöner, besser, intensiver. Irgendwie mochte ich es, obwohl ich es am liebsten verteufelt hätte.

Mit dem Zeigefinger wischte er mein Sperma von meiner Eichel, drehte mit der freien Hand meinen Kopf und verlangte, meinen eigenen Saft ebenfalls abzulecken. Er steckte mir den Finger ziemlich weit in den Rachen, sodass ich würgen musste, der Kerl schreckte daraufhin zurück und flüsterte mir ein »Dreh dich um!« ins Ohr.

Ich folgte seiner Anweisung und sah, dass er erneut steif war. Er grinste mich an und hob die rechte Augenbraue. Anschließend zog er meinen Kopf in seinen Schoß und drückte mir den heißen Ständer gegen die Lippen.

»Schluck ihn! Nimm ihn in den Mund und lutsch daran. Spiel mit deiner Zunge an meiner Eichel, du kleine Sau.«

Ehe ich mich versah, hatte ich zum ersten Mal einen Schwanz im Rachen und bearbeitete ihn, um die Befehle des Typen auszuführen. Ich begann zu schwitzen und spürte, wie meine Wangen heiß und rot wurden, es fühlte sich an, als wäre ich fiebrig. Mit geschlossenen Augen führte ich meine Taten beinahe mechanisch fort, hörte den Typen keuchen, stetig lauter stöhnen, irgendwann griff er mir in die Haare; zum Glück waren sie nicht so lang, dass er sich darin festkrallen konnte, dennoch tat es irgendwie weh. Völlig unerwartet pumpte er eine weitere Ladung Sperma hervor, direkt in meinen Mund. Mühevoll schluckte ich es runter, unterdrückte den aufkommenden Brechreiz, weil es einfach eine riesige Menge war, und zog meinen Kopf zurück.

Als ich meine Augen öffnete, blickte ich erneut in das gierig-geile Gesicht des Detektivs. Er lachte höhnisch und ließ von mir ab. Nachdem er seine, mittlerweile halb heruntergelassene Hose hochgezogen und geschlossen hatte, deutete er mit einer Handbewegung auf meine Klamotten, was wohl zu bedeuten hatte, dass ich mich anziehen sollte. Rasch kleidete ich mich an, doch als ich zu meinem T-Shirt greifen wollte, unterbrach er mein Vorhaben mit einem »Halt!«, was mich irgendwie erschrecken ließ.

»Was?«, fragte ich nach und hoffte, dass er nicht noch eine Nummer wollte, denn irgendwie hatte ich nur noch den Wunsch, diese Wohnung schnellstmöglich zu verlassen.

»Zieh das Teil nicht an, sondern dieses hier!«

Der Typ öffnete eine Schublade, zog das Hemd, das ich am späten Nachmittag eingesteckt hatte, heraus und warf es mir zu.

»Wie jetzt?«, wollte ich irritiert wissen.

»Nun sei nicht so blöd, sonst pack ich es wieder weg. Also, zieh es an und dann verschwinde. Ich brauche meine Ruhe!«

Rasch packte ich mein blutbesprenkeltes T-Shirt in den Rucksack, streifte das neue Oberteil über, zog mir rasch die Schuhe an, griff nach meinem Rucksack und verließ, nachdem der Kerl die Tür aufgeschlossen hatte, die Wohnung, ohne mich großartig von ihm zu verabschieden.

Draußen atmete ich tief ein und zündete mir eine Zigarette an. Was war das nur für ein Tag? Begonnen damit, dass ich mich allein in einer Großstadt zu einem Dieb entwickelt hatte, war ich innerhalb weniger Stunden zu einer Art Stricher mutiert. Tränen schossen mir in die Augen, die ich dieses Mal nicht unterdrückte. Ich ließ die salzigen Tropfen laufen, als ob sie mich sauber waschen würden. Weshalb weinte ich? Weil ich mir gedemütigt vorkam? Oder weil es mir irgendwie nicht unangenehm gewesen war, was der Idiot mit mir angestellt hatte? War ich schwul? Stand ich auf Schwänze? Vielleicht! Aber dennoch nahm ich mir vor, so etwas nicht noch einmal zu machen. Niemals wieder! Diese Worte sprach ich mehrfach vor mich hin.

»Niemals wieder!«

Schlaflose Nacht

Langsam ging ich die Straßen entlang, irgendwie ziellos. Noch immer kreisten die Gedanken in meinem Kopf wie ein außer Kontrolle geratenes Karussell. Was war mit mir geschehen? Warum um alles in der Welt hatte ich mich so erniedrigen lassen? Wieso hatte ich dem Typen nicht Paroli geboten und mich notfalls sogar mit der Polizei auseinandergesetzt? Und vor allem: Wann hatte ich mich dermaßen verändert, dass ich trotz der Umstände geil geworden war und mich von diesem Kerl hatte wichsen lassen? Zum Henker, ich war definitiv nicht schwul. Oder vielleicht doch?

Unsicher schüttelte ich den Kopf und fummelte erneut eine Zigarette aus der Packung. Während das Feuerzeug aufflammte, schaute ich in die Schaufensterscheibe, vor der ich in diesem Moment stand. Es war das mir bekannte Gesicht, das ich an diesem Tag schon mehrfach in Spiegeln und Scheiben erblickt hatte, und doch schien sich etwas verändert zu haben. Oder war das lediglich mein ureigenstes Empfinden? Konnten andere erkennen, was passiert war? Sah man mir an, dass ich gerade erst sozusagen entjungfert worden war, obwohl der Typ mich nicht richtig gefickt hatte? Sah ich vielleicht anders oder sogar schwul aus?

Ich zuckte mit den Schultern und zündete den Glimmstängel an. Tief zog ich den Rauch in meine Lungen, lehnte mich an das kühle Glas und schaute zum Himmel. Sterne funkelten um die Wette und wider Erwarten hatte es kein Gewitter gegeben, stattdessen hatten sich die dunklen Wolken nach ein paar harmlosen, leisen Blitzen verzogen und auch die Schwüle war gewichen, obwohl die Temperaturen sich sogar um diese Zeit noch um die zwanzig Grad herum bewegten. Eigentlich wünschte ich mir, dass es gerade in dem Moment anfangen würde zu regnen, oder noch besser, aus Eimern zu schütten, sodass ich mich hätte hinstellen und sauberwaschen lassen können. Dieses Gefühl, beschmutzt zu sein, machte mich irre, bloß falls ich zu Hause um die Zeit noch unter die Dusche ginge, gäbe es sicher wieder Zoff mit meinem Alten, deswegen der dringende Wunsch nach einem Wolkenbruch, aber leider würde sich dieser nicht erfüllen.

Nach ein paar weiteren Zügen ließ ich meinen Zigarettenstummel seufzend auf den Boden fallen, trat ihn mit einer kreisenden Fußbewegung aus und stieß mich von der Scheibe ab. Sollte ich irgendwo in die Spree springen? Dazu müsste ich jedoch eine einsame Ecke suchen, was sich als relativ schwierig herausstellen könnte, denn aufgrund des warmen Wetters waren natürlich sehr viele Menschen draußen unterwegs und bevölkerten Lokale, Kneipen und die Stellen, wo man direkt am Fluss sitzen konnte. Gut, sofern sich ein geeignetes Plätzchen finden ließe, müsste ich nackt baden, aber das war mir eigentlich egal, Hauptsache, ich könnte mich wieder sauber fühlen, mich reinwaschen und … ja was, und? Ich konnte sie ja dennoch nicht ungeschehen machen, diese unbestreitbare Tatsache, dass ich einerseits offensichtlich schwul war, oder zumindest bi, und dass ich mich andererseits wie eine Nutte verkauft hatte. Ich war ein Stricher! Der Typ hatte mich für den Sex bezahlt. Mit diesem verdammten Hemd, das ich jetzt am Körper trug. Vielleicht sollte ich es mir vom Leib reißen, zerfetzen und in den nächsten Mülleimer stopfen. Unwillkürlich strich ich mit den Fingern über das seidenweiche Material und schüttelte den Kopf. Nein! Für dieses Stückchen Stoff hatte ich ziemlich viel riskiert und mich letztendlich sogar prostituiert, also nein, genau das wollte ich nicht tun. Aber nach Hause würde ich dennoch gehen müssen, obwohl es mir komplett widerstrebte.

Eine gute halbe Stunde später erreichte ich die Wohnung, in der ich mit meinem Vater lebte. So leise wie möglich schloss ich die Tür auf und schlich mich fast lautlos in den Flur. Obwohl ich mich bemühte, auch beim Ausziehen der Schuhe kein Geräusch zu verursachen, konnte ich nicht verhindern, dass ich unglücklich den an der Garderobe hängenden metallenen Schuhanzieher herunterfegte, woraufhin der mit einem lauten Scheppern auf die Fliesen krachte. Nur Bruchteile von Sekunden später blökte mein Vater aus dem Wohnzimmer: »Ey, Jasper, wo kommst du jetzt erst her?«

Resigniert seufzend tappte ich zur Wohnzimmertür und stellte mich in den Rahmen.

»Von draußen«, warf ich meinem Alten schnippisch hin, verschränkte die Arme vor der Brust und sah ihn verächtlich an. Wie ich erwartet hatte, stand eine Batterie leerer Flaschen vor ihm und seine Augen wirkten glasig.

»Nun werd mal nicht frech, Freundchen, sonst lernst du mich kennen«, stieß er mit schwerer Zunge hervor. »Du bist siebzehn, also hab ich das Recht zu wissen, wo du dich um diese Zeit rumtreibst.«

»Interessiert dich doch sonst auch nicht, ich bin ja kein Bier oder Wein«, rief ich ironisch in den Raum und ließ den Mann, der mein Vater war, nicht eine Sekunde lang aus den Augen, vor allem, als er schwankend versuchte, sich aus seinem Sessel zu erheben. »Was willst du eigentlich von mir?«, blaffte ich ihm noch entgegen.

»Jetzt hör mal ganz genau zu, du Früchtchen. Ich hab heute Nachmittag im Supermarkt die olle Pätzold getroffen, die Mutter von dem Timo, der in deine Klasse geht.«

»Ja, und? Was soll mir das sagen?«

»Du feiges Miststück hattest es nicht nötig, mir zu erzählen, dass du wieder mal kleben geblieben bist.«

Auch das noch! Natürlich hatte ich ihm das verschwiegen. Weshalb hätte ich es ihm auch sagen sollen? Zumindest nicht sofort. Ich wollte einfach den passenden Zeitpunkt abwarten, einen Moment erwischen, in dem er mal nicht betrunken war und man mit ihm reden konnte. Doch nun wusste er es, ich musste mich verteidigen und das tat ich.

»Du interessierst dich doch sowieso nicht für mich. Warum also sollte ich mit dir darüber reden? Um mir deine Vorwürfe anzuhören? Ich wiederhole einfach die zehnte Klasse, so wie ich die siebte wiederholt habe, und damit basta. So bekomme ich wenigstens einen guten Abschluss.«

Selbstbewusst konfrontierte ich meinen Vater mit diesen Worten. Was sollte schon geschehen? In seinem Zustand war er eh nicht mehr in der Lage, auch nur ansatzweise etwas gegen mich auszurichten. Allein diese mehrfachen misslungenen Versuche, sich aus seinem Sessel zu erheben, waren lächerlich. Er wirkte wie eine schlecht geführte Marionette, stank nach Schweiß und schalem Alkohol, hatte sich offensichtlich die Finger einige Male an einer Zigarettenglut verbrannt, was noch armseliger wirkte, und versuchte dennoch, mich mit gebrüllten Worten einzuschüchtern.

»Du bist genauso ein Versager wie dieser neue Typ, mit dem deine beschissene Mutter durchgebrannt ist«, schrie er mir entgegen. »Schule scheint dir völlig egal zu sein. Ein Rumtreiber bist du! Ich muss dir, glaube ich, mal Manieren beibringen, damit du wieder klar denken kannst«, lallte er weiter.

Ich zischte höhnisch durch die Zähne. Dieses kleine Licht wollte etwas gegen mich ausrichten, so besoffen wie der war, konnte ich ihn nicht ernst nehmen, und das ließ ich ihn spüren.

»Du sprichst von mir als Versager? Was bist du dann?«, verteidigte ich mich. »Und selbst wenn ich einer bin, habe ich das garantiert von dir geerbt. Schau dich doch an, du bist gefangen in deiner Alkoholsucht, bist in deiner Freizeit nur noch am Trinken und kümmerst dich um gar nichts mehr. Und jetzt rede dich nicht raus, dass es alles nur an Mama liegt. Vielleicht bist du nicht so geworden, weil sie sich verpisst hat, nein, ganz offensichtlich ist sie abgehauen, weil du schon immer ein solcher Honk warst und sie es nicht mehr mit dir aushielt.«

Das hatte gesessen! Mein Vater kochte vor Wut. Ich musste aufpassen, dass er mich nicht zu fassen kriegte, sonst würde ich mir wohl eine einfangen. Schäumend vor Zorn schaffte er es tatsächlich aus seinem Sessel, stolperte auf mich zu und drückte mich von der Türzarge weg an die gegenüberliegende Wand des Flurs. Sein Mundgeruch ließ mich würgen, er war abgestanden und faulig. Seine glasigen Augen sahen mich verächtlich an und gleich darauf hob er auch schon die Hand. Es wäre ein Leichtes gewesen, ihn wegzustoßen, doch irgendwie wollte ich mir an dieser armseligen Kreatur nicht die Finger beschmutzen und ließ ihn gewähren.

»Ich würde es an deiner Stelle nicht wagen, mich zu schlagen, sonst bettelst du um ein Echo. Setz dich besser zurück in deinen Sessel und chill mal. Das ist gesünder für dich«, drohte ich ihm. Ich war noch nie so entschlossen wie an jenem Abend, diesem Kerl endlich mal Paroli zu bieten und endgültig etwas zu verändern.

Dennoch schlug er zu. Seine Hand klatschte direkt an meine Wange. Es tat nicht besonders weh, weil er durch den hohen Promillegehalt in seinem Blut gar nicht in der Lage war, richtig auszuholen, trotzdem hatte er meine Worte anscheinend nicht ernst genommen.

Irgendwie geriet ich in Rage, drückte meinen Ellbogen gegen seine Brust und schob ihn so zurück ins Wohnzimmer. Das überraschte ihn, vor allem, weil er spürte, dass ich ihm mittlerweile körperlich deutlich überlegen war. Er fiel zurück in seinen Sessel und ich kniete mich auf seine Oberschenkel.

»Können wir uns jetzt in Ruhe unterhalten oder willst du mich weiter schlagen?«, schrie ich ihn an. »Du kannst dich entscheiden, aber ich werde mich wehren. Nicht unbedingt mit Gewalt, doch in Schach halten werde ich dich, ob dir das passt oder nicht. Also? Du entscheidest.«

»Ich werde mich doch von dir nicht erniedrigen lassen!«, brüllte er in schwer verständlichen Worten zurück. »Schließlich bin ich der Herr im Haus und nicht du.«

Am liebsten hätte ich schon von ihm abgelassen, da der Alkoholgestank mich ankotzte, doch nach diesen Worten drückte ich meinen Arm noch fester auf seinen Körper und blaffte ihm entgegen: »Niemand ist hier ein Herr, weder du noch ich! Entweder leben wir hier normal miteinander unter diesem Dach und achten gegenseitig auf uns, oder du wirst in Zukunft mit enormer Gegenwehr von mir zu rechnen haben. Lass dir das gesagt sein. Die Zeiten der Unterdrückung sind vorbei. Egal, was du jetzt meinst oder tun willst. Und denk noch nicht mal daran, das Wort Hausarrest in den Mund zu nehmen. Solange ich quasi mit einem Alkoholfass spreche statt mit einem Menschen, werde ich darüber nur lachen. So, und nun gehe ich duschen, auch wenn dir das nicht passt. Und wehe, du kommst mir hinterher und blökst mich voll.«

Ich ließ von ihm ab und verließ den Raum, in der Hoffnung, dass er dort sitzenblieb, wo ich ihn platziert hatte. Stolz wie Oskar verschwand ich ins Bad, schälte mich aus meinen Klamotten und sprang unter die Dusche. Gerade hatte ich das Wasser angestellt, da hörte ich bereits ein Poltern vor der Tür.

»Du kleiner Wicht hast mir gar nichts zu sagen, ist das klar?«

»Was willst du denn jetzt noch?«, brüllte ich in Richtung der abgeschlossenen Tür. »Ich dusche, lass mich in Ruhe!«

»Hast du mich nicht verstanden, du kleines Miststück? Ich lasse mir von dir nichts sagen. Los, komm da raus, du Feigling, und zeig dich. Na, was ist, du Memme?«

Genervt und wütend zugleich stellte ich das Wasser ab, schlang mir ein Badetuch um die Hüften, schloss auf und stand im nächsten Moment vor meinem Alten, der zwar laut gebrüllt hatte, sich jedoch nur mit Mühe auf den Beinen halten konnte.

»So, da bin ich. Schieß los, was gibts noch zu meckern?«, fauchte ich ihm entgegen und hatte dabei echte Schwierigkeiten, ihm nicht an die Gurgel zu gehen.

»Ich habe beschlossen«, lallte mein Vater und schwankte dabei wie ein Halm im Wind hin und her, »dass du faules Stück nicht weiter zur Schule gehen wirst. Es reichte mir damals schon, als du in der siebten Klasse kleben geblieben bist. Ich melde dich ab und dann gehst du arbeiten. Du bist eh zu blöd für alles und ich habe keine Lust, noch länger für dich aufzukommen. Keine Lehre, ab in die Fabrik.«

»Das denkst auch nur du«, zischte ich ihm entgegen. »Ich wiederhole die zehnte Klasse, mache meinen Realschulabschluss und suche mir anschließend eine Ausbildungsstelle. Und du wirst mich nicht davon abhalten.«

»Nein, du kleiner Scheißer, das läuft nicht. Ich bin immer noch der Erziehungsberechtigte, niemand sonst, auch nicht deine verfluchte Mutter, also entscheide ich das allein. Schade, dass ich dich nicht gleich rauswerfen kann, eigentlich will ich dich nicht mehr sehen, aber sobald du achtzehn bist, bist du hier Geschichte. Pack also rechtzeitig deine Plünnen, hast du gehört?«

»Du willst dich also drücken, du Versager? Das wird dir nicht gelingen. Du wirst zahlen müssen, selbst wenn ich ausziehe, das ist dir hoffentlich klar, oder?«

»Keinen Pfennig bekommst du von mir, sobald du erst mal weg bist, wetten?«

»Cent, wir haben Cent, du Blödmann«, provozierte ich meinen Vater bewusst, der daraufhin drohend einen Schritt auf mich zukam.

»Am liebsten würde ich dir die Scheiße aus dem Leib prügeln und dich dann rausschmeißen«, spuckte er mir entgegen. »Sieh dich vor, dass ich es nicht mache.«

»Du drohst mir also? Sei vorsichtig, du Saufbold, ich bin kein Kind mehr, ich wehre mich, das habe ich dir vorhin schon bewiesen. Also zwing mich nicht, dir ein paar zu ballern.«

»Fühlst du dich jetzt stark, du Missgeburt? Am liebsten wäre es mir, wenn du gleich verschwinden würdest, ich würde dich nicht vermissen.«

»Wenn es das ist, was du willst, sollst du es haben, du Alki! Und nun lass mich zu Ende duschen.«

Mit diesen Worten knallte ich meinem alten Herrn die Tür vor der Nase zu, schloss erneut ab und lehnte mich von innen dagegen. Was sollte ich jetzt tun? Abhauen? Einen Moment lang überlegte ich, wo ich übernachten könnte. Meine Mutter würde sich bedanken, wenn ich plötzlich vor ihrer Tür stünde und überhaupt, ich hatte ja nicht einmal eine genaue Adresse von ihr. Zu meinem besten Freund konnte ich ebenfalls nicht, da der, wie gesagt, in Spanien war und seine Eltern da sicher auch nicht mitgespielt hätten, denn so richtig mochten die mich nämlich nicht. Also wohin?

Langsam rubbelte ich mich trocken und registrierte nebenbei, dass mein Vater in Richtung seines Zimmers schlurfte, wobei er immer noch vor sich grummelte. Erneut band ich mir das Tuch um die Hüften, nahm meine zuvor abgelegten Klamotten vom Fußboden und öffnete die Tür. Dabei vergewisserte ich mich, dass mein Vater wirklich fort war und mir nicht in irgendeinem Versteck auflauerte, erst dann huschte ich in mein Zimmer am anderen Ende des Flures. Dort angekommen kleidete ich mich in Windeseile an und überlegte weiter. Sollte ich ihm den Gefallen tun und verschwinden? Einfach nur mal so, damit er merkte, dass es mir ernst war? Ob er mich suchen lassen würde? Eigentlich war mir das egal, genau wie er. Und wie meine Mutter. Sie lebten beide ihr eigenes Leben und hatten mich verraten. Sollten sie sich doch ruhig mal Sorgen um mich machen, vielleicht kämen sie dann zur Vernunft.

Entschlossen packte ich ein paar Sachen in meinen großen Backpack, schnappte mir mein letztes Kleingeld aus der Schublade sowie meinen alten, abgewetzten Teddybären, stopfte beides nebst Handy und Ladegerät in den kleinen Rucksack, den ich sowieso immer bei mir hatte, schaute mich ein letztes Mal um und verließ mein Zimmer. Leise schlich ich über den Flur, hörte meinen Erzeuger laut schnarchen und eilte die Treppe runter, ließ die Haustür leise hinter mir ins Schloss schnappen und stand draußen. Mitten in der Nacht, die glücklicherweise warm war. Erneut war ich allein und ohne Perspektive.

NACHT UNTER DEN STERNEN

Z iellos rannte ich die Straße, in der ich wohnte, hinunter. In meinen Augen sammelten sich immer wieder Tränen, doch die wischte ich ebenso oft mit dem Handrücken weg. »Ich gebe nicht auf!« – so lautete ab sofort meine Devise. Immerhin hatte ich mich dazu entschlossen, die Wohnung zu verlassen und meinem bisherigen Leben den Rücken zu kehren. Dennoch war ich traurig, eventuell war es aber auch eine Art Enttäuschung, denn eigentlich sollte man von einem Elternteil mehr erwarten können, als beschimpft, gedemütigt und erniedrigt zu werden. Das war jedoch nicht der Fall, denn mein Vater war dem Alkohol verfallen und meine Mutter einem fremden Mann und dessen Schwanz. Ich schüttelte den Kopf über meine Gedankengänge, putzte mir die Nase und rieb mir nochmals die Feuchtigkeit von den Wangen. Vielleicht war ich ein Versager, doch irgendwie wusste ich, dass ich es schaffen würde, ein neues Leben zu beginnen.

Schnellen Schrittes ging ich weiter in Richtung City, zündete mir noch eine Zigarette an und überlegte derweil, wo ich wohl übernachten könnte, denn langsam, aber sicher wurde ich müde. Im nächsten Moment fiel mir der Kaufhausdetektiv ein. Eventuell könnte ich ihm ja nochmals einen Besuch abstatten und ihn fragen, ob ich auf seiner Matratzenlandschaft übernachten … Nein! Auf keinen Fall! Das kam nicht infrage! Ich hatte mir schließlich ein »NIE WIEDER!« geschworen und dieses Versprechen wollte ich auf keinen Fall brechen. Aus der Ferne erkannte ich, dass mir ein Streifenwagen entgegenkam. Hektisch sah ich zur Kirchturmuhr und erkannte, dass es bereits nach Mitternacht war, was mir sofort ins Gedächtnis rief, dass ich mich besser vor den Polizisten verstecken sollte, sofern ich nicht beabsichtigte, von denen auf direktem Weg nach Hause zurückgebracht zu werden, denn immerhin war ich leider noch nicht volljährig. Deshalb verzog ich mich in die nächste Ausfahrt und ließ das Fahrzeug vorbeifahren. Puh! Glück gehabt! Sie hatten mich nicht entdeckt und so konnte ich weiter überlegen, wo meine Reise in dieser Nacht enden sollte.

Ich bog in eine kleine Seitengasse ab und betrachtete die Häuser. Dabei hoffte ich, vielleicht ein leer stehendes Gebäude zu finden, in dem ich mich ein wenig hätte aufhalten können, obwohl ich wusste, dass das eigentlich ein aussichtsloses Unterfangen war, da ich die Gegend wie meine Westentasche kannte. Mein Inneres signalisierte sogar, dass ich aufgeben und einfach zurück nach Hause gehen sollte, da ich wohl für ein Leben auf eigene Faust doch noch nicht weit genug war. Das wiederum machte mich extrem wütend.

Plötzlich vernahm ich ein paar Stimmen. Je weiter ich die Straße hinunterlief, desto deutlicher waren sie zu hören. Ich horchte genau hin, da ich neugierig wurde und unbedingt wissen wollte, woher sie genau kamen. Ein paar Schritte weiter hatte ich sie lokalisiert, sie drangen aus dem Garten eines luxuriösen Einfamilienhauses etwa einhundert Meter vor mir in mein Ohr. Ehrlich gesagt glichen Haus und Anwesen eigentlich eher einer Villa mit Park. Vorsichtig näherte ich mich den Geräuschen und sah gleich darauf ein paar junge Leute, die dort ausgelassen feierten. Ich schätzte sie allesamt etwa zwischen zwanzig und Mitte zwanzig und man konnte sehen, dass sie in extremer Partylaune waren. Vom Gehweg aus blickte ich durch die Bäume auf den Pavillon, den die Jungs aufgebaut hatten. Sie lagen sich in den Armen, tanzten, tranken, rauchten und verbreiteten gute Laune. Das war genau das, was ich gebrauchen konnte, deshalb blieb ich dort einfach einen Moment lang stehen und beobachtete ihr Treiben, bis mich einer von ihnen entdeckte und auf mich zukam.

»Hey, Kleener, was machste denn um diese Uhrzeit noch hier?«

Ich zuckte mit den Schultern, sah zur Seite und wollte weitergehen, weil das Ganze mir dann doch ein wenig peinlich war, doch der junge Mann redete weiter auf mich ein.

»Haste vielleicht Bock, einen mitzutrinken? Wir haben noch genug da! Na komm schon, auf einen Gast mehr oder weniger kommt's auch nicht mehr an.«

»Ich weiß nicht!«, flüsterte ich unsicher.

»Ach was. Come on! Oder Jungs, was meint ihr? Laden wir den Kleenen aufn Bierchen ein?«

Der letzte Satz richtete sich an die Kumpel des Typen, die dadurch natürlich ebenfalls auf mich aufmerksam wurden und mich letztendlich mit einladenden Bewegungen überzeugten, das Angebot anzunehmen und den Garten des mir fremden, jungen Mannes zu betreten.

Sofort drückte er mir eine Flasche Bier in die Hand und prostete mir zu. Sein Grinsen war freundlich und irgendwie vertrauenerweckend. Ich war zwar nur etwa drei Kilometer von meinem Elternhaus entfernt, aber dieser äußerst sympathisch wirkende Mann war mir noch nie aufgefallen. Eigentlich war das sogar gut so, denn deshalb kannte er mich aller Wahrscheinlichkeit auch nicht und ich konnte ihm ungezwungen entgegentreten.

»Wie heißt du eigentlich?«, fragte er irgendwann, nachdem ich einen großen Schluck aus der mir dargebotenen Flasche genommen und mir aufgeregt und ein bisschen nervös eine weitere Zigarette aus der Schachtel geklaubt und angezündet hatte.

»Ich bin Jasper!«, antwortete ich mittlerweile nicht mehr ganz so unsicher.

»Nur Jasper?«

»Nein!«, erwiderte ich grinsend und schüttelte den Kopf, »Jasper Gräf!«

»Okay, der Name klingt cool. Hat was. Ich bin übrigens Jannik. Und du kannst es mir glauben oder nicht, ich habe auch einen Nachnamen.«

»Echt jetzt?«, hakte ich grinsend nach. Eine solche Konversation gefiel mir. »Kann doch eigentlich gar nicht sein!«

»Doch«, erwiderte er nickend. »Ich bin Jannik Drossel und das hier …«, er machte eine Handbewegung, die wohl die riesigen Ausmaße des Gartens widerspiegeln sollte, »… das ist mein Reich, okay, das meiner Eltern, aber die sind nicht da. Die haben sich für ein paar Tage nach Griechenland verabschiedet.«

»Super!«, bestätigte ich staunend und nippte nochmals an meiner Flasche.

»Jepp. Und nun lass uns einfach ein bisschen feiern. Die Musik ist gerade ziemlich lahm, oder nicht?«

»Och, eigentlich gefällt mir die Mucke, die da läuft, aber wenn du meinst, dann leg doch andere auf. Ich denke, du bist der Gastgeber«, erwiderte ich und lächelte Jannik an.

»Okay, man merkt, dass du wohl um einiges jünger bist als ich. Eigentlich ist diese Zappelmusik absolut nicht meins.«

»Na, jetzt bin ich aber mal neugierig«, setzte ich dem sofort entgegen und staunte selbst über meinen Mut. »Wie alt bist du denn genau und welche Musik schwebt dir vor, also in diesem Moment?«

»Ist kein Geheimnis, ich bin dreiundzwanzig und eigentlich stehe ich mehr auf Rock, gern auch etwas härter. Aber das ist natürlich nicht unbedingt was zum Tanzen, von daher lassen wir besser alles so, wie es ist, sonst meckern die anderen garantiert rum, die sind ja fast alle etwas jünger. Apropos Alter, verrätst du mir denn auch deins? Ich denke fast, du bist noch keine zwanzig, oder?«

Ich wendete meinen Kopf ab und sah angestrengt an Jannik vorbei, denn ich wusste nicht genau, ob ich mein wahres Alter wirklich preisgeben sollte, oder ob es besser wäre, so zu tun, als wäre ich wenigstens volljährig. Mir war klar, dass ich sehr jung aussah, sodass die Behauptung, eventuell sogar schon aus dem Teenageralter heraus zu sein, wohl eher unglaubwürdig wirken würde.

»Nun, was ist, Jasper? Keine Angst, egal, was du antwortest, hier reißt dir niemand den Kopf ab, okay? Weder ich noch die anderen Jungs.«

Ich zog ein letztes Mal an meinem Glimmstängel, drückte ihn in einem neben mir stehenden Aschenbecher aus, holte tief Luft und drehte mich erneut zu Jannik, der mich erwartungsvoll angrinste.

»Ich bin siebzehn«, murmelte ich und wartete gespannt auf eine Reaktion.

Jannik nickte und lächelte weiter.

»Okay, kein Problem. Obwohl ich vermutet hatte, du wärst zumindest volljährig. Aber gut. Doch nun verrat mir mal, warum du mit siebzehn Jahren nach Mitternacht mit zwei Rucksäcken in der Stadt rumläufst.«

Mein Blick wirkte wohl ein panisch, denn Jannik setzte noch ein »Bleib locker, bei mir bist du sicher, egal, was es ist!« hinzu.

Ängstlich sah ich mich um, doch interessanterweise war es den anderen Partygästen ziemlich egal, dass ich mit Jannik in ein Gespräch vertieft war, sie waren vielmehr mit sich selbst beschäftigt, tranken, tanzten weiter und ließen uns in Ruhe reden. Ich überlegte, inwieweit ich mich einem für mich bisher fremden Menschen anvertrauen konnte, und musterte Jannik unwillkürlich von Kopf bis Fuß, was dem natürlich nicht verborgen blieb.

»Und? Prüfung bestanden?«, kam es schmunzelnd von meinem Gegenüber, was mich natürlich prompt erröten und verlegen nicken ließ. »Na dann los, erzähl, was dich bedrückt, denn dass irgendetwas nicht stimmt, das merke ich. Warte, wir nehmen uns noch jeder ein Bier und setzen uns da drüben in die Ecke, da sind wir ungestört, zumindest einigermaßen. Meine Kumpels kommen garantiert ohne mich klar, die kennen sich hier aus und haben eh mit Feiern genug zu tun.«

Jannik reichte mir eine weitere Flasche, deutete auf meine Sachen, die ich einfach abgestellt hatte und auf Janniks Aufforderung hin sofort aufhob. Er ging voraus in eine Ecke des Gartens, wo lediglich ein kleiner, runder Tisch und drei gemütliche Rattansessel standen. Dort ließ er sich in eine der Sitzgelegenheiten fallen, deutete auf eine der beiden anderen und wartete, bis ich mich ebenfalls gesetzt hatte.

»Schieß los, ich bin ein guter Zuhörer. Was beschäftigt dich?«, ermunterte mich ein weiteres Mal.

Nach einem tiefen Zug aus der Flasche begann ich zu erzählen. Ich ließ nichts aus, redete ohne Pause von allem, was mich in der letzten Zeit bedrückt hatte. Sprach von der riesigen Enttäuschung, dass meine Mutter mich so schnöde im Stich gelassen hatte, von der Wut auf meinen Vater, der mich quasi ebenfalls allein gelassen hatte und sein Heil im Alkohol suchte, von meinem mehrmaligen Versagen in der Schule und sogar von dem kleinen Diebstahl in dem Kaufhaus. Nur den Detektiv und das, was danach geschehen war, verschwieg ich. Aus irgendeinem Grund wollte ich nicht, dass mich dieser Mensch, der Erste seit langer Zeit, der mir zuhörte und dem es offensichtlich nicht gleichgültig war, dass ich Probleme hatte, als Stricher sah, denn ein solcher wollte ich definitiv nicht werden. Ja, mir war klar, dass ich mich tatsächlich prostituiert hatte, aber das sollte ein einmaliger Ausrutscher gewesen sein, den ich stündlich mehr bereute. Das würde niemals wieder vorkommen, davon war ich felsenfest überzeugt. Schließlich hatte ich es mir geschworen. Erst als alles aus mir herausgesprudelt war, stoppte ich, holte Luft, trank einen Schluck und zündete mir eine weitere Kippe an.

Jannik schaute mir direkt in die Augen. Es schien, als wollte er mich fixieren, ja, er taxierte mich auf die gleiche Weise wie ich ihn vorher, dann endlich nickte er.

»Und da bist du mitten in der Nacht abgehauen, oder hast du immer so viel bei dir?«, fragte er und deutete mit dem Kopf auf mein bescheidenes Reisegepäck.

»Ja! Ich bin von zu Hause weg«, murmelte ich unsicher und harrte der Dinge, die da kommen würden. Hatte ich mir Janniks Sympathie etwa mit meinem Geständnis verscherzt? Oder konnte er mich verstehen und vielleicht sogar einen guten Rat geben?

»Okay!«, erwiderte Jannik und nahm einen Schluck aus seiner Flasche. »Aber wo willst du denn nun hin? Ich meine, du kannst ja nicht einfach die ganze Nacht durch die Stadt laufen und ziellos umherirren. Das bringt doch nix!«

Schulterzuckend starrte ich ins Leere, da ich nicht wusste, was ich darauf antworten sollte. Mir war durchaus klar, dass ich nicht für ewig und alle Zeiten durch die Straßen latschen konnte. Dennoch war ich mir sicher, dass mir bestimmt irgendwas einfiele. Ich wusste nur noch nicht genau, wohin die Reise gehen sollte.

»Und was willst du jetzt tun?«, hakte Jannik irgendwann nach, sah mich dabei neugierig an und hob die Augenbrauen.

»Irgendwie durchschlagen!«, antwortete ich knapp. »Vielleicht irgendwo nen Job suchen, ein bisschen Kohle verdienen und dann beim Kumpel oder so unterkommen. Ich weiß es noch nicht, habe bisher keinen Plan. Doch ich bin mir sicher, dass ich nicht wieder zu meinem Vater gehe. Bei dieser Schnapsdrossel halte ich es keine Minute mehr aus.«

»Pass auf«, ermutigte mich Jannik weiter, »heute Nacht kannst du bei mir pennen. Ich habe Platz in unserem Gästezimmer, denn von den Jungs schläft keiner hier, die hauen eh gleich ab, na ja vielleicht nicht gleich, aber irgendwann. Und sobald du ausgeschlafen hast, überlegen wir beide zusammen, wie es weitergeht.«

»Du würdest mich hier schlafen lassen?«

»Na klar, warum nicht? Das Haus ist groß genug, im Gästezimmer steht ein riesiges Bett und du hast sogar eine eigene Dusche. Also, falls du willst, bist du eingeladen.«

Janniks Aussage machte mich perplex. Wieso legte sich ein junger Mann, der mich bis vor einer guten halben Stunde nicht einmal gekannt hatte, so dermaßen für mich ins Zeug und bot mir gleich eine Übernachtungsmöglichkeit an? Führte er vielleicht etwas Böses im Schilde? Abermals beäugte ich ihn eindringlich und stellte fest, dass er ziemlich sympathisch wirkte und alles andere als böse. Irgendwie vertraute ich ihm, dennoch war ich mir unsicher.

»Ich weiß nicht«, flüsterte ich, »immerhin will ich dir ja nicht auf den Geist gehen.«

»Quatsch!«, dementierte Jannik. »Du fällst mir schon nicht auf die Nerven. Wieso auch? Immerhin bist du doch ein ganz cooler Typ und hast es meines Erachtens nach verdient, dass man dir hilft. Also, jetzt lass uns zu den anderen Jungs gehen. Die wollen dich bestimmt auch kennenlernen. Ich stell dich vor und dann haben wir noch ein bisschen Spaß mit denen. Was hältst du davon?«

»Ist gebongt!«, stimmte ich zu, gab mir einen Ruck und stand auf, um mich gemeinsam mit Jannik zu seinen Gästen zu begeben. Meine Rucksäcke ließ ich zunächst bei den Rattansesseln stehen, die wollte ich später einfach mit ins Gästezimmer nehmen, denn in jenem Moment war ich in Feierlaune, wollte tanzen, um auf andere Gedanken zu kommen, Musiktexte mitgrölen und vielleicht noch das eine oder andere Bierchen trinken, um den ganzen Scheiß zumindest für ein paar Augenblicke zu vergessen.

Jannik stellte mich, wie zuvor besprochen, seinen Gästen vor, allerdings konnte ich mir die Namen der Jungs irgendwie nicht merken, doch das fand ich in dem Augenblick nicht ganz so schlimm. Sie waren allesamt nett zu mir und nahmen mich sofort in ihre Gemeinschaft auf. So kam es, dass ich in dieser Nacht ziemlich abstürzte. Ein Bier folgte dem anderen, und da ich ja sonst keinen Alkohol trank, stieg mir all das relativ schnell zu Kopf und sorgte dafür, dass ich Jannik nach etwa zwei weiteren Stunden des Feierns bat, mir das Zimmer zu zeigen.

Nur mit Mühe kam ich die Stufen in die erste Etage hoch und war froh, als ich das Bett vor mir sah, auf das ich mich in voller Montur schmiss. Ich wusste zwar, dass Jannik noch im Zimmer war, doch das störte mich irgendwie nicht. Er fragte, ob ich mich nicht ausziehen wollte, allerdings war ich nicht mehr in der Lage dazu. Daher schüttelte ich nur wortlos den Kopf und schloss dabei die Augen, weil sich um mich herum alles drehte. Gleich darauf spürte ich eine Hand an meinen Füßen und bekam mit, dass Jannik mir die Schuhe auszog und mich anschließend komplett auf das Bett schob.

»Falls dir kalt wird, nimm dir die Decke, auf der du gerade liegst«, konnte ich noch vernehmen, was mich abermals nur leicht nicken ließ. »Ich habe dir eine Flasche Wasser neben das Bett gestellt und falls du dich übergeben musst, die Toilette ist gleich nebenan.«

In meinem Dämmerzustand bekam ich noch mit, dass er die Zimmertür geschlossen hatte. Ein Zeichen dafür, dass ich nun allein im Raum war. Ich hätte nichts dagegen gehabt, wenn sich Jannik neben mich gelegt hätte. Das wäre schön gewesen, denn ich mochte ihn und war gern in seiner Nähe. Aber anscheinend wollte er mich auch nicht verschrecken oder verängstigen und war deshalb rausgegangen. Es war auch nicht so wichtig, wir kannten uns ja kaum.

Vorsichtig öffnete ich die Augen und konnte durch das Fenster den Sternenhimmel erkennen. Etwas verschwommen zwar, doch er war trotzdem präsent. Egal, was in meinem Leben geschehen würde, dieses Bild würde sich mir immer wieder darbieten, ich würde nur hinsehen müssen. Das beruhigte mich und gab mir Zuversicht, denn egal, was ich vielleicht noch verlieren würde, der Himmel bliebe. Mit diesen Gedanken schlief ich ein und versank in eine wirre Traumwelt, in der ich die Erlebnisse des letzten Tages zu verarbeiten versuchte.

Eine helfende Hand

Irgendwann am nächsten Tag wurde ich wach. Langsam öffnete ich die Augen und schloss sie sofort wieder, denn die gleißende Helligkeit, die meine Pupillen traf, tat mir körperlich weh. Kopfschmerzen überfielen mich so extrem, dass mir von jetzt auf gleich schlecht wurde und ich nur mit Mühe verhindern konnte, mich an Ort und Stelle zu übergeben. Jede Bewegung oder fast schon das bloße Einatmen sorgten dafür, dass sich alles wie in einem Karussell zu drehen begann und mir selbst im Liegen schwindlig wurde. Dennoch bemerkte ich erstaunt, dass jemand, in diesem Fall wohl mein Gastgeber, mich irgendwann, nachdem ich eingeschlafen war, zumindest von meiner Jeans befreit und zugedeckt hatte.

Ich weiß nicht, wie lange ich so dalag, irgendwann jedoch vernahm ich ein leises Klopfen an der Tür und hörte Janniks Stimme.

»Hey, Jasper, bist du wach?«

Ich öffnete ein weiteres Mal meine Augen, obwohl das Licht nach wie vor schmerzhaft war, und räusperte mich, bevor ich heiser antwortete.

»Ja!«

Mehr bekam ich nicht heraus, aber das war egal, denn gleich darauf stand Jannik mit einem Tablett in der Hand und einem freundlichen Lächeln auf den Lippen neben dem Bett.

»Guten Morgen. Na, wie fühlst du dich? Ich vermute mal, nicht so prickelnd, oder? Trinkst du Kaffee? Ich hab hier ein kleines Frühstück für dich. Warte, ich muss das hier mal eben loswerden.«

Erstaunt sah ich zu, wie Jannik mit dem Fuß einen kleinen Tisch näher ans Bett zog, das Tablett abstellte und sich anschließend vorsichtig zu mir auf den Bettrand setzte. Sein Lächeln wirkte so vertrauenerweckend, dass ich mich, trotz des Brummkreisels in meinem Kopf fragte, wie es angehen konnte, dass es da plötzlich jemanden gab, der sich offensichtlich Gedanken um mich machte und mir etwas Gutes tun wollte.

»Du bringst mir Frühstück ans Bett? Womit habe ich das denn verdient?«, krächzte ich erstaunt und schaute über das, was Jannik dort für mich angerichtet hatte. Aus einem Becher mit einem Smilie stieg Dampf hoch und ein wohltuender Kaffeeduft erreichte meine Nase. Zudem hatte Jannik zwei Brötchenhälften auf einem Teller drapiert und diese mit Wurst und Käse belegt sowie mit Gürkchen garniert. Des Weiteren konnte ich ein Glas mit Orangensaft erkennen und ein Schälchen mit Obst. Selbst an eine Serviette und eine Kopfschmerztablette hatte er gedacht.

»Natürlich! Wieso sollte ich das nicht tun? Du bist schließlich mein Gast«, entgegnete Jannik und sah mich aufmerksam an. »Ich vermute mal, richtig fit bist du bestimmt noch nicht. Hast du denn wenigstens gut geschlafen?«

Vorsichtig schob ich meinen Oberkörper ein wenig höher, sodass sich letztlich halb aufrecht saß, und bemühte mich darum, mittels ruhiger Atmung meinen Schwindel in den Griff zu bekommen.

»Na ja, es ging mir schon mal besser«, erwiderte ich endlich und versuchte, ein schräges Grinsen aufzusetzen, was mir jedoch aufgrund meines Zustands nicht unbedingt gelang. »Ich vertrage offensichtlich nicht besonders viel, eigentlich peinlich, oder?«

»Quatsch. Man muss nicht zwingend trinkfest sein, um irgendwo Erfolg zu haben oder sein Leben zu meistern. Und du bist außerdem ziemlich jung.«

»Ich hoffe, du bist mir nicht böse, dass ich so schnell dicht war und du mich nach oben bringen musstest.«

»Blödsinn! Nun versuch mal, wenigstens ein bisschen was zu essen und dann später zu duschen. Danach wirds dir bestimmt besser gehen. Das Badezimmer ist übrigens gleich hinter der nächsten Tür rechts. Handtücher liegen im Regal und deine Sachen habe ich dort drüben abgestellt. Wenn du fertig bist, komm einfach runter, ich bin im Garten. Ist dir gestern unser kleiner Pool aufgefallen? Dort findest du mich und dann quatschen wir.«

Bei seinen letzten Worten wies Jannik in die Ecke des Zimmers, wo ich meine beiden Gepäckstücke ausmachen konnte, und erhob sich. Gleich darauf, und noch ehe ich etwas erwidern konnte, hatte Jannik das Zimmer verlassen und ich war wieder allein.

Mit einer Hand griff ich nach dem Becher mit dem belebenden Gebräu, dessen Duft immer noch im Raum schwebte. Vorsichtig schlürfte ich das heiße Getränk und merkte sofort, wie wohlige Wärme meinen Körper durchfuhr und meine Sinne vollends aus dem Schlaf holte. Die Kopfschmerzen schienen sich zu beruhigen und die Achterbahn in meinem Hirn stoppte ebenfalls ihre wilde Fahrt.

Entschlossen angelte ich mir als Erstes eine Erdbeere aus dem Schüsselchen und genoss diese mit geschlossenen Augen. In diesem Moment fühlte ich mich geradezu prädestiniert, so verwöhnt, mit einem Hauch von Luxus. Noch niemals hatte ich Frühstück ans Bett bekommen, zumindest nicht, wenn ich nicht krank war. Ich erinnerte mich plötzlich an meine Mutter, die mir, als ich als Kind mit Windpocken zu Hause bleiben musste, ein einziges Mal eine Schüssel mit Schokoladenpudding ans Bett gebracht hatte. Komisch, dass mir das in dem Moment einfiel und meine Kopfschmerzen dadurch irgendwie wieder schlimmer wurden. Daher schluckte ich die Tablette, die neben der Serviette lag, und schloss nochmals die Augen. Ich schlief jedoch nicht mehr ein, weil der Duft des leckeren Frühstücks immer wieder meine Sinne anregte und ich langsam, aber sicher tatsächlich Appetit bekam. So begann ich, genießerisch zu frühstücken. Der Käse war dermaßen lecker, dass ich mir für einen Augenblick wünschte, für alle Zeit in diesem Haus bleiben zu dürfen, was natürlich Quatsch war, aber … ich fühlte mich wohl, viel wohler als daheim, wo seit Monaten die Stimmung scheiße war und mein Vater nur noch an seinen Alkohol dachte.

Nach etwa fünfzehn Minuten hatte ich die Brötchen und das Obst verputzt sowie den Kaffee ausgetrunken. In meinem Magen machte sich ein Wohlgefühl breit und auch das Sonnenlicht tat nicht mehr so weh in meinen Augen.

Deshalb beschloss ich, die Dusche zu benutzen und mich gleich darauf in den Garten zu begeben, um mich mit meinem Gastgeber ein klein wenig zu unterhalten. Mit einem fröhlichen Pfeifen auf den Lippen tappte ich in Richtung des Bades, ließ mir wenig später das belebende Nass über den Körper laufen, trocknete mich anschließend ab, zog mich an und lief gut gelaunt nach unten in den Garten, wo es sich Jannik bereits mit einem kühlen Getränk auf einer Liege am Pool gemütlich gemacht hatte. In der

Badehose, die er trug, machte er eine verdammt gute Figur, sodass ich, während ich mich näherte, fasziniert auf seine gut ausgebildete Brustmuskulatur schauen musste und auch auf die leicht ausgebeulte Mitte seiner knappen Badekleidung. Wieso ich das tat, wusste ich nicht genau, es gefiel mir einfach, dort hinzusehen, doch als er mich wahrnahm, blickte ich sofort in eine andere Richtung.

»Da bist du ja!«, rief er mir zu, grinste mich an und deutete mit einer Handbewegung auf eine weitere Liege, die neben ihm stand. »Hat dir das kleine Frühstück geschmeckt?«

»Und wie!«, schwärmte ich. »Dieser Käse war der absolute Hammer.«

»Ah okay, den hat mein Dad aus der Schweiz mitgebracht«, erklärte Jannik und faltete die Hände dabei auf seinem Bauch, wodurch die Breite seiner Schultern noch mehr zur Geltung kam, was mich irgendwie beeindruckte.

»Aus der Schweiz?«

»Ja! Er ist des Öfteren dort. Manchmal sogar für mehrere Wochen. Die dortige Niederlassung erfordert das. Meistens ist er vierzehn Tage in Berlin und den Rest des Monats in Bern.«

»Wow!«, entfloh es mir staunend. »Dein Papa hat wohl viel zu tun und trägt eine Menge Verantwortung.«

»Ja, durchaus. Ich habe dir doch gestern meinen Namen verraten, oder?«

»Klar. Du heißt Jannik. Aber was hat das denn mit deinem Dad zu tun?«

»Ich meine eigentlich meinen Nachnamen, Jasper. Drossel! Läutet es?«

Plötzlich blieb mir der Mund offenstehen. Sollte Janniks Vater einer dieser bekannten Geschäftsbonzen aus Berlin sein?

»Ist dein Vater etwa der Drossel? Von Drossel Industries?«

»Jepp!«, bestätigte Jannik nickend. »Aber das tut nichts zur Sache. Er ist total okay. Sag mal, hast du Bock, ne Runde mit mir schwimmen zu gehen? Der Pool ist bestimmt angenehm temperiert und es ist so dermaßen heiß.«

»Klar!«, antwortete ich begeistert. »Aber ich habe gar keine Badehose dabei.«

»Das ist kein Problem! Geh einfach nach oben ins Gästezimmer und öffne die mittlere Schublade der Vitrine, auf der der Fernseher steht. Dort gibt es genügend Auswahl in jeder Größe.«

Das ließ ich mir nicht zweimal sagen. Schließlich schwamm ich für mein Leben gern und außerdem hatte Jannik recht. Es war echt verdammt heiß und da wäre es mehr als dumm, die Einladung auf ein Bad unter freiem Himmel abzuschlagen. Rasch rannte ich nach oben, schaute in besagter Schublade nach, entschied mich für ein rotes Exemplar, zog es an und ging zurück an den Pool.

Nun war es Jannik, der mich aus den Augenwinkeln beäugte. Es waren vorsichtige Blicke, ich spürte jedoch, dass er mich musterte und mich abcheckte, was mir aber alles andere als unangenehm war. Vielmehr hatte ich Mühe, meinen Schwanz unter Kontrolle zu behalten. Irgendwie machten mich die Nähe zu Jannik und die Tatsache, dass wir beide fast nackt waren, an. Doch keinesfalls wollte ich, dass Jannik das bemerkte, deshalb lief ich schnurstracks auf den Pool zu, sprang hinein und forderte meinen Gastgeber durch ein Winken auf, mir hinterherzukommen, was der auch sofort in die Tat umsetzte.

Wir schwammen ein paar Runden, tollten etwas im Wasser herum und hatten eine Menge Spaß im erfrischenden Nass, bis wir nach etwa zwanzig Minuten entschieden, zurück auf die Liegen zu gehen. Etwas durcheinander, weil sich seine Haut während der flüchtigen Berührungen im Pool so samtig weich und gut angefühlt hatte, griff ich nach einem Handtuch, das auf einem Stapel in einem Regal dicht neben dem Ausstieg lag, trocknete mich ab und schlang es mir um den Körper, weil ich wieder mit einer leichten Erregung zu kämpfen hatte, was mich inzwischen doch ziemlich irritierte.

»Und nun?«, fragte mich Jannik nach einer Weile der Stille, in der er einfach nur die Sonne genossen hatte. »Wie soll es mit dir weitergehen? Hast du schon ne Idee?«

Ich schüttelte den Kopf und senkte dabei meinen Blick. Bestimmt würde Jannik mir gleich sagen, dass ich spätestens am Abend verschwinden müsste.

»Aber ich habe eine. Zumindest für die kommende Woche. Du könntest ein paar Tage bleiben. Meine Eltern erwarte ich erst am Samstag zurück«, fuhr Jannik im nächsten Moment mit einem Lächeln auf den Lippen fort.

Damit hatte ich nicht gerechnet. Wieso tat er das nur für mich? Er kannte mich doch gar nicht.

»Das ist supernett von dir, aber ich will dir definitiv nicht auf die Nerven fallen.«

»Hör doch bloß mal auf mit deinem ewigen auf die Nerven fallen. Du störst mich überhaupt nicht und ich will dir helfen, wieder auf die Beine zu kommen. Du kannst ja sonst nirgends hin und da dachte ich, dass ich dir das anbiete. Also, willst du?«

»Klar, sehr gern, ich meine, warum nicht?«, antwortete ich zögerlich und suchte verzweifelt nach dem Haken, den es dabei gab. Komischerweise fand ich keinen und deshalb lächelte ich Jannik an und presste mir ein »Danke« heraus. »Aber wieso willst du mir eigentlich helfen?«

»Kann ich dir erklären. Erstens bist du mir sympathisch, man kann Spaß mit dir haben, sich toll mir dir unterhalten und beim Feiern sorgst du auch für gute Laune. Und zweitens habe ich vor langer Zeit mal einen Freund gehabt, der auch vor seinen Eltern geflüchtet ist. Dem konnte ich damals nicht helfen; er ist irgendwann unter die Räder gekommen und total versackt. Das soll dir einfach nicht passieren.«

Ich nickte und verstand. Er meinte es ehrlich und irgendwie prickelte es auch ein klein wenig zwischen uns. Egal, was es war, es war schön. Und das konnte ich genießen. Ich freute mich über so viel Zuneigung, wurde innerlich sentimental, wollte das verbergen, lächelte deshalb ein wenig, legte das Badetuch zur Seite und sprang erneut in den Pool, woraufhin mir Jannik sofort folgte.

Noch mehrmals an diesem Nachmittag genossen wir im Wechsel die wärmenden Sonnenstrahlen und das kühle Wasser des Pools, dabei unterhielten wir uns über Gott und die Welt. Jannik erzählte von diversen Urlauben, aber auch von seinem Studium zum Medizintechniker, das er gewählt hatte, da er irgendwann, eines fernen Tages, die Firma seines Vaters erben würde. Es stellte sich heraus, dass Jannik sein Abi vor vier Jahren mit Bestnote abgeschlossen, ohne Probleme einen Studienplatz gefunden und inzwischen seinen Bachelor in der Tasche hatte. Es erschien alles ganz leicht zu sein, wenn er das so locker erzählte, so als wäre das Ganze ein Klacks. Umso mehr schämte ich mich dafür, nicht einmal den Realschulabschluss geschafft zu haben und dass meine Schulkarriere bisher alles andere als vorbildlich war.

»Hey, was ist mit dir?«, riss mich Jannik aus meinen Grübeleien, als mir aufgrund seiner Schilderungen durch den Kopf ging, was für ein Troll ich doch war.

»Nix, nur … ich bin sogar zu blöd, irgendeinen Abschluss zu schaffen, und jetzt geht es gerade gar nicht mehr. Wie soll ich denn bloß meine Mittlere Reife bekommen, wenn ich nun auf der Straße sitze? Nach Hause will ich auf gar keinen Fall.«

»Darüber unterhalten wir uns in den nächsten Tagen, okay? Wir finden bestimmt eine Lösung. Heute ist Sonntag, deshalb sollten wir einfach das geile Wetter genießen. Und falls du mir verrätst, welches Fach dir die meisten Schwierigkeiten bereitet, könnte ich dir eventuell sogar ein bisschen was erklären, schaden kann das jedenfalls nicht.«

»Das würdest du für mich tun?«, rief ich fassungslos aus und fuhr anschließend deutlich leiser fort. »Du bist einfach der Hammer, Jannik. Du kennst mich kaum und tust dermaßen viel für mich. Ich weiß ja nicht einmal, womit ich das verdient habe und wie ich mich jemals revanchieren kann.«

Verlegen senkte ich den Blick zu Boden, sodass ich das erneute Schmunzeln, das Janniks Mundwinkel umspielte, nur beiläufig mitbekam.

»Jeder Mensch sollte genau in dem Moment Hilfe bekommen, wenn er sie am meisten braucht, und zurückgeben musst du schon mal gar nichts. Es würde mir sicher sogar Spaß machen, dir bei Mathe oder auch einem anderen Fach helfen zu können. Ich war definitiv schon in der Schule ein begnadeter Nachhilfelehrer. Nee, Quatsch, aber ich habe anderen sehr gern geholfen und das hat auch bei fast allen was gebracht. Und nun Schluss für heute mit diesem Thema. Komm, wir gehen in die Küche und kochen uns was. Oder wollen wir was bestellen?«

Dankbar und zugleich leicht verlegen sah ich Jannik an. Er überließ es mir, zu entscheiden, was wir essen wollten, das war echt krass. Und die Vorstellung, mit ihm gemeinsam in der Küche zu werkeln, verursachte ein angenehmes Prickeln auf meiner Haut, deswegen beeilte ich mich mit meiner Antwort.

»Ich würde gern mit dir kochen, wenn's recht ist. Ich zieh mich nur schnell an.«

Gesagt, getan, bereits wenige Minuten später standen wir nebeneinander in der Küche und schnippelten Salat, marinierten Steaks und heizten den Backofen vor, um Pommes frites zu machen. Im Nachhinein denke ich, dass das einer der Tage war, die man nie im Leben vergisst, die auf ewig etwas Besonderes bleiben werden und dass die Erinnerungen an solche Erlebnisse einem in düsteren Zeiten einen gewissen Rückhalt geben, weil man davon zehren kann.

Auch in den nächsten Tagen hatten wir ähnlich viel Spaß. Wir redeten, lernten, gingen ab und zu einkaufen, nutzten das schöne Wetter aus und fuhren sogar einmal an die Ostsee, in die Nähe von Greifswald, wo Janniks Eltern ein Ferienhaus besaßen. Ich genoss diese Tage mit allen Sinnen und mochte noch gar nicht daran denken, dass das in der folgenden Woche schon Vergangenheit sein würde.

Donnerstags musste Jannik im Auftrag seines Vaters, der am Abend vorher angerufen hatte, etwas Wichtiges erledigen, sodass ich mir selbst überlassen war. Jannik hatte gemeint, dass ich die Wahl hätte, entweder allein zu Hause zu bleiben oder in die Stadt zu fahren und ein wenig zu bummeln, um mal ein paar andere Eindrücke zu bekommen. Er selbst wäre ungefähr gegen achtzehn Uhr zurück und wir könnten uns anschließend Pizza bestellen. Ich entschied mich für die zweite Option, holte, kurz nachdem Jannik losgefahren war, das Hemd aus dem Kaufhaus, das ich inzwischen gewaschen hatte, hervor, kleidete mich sorgfältig an, schnappte mir, wie immer, den kleinen Rucksack und verschloss das Haus mit dem Ersatzschlüssel, den mir Jannik am Morgen noch in die Hand gedrückt hatte. Dieser Vertrauensbeweis bedeutete mir unendlich viel, sodass ich den Schlüssel hinterher ganz tief in meiner Hosentasche verstaute, um ihn auf gar keinen Fall zu verlieren.

Gut gelaunt ließ ich mich von einem Bus in die Stadt bringen, bummelte den Ku'damm rauf und runter, genoss ein Eis im Europa Center und schaute in so ziemlich jedes Schaufenster, an dem ich vorbeikam.

Plötzlich lief mir ein Schauer über den Rücken, als mich eine mir nur zu gut bekannte Stimme ansprach.

»Na wenn das nicht der kleine Jasper ist. Steht dir ja wirklich gut, das Hemd, das ich dir geschenkt habe.«

Bei diesen Worten trat der Detektiv, der mich quasi missbraucht hatte, dicht an mich heran und streichelte mir über den Rücken, sodass ich automatisch zurückzuckte.

»Na, na, na, wer wird denn so empfindlich sein? Es hat dir am Samstag doch auch Spaß gemacht, das konnte ich sehen.«

»Nein, hat es nicht«, widersprach ich und versuchte, seine Hand abzuschütteln, die er mittlerweile auf meiner Schulter geparkt hatte.

»Hat es wohl. Dein Schwanz ist ja fast explodiert, du kleine, rattige Sau!«, zischte es an mein Ohr. »Und ich finde, das könnten wir deshalb glatt wiederholen, schließlich kann ich dich immer noch anzeigen, deine Adresse hab ich gut aufbewahrt und das Hemd hast du sogar an.«

»Das haben Sie mir geschenkt«, warf ich verzweifelt ein, »ich habe alles gemacht, was Sie wollten, also lassen Sie mich endlich in Ruhe.«

»Ich bestimme, wann es genug ist. Von daher würde ich sagen, du kommst am Samstag noch mal zu mir. Dieselbe Zeit und derselbe Ort. Und sei bloß pünktlich, damit du keinen Ärger bekommst.«

So rasch, als wäre er nur ein Spuk gewesen, war der Detektiv verschwunden und ich stand allein inmitten der mich umbrausenden Menschen. Dieser verdammte Mistkerl. Was sollte ich nun tun? Bei meinem Vater würde man mich nicht finden, selbst wenn er die Polizei tatsächlich informieren sollte. Aber konnte ich sicher sein, dass man mich nicht suchen würde? Dass mein Foto nicht an jeden Polizisten in der Stadt geschickt wurde, dass ich nicht in die Fahndung käme? Nein, das war nicht sicher, aber vor allem, wie sollte ich das vor Jannik verbergen? So sehr verstellen konnte ich mich nicht und belügen wollte ich den einzigen Menschen, der in letzter Zeit gut zu mir gewesen war, erst recht nicht. Auf gar keinen Fall wollte ich Jannik oder seine Familie, noch dazu eine, die weithin bekannt war, in diese schmutzige Angelegenheit mit hineinziehen. Was also konnte, nein musste ich jetzt tun?

Mit schleppenden Schritten begab ich mich zur Haltestelle und nahm den nächsten Bus zu Janniks Haus. Während der Fahrt kreisten meine Gedanken wirr durcheinander, doch als ich ausgestiegen war, wusste ich, was ich zu tun hatte. An meinem Ziel angekommen begab ich mich schnurstracks ins Gästezimmer, packte hastig meine Sachen zusammen, schrieb eine Nachricht auf den Block, der unten auf dem Esszimmertisch lag, legte den mir überlassenen Schlüssel dazu und verließ das Haus, zog fast zärtlich die Tür ins Schloss und ging mit Tränen in den Augen die Straße entlang. Ein paar wundervolle, wenn auch viel zu kurze Tage waren in diesem Moment unwiderruflich zu Ende gegangen. Mit Trauer und Wehmut im Herzen sowie einer leisen Sehnsucht nach Jannik schaute ich noch einmal zurück, doch der Schleier aus Tränen ließ alles verschwimmen. Aus, vorbei, ich war wieder allein und auf mich gestellt. Und Jannik durfte niemals erfahren, warum ich wirklich gegangen war.

MAUERPARK

Die nächsten beiden Nächte verbrachte ich mehr oder weniger auf der Straße. Tagsüber fuhr ich schwarz mit der Bahn hin und her, erbettelte am Alexanderplatz etwas Geld, da die paar Euro, die ich von zu Hause mitgenommen hatte, relativ schnell verbraucht waren, wusch mich oberflächlich auf diversen Bahnhofstoiletten und übernachtete im Mauerpark, einem öffentlichen Gelände direkt an der ehemaligen Grenze von West nach Ost. Dort war es nachts ziemlich still und ich konnte in Ruhe zumindest ein paar Stunden schlafen, ohne dass man mir die geschnorrte Kohle gleich wieder stahl.

Samstagmorgen gegen sieben füllte es sich der Mauerpark jedoch mit Musikern und Künstlern, die ihre Bilder ausstellten, daher beschloss ich relativ früh, meine Zelte abzubrechen und in Richtung Breitscheidplatz zu flüchten. Bestimmt könnte ich dort noch den einen oder anderen Euro zusammensammeln, denn mein Magen machte sich knurrend bemerkbar. Außerdem sehnte ich mich nach einer Dusche, doch dazu müsste ich nach Hause. Einen Moment lang zog ich das sogar in Betracht, entschied mich jedoch dagegen, denn mein Alter wäre bestimmt alles andere als begeistert, sofern er mich nach fast einer Woche Abwesenheit wiedersähe.

Mit beiden Rucksäcken bepackt schlurfte ich in Richtung Bahn und ergatterte einen Platz am Ende eines Waggons. Während der Fahrt fielen mir die Augen zu, denn der harte Boden, auf dem ich zuletzt genächtigt hatte, war alles andere als bequem gewesen und ließ mich meine Knochen spüren. Irgendwie war ich für ein Leben auf der Straße nicht geschaffen, außerdem fehlte mir Jannik ein bisschen, dort brauchte ich mich jedoch bestimmt nie wieder blicken zu lassen, nachdem ich diesen feigen und abrupten Abgang geliefert hatte. Mit Mühe und Not hielt ich mich wach, massierte mir den Nacken und rieb mir über die Stirn. Meine Fingernägel waren schmutzig und irgendwie hatte ich das Gefühl, nicht mehr allzu frisch zu riechen. Ich begann, mich vor mir selbst zu ekeln, verdrehte die Augen und war froh, als ich irgendwann an meinem Ziel angelangt war.

Plötzlich bekam ich einen Schreck. Es war ja Samstag und am Abend würde ein weiteres Treffen mit diesem Detektiv anstehen. Dieses Mal müsste ich bestimmt meinen Arsch hinhalten – er würde mich sicher ficken wollen, doch das wollte ich nicht zulassen. Allerdings wusste ich nicht, was ich dagegen tun sollte. Für einen Moment durchzuckte mich der Gedanke, ihn anzuzeigen, der Polizei alles zu stecken, auch meinen Diebstahl, denn auf diese Weise hätte er nichts mehr gegen mich in der Hand. In einem solchen Fall wäre allerdings mein Leben auf der Straße, also das bisschen Freiheit, das ich derzeit hatte, ebenfalls vorbei und ich wäre wieder bei meinem Vater gefangen.

Kopfschüttelnd verwarf ich den Gedanken und malte mir aus, dass ich bestimmt bei dem Arschloch von Detektiv würde duschen können und vielleicht ließe er mich auch auf seinen Matratzen pennen. So wäre ich wenigstens wieder sauber und ausgeschlafen. Doch was würde geschehen, falls er dem nicht zustimmen würde? Und wäre die Gegenleistung dafür nicht viel zu hoch? Ich zuckte mit den Schultern und beschloss zu pokern. Schließlich hatte ich absolut nichts zu verlieren.

Irgendwann nahm ich wieder allen Mut zusammen, sprach ein paar Passanten an und fragte nach etwas Kleingeld, denn am Tag zuvor hatte ich meine letzte Knete für einen Burger ausgegeben. Ich hatte Glück, denn eine ältere Frau gab mir tatsächlich fünf Euro und sagte, dass ich mir etwas Leckeres davon kaufen sollte. Dafür hätte ich sie am liebsten umarmt, doch ich traute mich nicht zu nah an die Leute heran, weil ich mich so schmutzig fühlte. Schließlich hatte ich in den letzten beiden Tagen viel geschwitzt und die oberflächliche Katzenwäsche auf den Klos brachte nicht unbedingt viel.

Mit dem Geldschein in der Hand rannte ich zu einem Bäcker, kaufte mir einen Kaffee sowie ein ganzes belegtes Brötchen, das ich förmlich verschlang. So gut hatte mir eine einfache Schrippe mit Salami lange nicht mehr geschmeckt. Anschließend klaubte ich die letzte Zigarette aus der Schachtel, die mir Jannik am Mittwoch geschenkt hatte, heraus, zündete sie an und zerknüllte die Packung. Somit war alles, was mich an ihn erinnern konnte, Geschichte, obwohl mir in meinem Inneren klar war, dass ich ihn niemals würde vergessen können.

Am Mittag zeigte das Thermometer bereits dreißig Grad und meine Haut triefte förmlich vor Schweiß. Ich musste mich irgendwo abkühlen, zumal mich extremer Durst plagte und ich noch nicht einmal mehr genug Geld für eine Flasche Wasser hatte. Zum allerersten Mal überfielen mich Überlebensängste und ich zweifelte erneut an mir selbst und an meinen Fähigkeiten. Ich war mir sicher, dass ich nicht einmal in der Lage war, länger auf der Straße zu leben, geschweige denn für mich selbst zu sorgen. Mein Durst trieb mich in ein Fast Food Restaurant. Dort drin war gerade nicht viel los, also rannte ich auf direktem Wege zu den sanitären Anlagen, stellte den Wasserhahn an, klemmte mich drunter und ließ mir das Wasser die Kehle hinunterrinnen. Was für eine Wohltat. Plötzlich vernahm ich aus einer der Kabinen ein paar leise Stöhngeräusche. Was geschah dort? Neugierig entschied ich mich dafür, mich in die Nachbartoilette einzuschließen und zu hören, was jenseits der Trennwand vor sich ging. Ich konnte vier Füße auf dem Boden erkennen sowie eine Hose, die direkt auf dem einen Paar Schuhe verweilte.

»Halt still, ich fick dich jetzt!«, flüsterte eine Stimme kaum hörbar. Schoben da etwa zwei Typen eine Nummer auf dem Klo und war es ihnen egal, ob irgendjemand das mitbekam? Und weshalb erregte mich das so stark, dass ich einen enormen Ständer bekam und mich sofort das Bedürfnis überfiel, mich zu wichsen? War ich tatsächlich schwul oder war es einfach nur der Drang nach Erleichterung, weil ich sonst dermaßen stark angespannt war? Ich wusste es nicht, ließ jedoch meine Hand zu meinem Schwanz wandern.

Aus der Nachbarkabine erklang ein rhythmisches Klatschen, aus dem ich schloss, dass der eine den anderen jetzt im Stehen fickte, sodass meine Hand automatisch den vorgegebenen Takt der beiden Kerle übernahm und meinen Ständer mit immer schneller werdenden Bewegungen wichste. Als ein wohliges Stöhnen und ein halblautes »Jaaaa!« davon kündeten, dass zumindest einer der beiden Männer wohl gerade abgespritzt hatte, war es auch bei mir so weit. Mein Schwanz zuckte, meine Eier zogen sich zusammen, ein Schwall Sperma schoss aus mir heraus und platschte an die Kabinenwand. Mit Mühe gelang es mir, ein Keuchen zu unterdrücken, damit ich nicht zu hören war, erst als ich sah, welche Sauerei ich ange-richtet hatte, entfloh mir letztlich doch ein leiser, beschämter Seufzer, sodass ich mir rasch selbst die Hand auf den Mund legte. Glücklicherweise war ich nebenan offensichtlich nicht gehört worden, zumindest konnte ich nicht feststellen, dass jemand stutzig geworden wäre. Rasch wischte ich mich sauber, nahm etwas Toilettenpapier, befreite die Wand von dem klebrigen Saft, den ich dort hin gespritzt hatte, und rückte meine Kla-motten wieder einigermaßen zurecht.

Vorsichtig öffnete ich die Tür, um mir schnell die Hände zu waschen, als die beiden Typen aus der Nachbarkabine plötzlich ebenfalls heraus-kamen und ans Waschbecken traten. Verlegen schaute ich in die andere Richtung und schrubbte mir verbissen die Finger.

»Ach, guck an, wir waren gar nicht allein«, kam es von dem älteren der zwei Männer, der dem jüngeren ungeniert einen Zwanzigeuroschein zu-steckte. »Biste auch einer von denen?«

Da ich nicht wusste, was ich darauf antworten sollte, beugte ich mich so tief wie möglich über das Waschbecken und tat, als hätte ich das nicht gehört.

»Hey, Kollege, ich rede mit dir«, meldete sich der Typ erneut zu Wort. »Ich bin jederzeit auf der Suche nach Frischfleisch, die hier vorhandenen Bengels habe ich alle durch. Also, was ist? Für'n Zwanni bläst du mir einen. Ich könnte nämlich durchaus noch ne zweite Nummer vertragen. Na? Deal?«

Der Jüngere der beiden sah betreten zu Boden, ihm war das Ganze offensichtlich peinlich, man merkte, dass er am liebsten abgehauen wäre, was der andere jedoch dadurch verhinderte, dass er ihn am Ärmel festhielt.

»Nein, danke«, erwiderte ich nun doch, schnappte mit nassen Händen meine Habseligkeiten, flüchtete förmlich aus dem Raum und gleich darauf hinaus in die brütende Sonne. Erst als ich etliche Meter zwischen mich und den Laden gebracht hatte, hielt ich an, setzte mich im Schatten eines Geschäfts auf den Boden und verschnaufte. Dabei kreisten meine Ge-danken um das eben Erlebte. War der junge Typ tatsächlich ein Stricher gewesen? Immerhin hatte er von dem anderen Kerl Geld bekommen. So wie der dämlich Grinsende sahen also Freier aus. Ob das üblich war, dass sich Menschen zum Ficken in Toiletten trafen? Wo blieb denn da das Vergnügen? Immerhin bezahlte man ja für den Sex! Komisch, irgendwie wollte es mir nicht gelingen, mir vorzustellen, dass man jemandem Geld dafür gab, nur damit man ihn an eine schmuddelige Wand drücken und ihm den Schwanz in den Hintern stecken konnte. Bisher hatte ich eigentlich gedacht, dass Sex, egal wer mit wem vögelte, eine Sache war, bei der auch die Umgebung stimmen sollte. Selbst bei diesem dämlichen Detektiv gab es ein Matratzenlager für solche Tätigkeiten.

Apropos Detektiv, wie spät war es eigentlich? Ein Blick auf die Uhr am mir gegenüberliegenden U-Bahnhof verriet mir, dass ich noch einige Stunden Zeit hatte, bis ich zu der bekannten Adresse würde gehen müssen. Sollte ich das tatsächlich tun, also mich diesem Menschen ausliefern und ausgerechnet einem solchen Miesling meinen Körper benutzen lassen? Eigentlich hatte ich mir das immer ganz anders ausgemalt. In meinen Träumen war es etwas Besonderes gewesen, das allererste Mal richtigen Verkehr meine ich. Tatsächlich hatte ich bisher nie eine bestimmte Person eines bestimmten Geschlechts in der Rolle des Gegenparts gesehen, sondern das Ganze eher als Szene geträumt, aber selbst für den Fall, dass es stimmen sollte und ich nun tatsächlich schwul wäre, dürfte es absolut nicht auf diese Art und Weise stattfinden. Nicht auf einer öffentlichen Toilette und erst recht nicht durch die Hand oder den Schwanz eines Widerlings.

Ich verlor mich urplötzlich in Tagträumen. Wie hätten er oder sie denn aussehen sollen? Also der Traummann oder die Traumfrau? Keine Ahnung, einen Mann hätte ich mir allerdings eher so wie Jannik vorgestellt. Gutaussehend, aber vor allem mit Herz. Ach Jannik. Allein beim Gedanken an den Mann, der vor knapp einer Woche zu meinem Schutzengel geworden war, verspürte ich einen kleinen Stich im Herzen. Er hatte mich gerettet. Vor mir selbst, eventuell vor dämlichen Typen, die genauso blöd waren wie der dusselige Kerl vom Klo, aber auch davor, in einer Art Kurzschluss etwas unwiderruflich Blödes zu tun. Und ich hatte ihm das so mies gedankt. War einfach ohne ausführliche Erklärung verschwunden. Aber was hätte ich denn sagen sollen? Hätte ich ihm irgendwie erklären können, dass ein Kaufhausdetektiv mich quasi benutzt und ich mich aus Feigheit darauf eingelassen hatte? Dass ich mich erneut würde benutzen lassen müssen, damit ich nicht zu meinem Vater zurückmusste? Nein, all das sollte mein Geheimnis bleiben und die Sehnsucht nach der heilen Welt rund um Jannik musste ich tief in mir vergraben.

Der Nachmittag verging wie im Flug und ehe ich mich versah, war es Zeit, mich auf den Weg zum Haus meines Erpressers zu machen. Allein bei dem Gedanken, ihm den Schwanz blasen oder mich gar von ihm ficken lassen zu müssen, wurde mir übel, obwohl mir andererseits vor Aufregung und Erregung das Herz bis zum Hals pochte. Mein kleiner Freund zuckte in der Jeans und schien sich schon auf seinen Einsatz zu freuen, doch das Gefühl in meiner Magengegend wehrte sich dagegen, mich noch einmal auf diese Weise von diesem Mann anfassen zu lassen. Ich war zerrissen; auf der einen Seite stand die Abenteuerlust im Raum, auf der anderen jedoch der Ekel vor diesem abscheulichen Kerl, der mich benutzen und vor allem erpressen wollte. Doch hatte ich eine Wahl? Die Antwort lautete – NEIN! Ich war gezwungen, mich ein weiteres Mal mit dem Herrn Detektiv zu treffen, obwohl ich mir geschworen hatte, genau das niemals wieder zu tun.

Mit zitternden Fingern klingelte ich pünktlich an der Tür meines Peinigers. Ich atmete schwer, mein Mund war trocken und meine Augen fühlten sich irgendwie verklebt an. Ich roch nach Schweiß, das würde er bestimmt nicht mögen, oder vielleicht doch? Ich war mir nicht sicher, ich war mir eigentlich überhaupt in keiner Sache auch nur annähernd sicher. Mein Gehirn arbeitete auf Hochtouren, mein Magen zog sich zusammen, Ekel stieg in mir empor, aber dennoch zuckte es in meiner Hose. Es war paradox, dennoch waren genau das meine Gefühle, die sich in mir duellierten.

Nach dem Läuten hörte ich Schritte, wenig später öffnete der Detektiv die Tür und zog mich in den Flur.

»Boah, Jasper, du stinkst!«, fauchte er mir nach nur einer Sekunde verärgert entgegen. »So kann ich nichts mit dir anfangen. Geh duschen! Das ist widerlich. Handtücher findest du im Regal! Und nun ab mit dir. Sieh zu! Ich frage mich, wo du dich herumgetrieben hast. Wieso wäschst du dich nicht?«

Ich antwortete nicht und betrat das mir bereits aus der letzten Woche bekannte Bad, stellte meine Rucksäcke ab, zog mich aus und verschwand unter die Dusche, wo ich mir das warme, wohltuende Wasser auf den Körper prasseln ließ. Ich benutzte Duschgel und Shampoo, seifte mich ordentlich ein, spülte den Schaum anschließend ab und griff mit geschlossenen Augen nach einem Handtuch.

In meinem kleinen Rucksack befand sich eine Haarbürste, die ich ober-flächlich benutzte, zum Schluss trug ich noch etwas Gesichtscreme auf und überlegte, ob ich ihm nicht gleich, nackt wie ich war, entgegentreten sollte. Das würde die ganze Sache etwas verkürzen. Nein! Ich beschloss, mich anzuziehen! Warum ich das so wollte, konnte ich allerdings nicht be-gründen. Ich fühlte mich so einfach sicherer. Also nahm ich ein frisches Oberteil, Unterwäsche, Socken und eine Jeans aus meinem großen Sack und streifte mir die Sachen über. Meine dreckigen Kleidungsstücke stopfte ich in den großen Rucksack und nahm anschließend beide Gepäckstücke in die Hand, bevor ich das Bad verließ und das Wohnzimmer enterte.

»Da bist du ja, du kleine Sau!«, nahm mich der mittlerweile völlig nackte, ziemlich erregte Kaufhausdetektiv in Empfang. »Kommst hier total ver-schwitzt und dreckig an. Denkst du etwa, da stehe ich drauf? Nein! Aber der Gedanke, dass du komplett unbekleidet unter meiner Dusche stehst, hat mich so richtig angemacht wie man sieht. Und nun komm her und lutsch meinen Schwanz!«

»Nein!«, lehnte ich spontan und lautstark ab. »Ich werde das bestimmt nicht noch einmal tun! Von mir aus kannst du machen, was du willst, aber mich fasst du nicht mehr an. Klar? Von mir aus zeig mich bei der Polizei an, weil ich ein Hemd eingesteckt habe, ist mir egal, doch dann solltest du denen natürlich auch erklären können, warum du eine Woche lang ge-wartet hast, bis dir eingefallen ist, dass du mich hättest melden müssen. Außerdem müsstest du erklären, wieso sich das Hemd in meinem Besitz befindet. Das könnte dich schon in ziemliche Erklärungsnot bringen. Vielleicht sind die Bullen ja sogar auf meine Aussage gespannt, vor allem, wenn ich denen deinen Schwanz beschreibe, oder ihnen sage, dass du eine Narbe links neben dem Bauchnabel hast. Tja, scheiße gelaufen, Herr Detektiv, ich geh dann jetzt. Wiedersehen! Mich wirst du nie wieder an-grapschen. NIE WIEDER! Hast du verstanden? Schönes Leben noch!«

Während ich das alles förmlich in den Raum spuckte, konnte ich er-kennen, wie der Schwanz des Detektivs binnen Sekunden erschlaffte. Von Geilheit keine Spur mehr! Das amüsierte mich, vor allem, weil er mir in seinem nackten und außerdem ziemlich verwirrten Zustand nicht so schnell würde folgen können.

Zu meinem Glück hatte er dieses Mal die Haustür nicht verschlossen, so gelang es mir, ungehindert und zudem frisch geduscht flüchten zu können, wobei ich meine Sachen fest umklammert hielt. Ich rannte die Straße hinunter, lachte laut und fühlte mich frei. Diesem Kerl hatte ich es gegeben. Ha! Dieses Mal hatte ich nicht versagt, sondern mich gerächt und jemandem, der es definitiv verdient hatte, die passenden Worte gesagt.

Nach wenigen Minuten blieb ich völlig außer Puste stehen. Ich musste mich erst mal beruhigen, fühlte mich, als hätte ich eine Stunde lang Fußball gespielt. Wo sollte ich denn jetzt bloß hin? Zurück zu Jannik? Schließlich ging von diesem Detektiv keine Gefahr mehr aus. Irgendwie ärgerte ich mich darüber, dass ich dem nicht schon am Donnerstag die Meinung gegeigt hatte, aber ich war so eingeschüchtert gewesen, dass ich nicht weiter nachgedacht hatte. Zum Glück war es mir allerdings im rechten Moment eingefallen, sodass ich mich auf diese Weise aus dieser Erpressung hatte lösen können. Und deshalb würde ich jetzt zurück zu Jannik gehen und ihm alles erklären. Ich grinste und machte mich auf den Weg, als mir plötzlich ein Gedanke in den Kopf schoss, der mich noch trauriger werden ließ, als ich es ohnehin schon war. Ich konnte doch gar nicht zu ihm zurück, da er nicht mehr allein war. Seine Eltern sollten an diesem Nachmittag in Tegel landen, also war für mich kein Platz mehr im Hause Drossel. Leider! Mir blieb nichts anderes übrig, als mich wieder auf den Weg zum Mauerpark zu machen.

Mit gesenktem Kopf erreichte ich nach etwa einer halben Stunde mein Ziel und machte mich auf die Suche nach einem geeigneten Schlafplatz, den ich relativ schnell fand. Also lehnte ich mich einen Moment lang an einen Baum und starrte in die Nacht, bis ich in der Nähe Geräusche vernahm. Was war das? Es machte mir Angst. Erst dachte ich daran, das Weite zu suchen, plötzlich bemerkte ich jedoch, dass sich ein junger Typ aus dem Gebüsch schälte und mich angrinste. Ich sah genauer hin und erkannte den jungen Mann, der mir mittags auf der Toilette begegnet war. Mit welchen Zufällen das Leben doch spielte. Ohne lange nachzudenken, sprach ich ihn an.

»Ey, du?«, rief ich. »Wir kennen uns von heute aus dem Fast Food-Laden, oder?«

»Nein!«, entfloh es ihm, dabei schüttelte er den Kopf und wollte sich soeben aus dem Staub machen, was ich durch ein »Warte doch mal!« zu verhindern wusste.

»Was'n?«

»Na ja, ich glaube, dass es Schicksal ist, wenn sich zwei Menschen in einer Millionenstadt wie Berlin zwei Mal am selben Tag über den Weg laufen, oder?«

»Nö! Normal!«

»Nein! Ist es nicht. Also komm, setz dich zu mir. Wir quatschen ein bisschen. Wie heißt du denn?«

Ich wusste zwar nicht, warum ich ihn unbedingt in ein Gespräch verwickeln wollte, doch ich war irgendwie neugierig auf das, was er tat, und wollte nicht allein sein. Deshalb bohrte ich so vehement nach.

»Ich habe keinen Namen!«

»Ach komm, hör auf, mich zu veräppeln. Ich bin Jasper. Jasper Gräf. Nun los, setz dich zu mir.«

»Felix!«, stellte er sich knapp vor und setzte sich mir im Schneidersitz gegenüber.

»Nur Felix?«

»Ja! Nur Felix. Das muss reichen. Alles andere ist mir zu intim. Für meine Kunden habe ich einen Kunstnamen.«

»Und wie heißt du bei deinen Kunden?«

»Stecher! Felix S T E C H E R! Die Kerle stehen drauf. Also! So jetzt kennen wir unsere Namen, dann kann ich ja weiter.«

»Vielleicht können wir ja zusammen ein Stück gehen?«

»Pass auf, Jasper oder wie auch immer du heißt. Ich muss noch mal rasch für eine Viertelstunde verschwinden. Warte hier, ich komme wieder, dann haben wir alle Zeit der Welt. Okay?«

»All right! Ich bleibe hier und bin mal gespannt, ob du Wort hältst.«

»Werde ich! Also! In einer Viertelstunde bin ich zurück. Bis gleich.«

Irgendwie war ich mir sicher, dass er sein Versprechen nicht halten würde, sondern mich einfach nur loswerden wollte. Aber egal, dann müsste ich das akzeptieren und eben eine weitere Nacht allein unter freiem Himmel verbringen. Im Mauerpark!

FELIX

Seufzend schaute ich auf mein Handy, stellte fest, dass mein Akku demnächst, trotz mehrfacher Aufladungen an diversen öffentlichen Orten, die Grätsche machen würde und registrierte nebenbei, dass es mittlerweile nach zehn war. Nach zehn! Das bedeutete, dass Felix nicht innerhalb der versprochenen Viertelstunde wiederaufgetaucht war, woraufhin ich innerlich nickte und mich dazu beglückwünschte, mit meiner Vermutung, dass er garantiert nicht zurückkommen würde, richtig gelegen zu haben.

Resigniert versuchte ich, es mir, den Umständen entsprechend, einigermaßen bequem zu machen, um wenigstens ein bisschen Schlaf zu bekommen. Mein Kopf lag auf dem großen Rucksack, den kleinen umklammerte ich mit den Armen, damit er mir nicht gestohlen werden konnte. Vollkommen übermüdet schloss ich die Augen und hoffte, die Umgebungsgeräusche so weit ausblenden zu können, dass ich einschlafen konnte, das gelang mir allerdings nicht, zumal ich nach ein paar Minuten des vergeblichen Versuchens angesprochen wurde.

»Hey, pennst du etwa oder was ist mit dir los?«

Mit einem Ruck saß ich aufrecht und sah Felix, der vor mir hockte und mich salopp angrinste.

»Nein, ich bin hellwach, obwohl ich saumüde bin. Übrigens habe ich eigentlich nicht mehr mit dir gerechnet.«

»Warum das denn nicht? Ich hatte doch gesagt, dass ich wiederkomme.«

»Schon, aber nur weil jemand etwas sagt, heißt das schließlich nicht, dass er es auch macht, oder? Immerhin hattest du von einer Viertelstunde gesprochen, aber das war fast eine ganze Stunde.«

»Ey, nun stell dich mal nicht so mädchenhaft an. Hat halt länger gedauert. Kam noch ein Typ dazwischen, so ganz spontan. Den musste ich einfach mitnehmen, verstehst du?«

»Wie jetzt? Ich dachte, du hättest quasi einen festen Termin gehabt.«

Ich merkte, dass mein Tonfall ein wenig merkwürdig klang, das schien Felix ebenfalls aufzufallen.

»Samma, ich brauche mich ja wohl hier nicht zu rechtfertigen. Das muss ich mir nicht geben. Da kann ich ja gleich wieder gehen, sorry für die Störung.«

Felix machte Anstalten, sich aus seiner hockenden Stellung zu erheben und zu verschwinden.

»Nicht, bitte nicht abhauen. Es tut mir leid, ich wollte nicht nerven, ich bin nur so … so …«

»Einsam?«, fragte Felix und seine Stimme klang plötzlich weich, dazu umspielte ein Lächeln seine Lippen, zudem setzte er sich neben mich auf den Boden. »Na los, komm, erzähl. Warum bist du hier draußen und nicht irgendwo in einer Wohnung mit Bett, Fernseher und einem Kühlschrank, der gut gefüllt ist?«

Mit forschendem Blick taxierte ich den jungen Mann neben mir. Konnte ich ihm vertrauen, ihm bedenkenlos meine Geschichte erzählen, mich einmal nicht so verdammt allein fühlen? Innerlich beantwortete ich meine Fragen mit »Ja« und begann gleich darauf zu reden. Wie schon bei Jannik erzählte ich von meinen Eltern, über die Schule, meinen Diebstahl und die Flucht. Felix hörte aufmerksam zu, fummelte zwischendurch eine Packung Zigaretten aus seiner Hosentasche, bot mir eine an, die ich dankbar annahm, und musterte mich aufmerksam, während ich mit tiefen Zügen den beruhigenden Rauch inhalierte.

»Das ist doch sicher nicht alles. Irgendwas passt da nicht. Du bist vor einer Woche weg, lebst draußen, bist aber sauber und gepflegt, allerdings warst du es vorhin nicht. Also raus mit der Sprache, was ist da noch? Keine Panik, ich hab sicher schon mehr erlebt als du, mich schockt gar nichts mehr.«

»Wie alt bist du eigentlich?«, platzte es aus mir heraus, während ich überlegte, ob ich Felix tatsächlich alles anvertrauen konnte, selbst das, was ich Jannik verschweigen musste.

»Ich? Neunzehn, aber ich fühle mich manchmal, als wäre ich ungefähr neunzig. Bist du eigentlich schon volljährig?«

Ich schüttelte den Kopf und senkte verlegen meinen Kopf.

»Nein, ich bin siebzehn, schlimm?«

»Nö! Bloß gefährlich. Wenn dich die Bullen um diese Zeit draußen finden, geht es ab nach Hause und nach dem, was du mir bisher erzählt hast, ist das sicher nicht in deinem Sinn, oder?«

»Bloß nicht, eher springe ich von ner Brücke oder so. Meinst du, die kontrollieren heute?«

»Keine Ahnung, die melden sich leider nicht bei mir an, bevor sie kommen.«

»Aber was soll ich denn machen?«, fragte ich leise und merkte selbst, wie verzweifelt das klang.

»Nun, ich hätte da vielleicht eine kleine, aber feine Idee. Nur musst du mir zuerst ganz ehrlich auch den Rest erzählen, okay?«

Ich nickte und ließ meinem Blick in die Ferne schweifen, als ich zu reden begann. Ich ließ nichts aus. Nicht die erste Nummer mit dem Detektiv, nicht Jannik und die traumhafte Woche, die mich an das Gute im Menschen glauben ließ, und auch nicht meinen miesen Abgang und die heutige Sache mit dem Arschloch von Detektiv, dem ich es so richtig gezeigt hatte.

Als ich fertig war, lachte Felix schallend auf.

»Herrlich, das Gesicht von diesem verfickten Detektivarsch hätte ich ja wirklich zu gern gesehen.«

Ich musste ebenfalls grinsen, denn es stimmte, das war echt klasse gewesen. Eine Sekunde später wurde ich jedoch wieder ernst.

»Bist du nicht irgendwie pikiert oder irritiert von meiner Geschichte? Ich mein, das mit dem Kerl da …«

»Quatsch, was denkst du denn, wie man sonst auf der Straße landet? Wir haben alle solche Scheißgeschichten zu bieten, manche sind noch schlimmer. Also nein, ich bin nicht irritiert oder verwundert. Aber nun sollte ich mich langsam vom Acker machen. Ich schätze mal, du weißt nicht, wo du bequemer pennen kannst als ausgerechnet hier unter dem Baum, oder?«

»Nö, nicht so wirklich! Kann ja sonst nirgends hin«, antwortete ich und lehnte mich mit hängenden Mundwinkeln etwas zurück.

»Okay! Ich sprach ja eben von einer kleinen, aber feinen Idee. Was hältst du davon, wenn du mit zu mir kommst? Du kannst auf einer Matratze pennen, ist zwar nicht sonderlich komfortabel, doch allemal besser als unter freiem Himmel an einem Baum.«

In diesem Moment glaubte ich meinen Ohren nicht zu trauen. Wieder einmal hatte ich Glück im Unglück und jemand bot mir seine Hilfe an.

»Das würdest du tun? Mich mitnehmen, obwohl du mich nicht kennst?«

»Ja!«, entgegnete Felix achselzuckend. »Wieso nicht? Wenn es dir hilft. Also, worauf warten wir noch?«

Ohne weiter darüber nachzudenken, erhob ich mich, nahm meine Rucksäcke und verließ gemeinsam mit Felix den Park.

»Wo wohnst du eigentlich?«, fragte ich wenig später neugierig, woraufhin Felix die rechte Augenbraue hob und mich schelmisch ansah.

»Du bist ganz schön neugierig. Wart es doch ab.«

»Sorry, hab ja nur gefragt«, murmelte ich leicht beleidigt und entschied, besser die Klappe zu halten und Felix nicht weiter auszuquetschen, weil ihm das offensichtlich nicht gefiel. Die Ruhe hielt jedoch nicht lange an, denn plötzlich begann er zu quatschen.

»Meine Ma ist gestorben, als ich sechzehn war. Todesursache war ein goldener Schuss. Meinen Vater habe ich nie kennengelernt, meine Halbschwester ist jetzt neun und lebt seit dem Tod meiner Mutter in einem Kinderheim. Tja, und meine Großeltern wollen nichts mit mir zu tun haben, weil ich angeblich ein Rebell bin. Also schlage ich mich seit etwa drei Jahren irgendwie durch, war ein Jahr auf der Straße, ein weiteres in einer Pflegefamilie, die mich auch nur wie Dreck behandelt hat, und habe, seit ich achtzehn bin, eine kleine Bude in Pankow, die einem Freier gehört. Einhundertfünfzig Euro zahle ich dafür im Monat. Wenn die Geschäfte nicht so laufen, muss ich mich dreimal außerhalb unserer vereinbarten Treffen von ihm ficken lassen, dann ist die Miete auch bezahlt. Aber es ist trocken in der Bude und die Heizung funktioniert auch, falls es draußen kalt ist. Du kannst dir nicht vorstellen, wie beschissen das ist, im Winter nirgends hinzukönnen, vor allem, wenn einem die Finger beinahe abfrieren. So, jetzt kennst du meine Story und weißt, wo wir hinfahren.«

Mir stockte der Atem, als mir diese Geschichte zu Ohren kam. Am liebsten hätte ich Felix umarmt, aber irgendwie traute ich mich nicht. Wie lächerlich klangen doch meine Erlebnisse gegen seine. Ich fühlte mich schlecht und hätte gern geweint, ich wollte jedoch stark sein und unterdrückte deshalb meine Emotionen. Außerdem wunderte ich mich, wie locker er mir davon erzählte, so, als wäre er vollkommen abgestumpft. War er das? Liefe man Gefahr, seine Gefühle zu verlieren, wenn man am Rande des Abgrunds lebte? Wäre man irgendwann überhaupt noch in der Lage, aufrichtig zu lieben? Ich war geschockt und wusste nicht, was ich antworten sollte. Deshalb presste ich lediglich ein »KRASS!« über meine Lippen, woraufhin Felix leicht nickte.

»Ja, das ist es«, bestätigte er kurz darauf. »Aber ich sehe es positiv, denn ich konnte mir mittlerweile einen guten Kundenstamm aufbauen und habe mein Auskommen. Solange ich jung bin, wird es gehen. Wie es in zehn Jahren aussieht, weiß nur der Teufel persönlich. Deshalb ist es wichtig, den Moment zu genießen und möglichst viel Spaß im Leben zu haben, egal wie viel Scheiß einem begegnet.«

Irgendwie hatte er recht. Felix' Ansichten konnte ich teilen, zumindest fand ich kein Argument, ihm zu widersprechen.

Irgendwann kamen wir bei Felix zu Hause an. Wir standen vor einem großen, roten Backsteinhaus mit riesiger Holztür. Felix zückte einen Schlüssel und öffnete sie.

»Es gibt keinen Fahrstuhl. Wir müssen in den dritten Stock!«, flüsterte er.

Im Treppenhaus roch es muffig, vor manchen Türen hatten die Bewohner ihren Müll abgestellt und in der zweiten Etage bellte ein Hund ziemlich bedrohlich. Das schummrige Licht ließ mich ein wenig frösteln, dennoch war es allemal besser, als allein eine weitere Nacht im Mauerpark zu verbringen.

»Rechte Seite!«, ließ sich Felix vernehmen, als wir die dritte Etage erreichten. »Lass mich mal vorbei. Hoffentlich klemmt die Tür nicht wieder.«

Felix steckte den Wohnungsschlüssel ins Schloss und bewegte diesen mehrfach nach links und rechts, während er den Knauf etwas nach vorn zog. Wenig später sprang die Tür auf und wir standen in einem kleinen Raum mit integrierter Küchenzeile und einem kleinen, schmalen Fenster, einen Flur gab es in dieser Miniwohnung allerdings nicht. Felix knipste das Licht an und schmutzig-weiße Wände, ein schmales Bett, ein Kleiderschrank sowie eine Vitrine, auf der ein ziemlich kleiner Fernseher mit Antenne stand, wurden sichtbar. In der Ecke hinter mir lehnte eine Matratze an der Wand, auf die mein Gastgeber deutete.

»Darauf pennst du. Muss reichen, ist ja kein Luxushotel hier.«

»Alles gut! Das ist vollkommen in Ordnung.«

»Das Bad ist gleich nebenan, also dort hinter der Tür neben dem Schrank. Es gibt nicht immer warmes Wasser, vor allem, wenn der Dicke von oben morgens duscht, wird es kalt. Warum auch immer. Willst du was trinken? Ein Bierchen vielleicht? Und noch eine rauchen? Zigaretten habe ich hier. Bier steht im Kühlschrank.«

Während dieser Worte zog Felix sein T-Shirt aus und sorgte damit schlagartig dafür, dass es in meiner Lendengegend wieder zuckte. Ich hätte mich in diesem Moment für meine Reaktion selbst ohrfeigen können.

Rasch drehte ich mich weg und bemühte mich, an etwas Harmloses zu denken, damit sich mein Schwanz möglichst schnell wieder beruhigte. Innerlich zählte ich dazu von zehn an rückwärts, als Felix mich ansprach.

»Hey, du musst dich nicht umdrehen, prüde bin ich nun garantiert nicht. Und du scheinst auch nicht sonderlich verklemmt zu sein, sonst hättest du eher eine Anzeige riskiert, statt dem Detektiv einen zu blasen.«

»Ich bin tatsächlich nicht verklemmt«, murmelte ich und schaute dabei an mir hinunter. Gott sei Dank, die leichte Schwellung war verschwunden und wenn sich Felix jetzt hoffentlich etwas angezogen hatte, sollte ich ihn eigentlich wieder gefahrlos ansehen können.

»Hast du Hunger?«, wollte Felix als Nächstes wissen und ich nickte, denn eben dieses Gefühl machte sich bereits eine ganze Weile in meinem Körper bemerkbar.

»Und wie«, erwiderte ich leise und wendete den Blick vorsichtig in Richtung meines Gastgebers. Erleichtert atmete ich auf. Felix hatte sich sein wahrscheinlich bequemstes Shirt übergezogen, dem man ansah, dass es alt und abgetragen, aber offensichtlich ziemlich gemütlich war. Zudem hatte er die knackig-enge Jeans gegen eine lockere, weite Shorts getauscht und in diesem Moment erinnerte nichts mehr an den jungen Stricher, der offensichtlich alles dafür tat, um durch ein absolut perfektes Äußeres männliche Aufmerksamkeit auf sich zu ziehen.

»Na komm, schauen wir mal, was der Kühlschrank so hergibt. Ich denke, da steht noch Tomatensoße drin und Nudeln hab ich auch irgendwo. Was meinst du?«

»Klingt super«, stimmte ich freudig zu. »Ich liebe Nudeln. Ich weiß gar nicht, wie ich dir danken soll.«

»Musst du nicht. Ich verdiene meistens genug, dass es fürs Essen reicht, manchmal sogar ein bisschen mehr, was ja auch gut ist, denn ich muss immerhin rechtzeitig anfangen, mir etwas zurückzulegen. Wie gesagt, ab dreißig verdient man in dem Job meist weniger, bis dahin muss ich wissen, was ich später machen kann.«

»Ich werde gleich am Montag versuchen, irgendeinen kleinen Job zu finden, damit ich …«

»Nun lass das erst mal, kleine Jobs gibt es eh meist wenig. Ruh dich aus, du warst ja inzwischen schon ein paar Tage auf der Straße, ich weiß, wie man sich da fühlt. Der Übergang von den Pflegeeltern in diese Wohnung hat schließlich auch nicht von einem Tag auf den anderen stattgefunden. Ungefähr einen Monat war ich draußen. Scheiße kalt war es da. Und nun komm, deck mal den Tisch, Nudeln dauern ja nicht lange.«

»Welchen Tisch?« Ich schaute mich mit suchendem Blick um, konnte jedoch nichts entdecken, was einem solchen Möbelstück auch nur im Entferntesten ähnlich sah. Ein leises Lachen hinter meinem Rücken erklang und ich schaute Felix fragend an. »Veräppelst du mich gerade?«

»Nein«, kam es kichernd von Felix, »ich wollte nur mal sehen, ob du ihn entdeckst. Greif mal hinter den Schrank, da steht ein Campingtisch, den kann man aufklappen. Ich hab den selten in Gebrauch, weil der Platz eh beengt ist, aber zu zweit bietet es sich natürlich an.«

»Solche Umstände und das alles meinetwegen. Du sagst ja selbst, es ist recht eng hier. Und wie knapp wird der Platz erst sein, wenn die Matratze auf dem Boden liegt?«

»Deswegen steht sie ja an der Wand. Die klappen wir morgens einfach hoch und gut ist. Bettzeug kommt auf meins mit drauf und der Tisch macht sich auch wieder schmal. Geht alles, wenn man nur will.«

Während er sprach, bereitete Felix die Nudeln und die dazugehörige Soße vor. Rasch begann es, nach warmem Essen zu duften und mein Magen gab ein lautes Knurren von sich, was mich vor Verlegenheit rot anlaufen, Felix jedoch erneut schmunzeln ließ.

»Na los, schnapp dir den Tisch, solange du noch nicht vor Entkräftung zusammengebrochen bist. Essen ist gleich fertig.«

Knapp zwei Minuten später ließen wir uns die Nudeln schmecken, wobei Felix eher wenig zu sich nahm, es erinnerte mich an das Picken eines Vogels, während ich hungrig meine Portion in mich reinstopfte. Selten hatte mir ein so einfaches Gericht derart gut geschmeckt. Felix hingegen legte sein Besteck ziemlich früh zur Seite und kramte seine Zigaretten hervor.

»Darf ich?«, fragte er und ich nickte. »Willst du noch?«, setzte er gleich darauf hinzu und deutete auf seinen Teller. »Ich schaffe das nicht mehr. Keine Sorge, ich bin gesund und arbeite nur mit Gummi, wenn du verstehst, was ich meine.«

»Klar«, nuschelte ich mit vollem Mund. »Ich nehm's gern. Ich hatte wirklich ein Loch im Magen. Aber warum isst du so wenig?«

Felix entzündete seinen Glimmstängel und blies den Rauch in Kringeln gegen die hässliche Deckenlampe. Er trank noch einen Schluck von dem Bier, das wir uns zum Essen genehmigt hatten, nahm einen weiteren Zug und sah mich an.

»Ich darf nicht zunehmen. Auf dem Strich geht es zu wie bei einer Misswahl oder einem Modelcasting. Erfolg hast du nur, wenn du gut bist, möglichst wenig verweigerst und perfekt aussiehst. Das Gesicht ist eher zweitrangig, aber der Körper muss unbedingt super sein. Kein Fett, nicht zu viele Muckis und natürlich glatt. Alle wollen rasierte Typen, obwohl die meisten es selbst nicht sind. Es werden zwar nach und nach mehr, bloß einen haarlosen Sack haben nur wenige.«

»Das heißt, du hungerst und rasierst dich für den Strich?«

»Nein, für die Kunden, die Freier, die wollen das. Und ich hab noch Glück, ich habe von Natur aus nicht viele Haare, nur zwischen den Beinen natürlich und ja, da muss ich mit nem Rasierer ran. Und hungern würde ich das nicht nennen. Ich passe halt nur ein bisschen auf.«

»Aber deine Figur ist absolut klasse, da kannst du sicher mal vernünftig essen«, gab ich zurück und langte nach Felix' Teller, um den Rest seiner Portion ebenfalls zu verschlingen.

»Die ist so, weil ich eben vorsichtig bin.«

Felix nahm einen weiteren Schluck aus seiner Bierflasche und rauchte seine Kippe zu Ende, wobei er mir zusah, wie ich auch den letzten Rest auf dem Teller zusammenkratzte und kein Krümelchen übrig blieb.

»Findest du mich denn attraktiv?«, wollte Felix plötzlich wissen.

Verblüfft schaute ich ihn an. Was sollte ich denn jetzt bloß antworten, ohne dass mein Unterleib wieder in Aufruhr geriet?

»Natürlich, du siehst klasse aus«, gab ich vorsichtig zur Antwort und versuchte dabei, gleichmäßig zu atmen und die Erregung, die mich bei der Erinnerung an Felix' nackten Oberkörper überfiel, zu unterdrücken, was mir letztlich auch einigermaßen gelang. »Ehrlich, deine Figur ist der Hammer und dein Gesicht ist einfach nur schön.«

Ich konnte sehen, wie meine Worte ein glückliches Lächeln auf Felix' Gesicht zauberten und freute mich, dass ich anscheinend genau das Richtige gesagt hatte.

»Wollen wir schnell abwaschen?«, fragte ich, um ein wenig vom Thema abzulenken. »Und danach könnten wir ja einen Film gucken oder so.«

»Abwaschen geht klar, der Fernseher ist allerdings nur ein Schwarz-Weiß-Gerät und das Bild ist auch nicht gerade das Beste. Außerdem habe ich nicht allzu viele Sender, ist halt ein Oldie, das Ding.«

»Macht nichts, wird schon was geben, das man gucken kann. Ist ja immerhin Samstag, ich denke, wir finden was. Ich müsste allerdings mein etwas altersschwaches Handy mal laden, der Akku hat wahrscheinlich schon komplett die Grätsche gemacht.«

»Na klar, schnapp dir irgendeine Dose und stöpsel ein.«

Nachdem wir die Küchenzeile aufgeräumt, den Tisch verstaut und meine Matratze bezogen hatten, lümmelten wir uns auf Felix' Bett und schauten uns einen alten Film aus den Fünfzigern an, bei dem wir beide ziemlich oft laut lachen mussten, denn dieser verrückte Pfarrer und sein Gegenspieler waren definitiv sehr lustig. Gegen eins löschten wir schließlich das Licht und ich versuchte, auf der Matratze endlich Schlaf zu finden, was mir allerdings nicht wirklich gelingen wollte, da immer wieder Felix' nackter Oberkörper vor meinem geistigen Auge auftauchte und mein Schwanz sich dadurch fast schmerzhaft bemerkbar machte. Vorsichtig, um ja kein Geräusch zu verursachen, langte ich nach unten und wichste mich so lange, bis ich abspritzte und danach ermattet in einen tiefen Schlummer fiel.

Zukunftsangst und Hoffnung

Irgendwann am nächsten Morgen schaute ich auf mein Handy und stellte fest, dass es erst sieben Uhr in der Früh war, dennoch war ich hellwach. Mein Blick wanderte zu Felix, der unter seiner Decke auf dem Bauch lag und nach wie vor tief und fest schlief. Ich musste ganz dringend zur Toilette, daher schlich ich mich leise von meiner Matratze und tappte fast lautlos in Richtung WC, da ich Felix keinesfalls wecken wollte. Als ich jedoch die Tür betätigte, drang ein genuscheltes »Du musst nicht leise sein. Ich schlafe nicht mehr!« an mein Ohr.

»Okay!«, gab ich flüsternd zurück und verschwand für einen Augenblick, um die Menge an Getränken des letzten Abends wegzubringen.

Erleichtert betrat ich erneut den Wohn- und Schlafraum, woraufhin mich Felix grinsend ansah.

»Hast du dir gestern Nacht etwa noch einen runtergeholt?«, haute er mir belustigt um die Ohren, was mich natürlich sofort erröten ließ. Mir war schon klar, dass er ziemlich direkt war, doch ich hätte erstens nicht damit gerechnet, dass er etwas davon mitbekommen hatte, weil ich wirklich extrem leise gewesen war, und zweitens war ich nicht davon ausgegangen, dass er mich darauf ansprechen würde.

»Öhm …!« Mehr brachte ich nicht heraus. Es war mir viel zu peinlich, um genauer darauf zu antworten.

»Na, komm! Gib's zu!«, fuhr Felix fort. »Ist doch wurscht. Ich hab's sowieso gehört und deine Hand unter der Decke habe ich auch gesehen.«

»Ja, sorry!«, entschuldigte ich mich. »Mir war auf einmal danach.«

»Ey, Jasper, dafür musst du dich nicht entschuldigen. Wenn er hart ist, ist er hart und dann solltest du ihn auch beachten. Kein Grund, dass es dir peinlich sein müsste. Aber eins interessiert mich doch. Lag es an mir, dass du heiß wurdest?«

Ich zuckte mit den Schultern und sah wieder einmal auf den Fußboden, weil ich mich erneut schämte. Was sollte ich darauf sagen? Natürlich lag es an Felix. Weshalb das so war, konnte ich mir nicht erklären. Ich musste ständig an seine nackte Haut denken, die ich am Abend zuvor aus den Augenwinkeln gesehen hatte. Aber sollte ich ihm das so sagen? Vielleicht, denn das war schließlich die Wahrheit.

»Ehrlich gesagt, ja!«, stieß ich mit blutroten Wangen leise hervor. »Ich weiß nicht, wieso, aber plötzlich kam es so über mich. Wenn du mich jetzt nicht mehr bei dir haben willst, kann ich das verstehen, schließlich hat es mich komischerweise angemacht, als du dich gestern Abend umgezogen hast. Tut mir leid. Ist das schlimm?«

»Quatsch! Ich fühle mich eher geschmeichelt und deshalb schmeiße ich dich bestimmt nicht raus. Aber wenn du das nächste Mal so geil wirst, dann sagst du es einfach und vielleicht …«

Felix brach mitten im Satz ab. Was wollte er mir sagen? Es machte mich neugierig und gleichermaßen stutzig. Sein Blick war derart verschmitzt, dass ich kaum in der Lage war, ihn anzusehen. Er musterte mich von oben bis unten und beobachtete genau, wie ich mich verhielt, fast so, als würde er mich studieren wollen. Für einen Moment dachte ich darüber nach, ihm näherzukommen, ihm über das Gesicht zu streicheln, seine Lippen zu berühren und ihn zu küssen, doch ich traute mich nicht und verschwand wieder unter meine Decke.

»Sorry, wollte dich nicht bedrängen!«, gab er mir nach einer Minute der Stille mit leichter Unsicherheit in der Stimme zu verstehen.

»Ist schon gut!«, krächzte ich. »Ich bin mir halt so unsicher, weil ich nicht weiß, ob ich wirklich auf Typen stehe. Einerseits machen mich Kerle an und ich bekomme einen Harten, wenn ich sie halb nackt sehe, aber andererseits …«

»Was denn andererseits?«, hakte Felix nach.

»Andererseits weiß ich nicht, ob das richtig ist, so wie ich überhaupt nie weiß, ob irgendwas richtig oder falsch ist. Klar, ich würde es gern ausprobieren, aber ich habe irgendwie auch Angst davor. So ging es mir letzte Woche schon mit Jannik. Was ist denn richtig oder falsch? Und wie bekomme ich raus, ob ich schwul bin? Ist es ein Indiz, dass mich dieser Kaufhausdetektiv zum Abspritzen gebracht hat?«

»Klar ist es das!«, bestätigte Felix und nickte dabei. »Wenn so ein dusseliger Typ es schafft, dich zu erregen, ist es definitiv ein Zeichen, dass du schwul bist. Und du bekommst einen Ständer, wenn du mich mit freiem Oberkörper siehst oder an mich denkst. Ich meine, wie viele Hinweise brauchst du noch?«

»Keine Ahnung!«, blockte ich ab und schüttelte den Kopf. »Das ist typisch mein Leben. Es besteht nur aus Fehlern und Unsicherheiten. Ich bin und bleibe eben ein Versager!«

»Oh, jetzt fang mal nicht gleich an zu heulen. Was soll ich denn sagen oder die vielen anderen Stricher in Berlin?«, warf Felix leicht entrüstet ein. »Ein Versager bist du nur, wenn du es von dir behauptest. Und nun befrei dich mal selbst aus deinem stillen Kämmerchen und pack endlich was an. Nicht gleich im Selbstmitleid versinken. Alter Falter, das geht gar nicht. Und nun komm mal zu mir! Du bist viel zu weit weg.«

Schlagartig klopfte mein Herz bis zum Hals. Was würde passieren, falls ich seiner Aufforderung nachkäme? Ich dachte irgendwie nicht lange darüber nach, verließ die Matratze, legte mich zu Felix und wartete ab, was er mit mir anstellen wollte. Doch anstatt mich an den bestimmten Stellen anzufassen, legte er einfach den Arm um mich und hauchte mir ein leises »Es wird schon alles werden!« ins Ohr. Natürlich bekam ich einen Steifen und ich versteckte ihn auch nicht – und selbstverständlich blieb es ihm nicht verborgen, er ignorierte das jedoch, gab mir lediglich die Nähe, die in diesem Moment brauchte, und strich mir mehrfach durchs Haar, was mich irgendwann wieder einschlafen ließ.

Als ich das nächste Mal wach wurde, lag ich allein in Felix' Bett, stattdessen hörte ich die Dusche rauschen und Felix laut fluchen.

»Blöder Scheißer, du hast schon wieder das ganze heiße Wasser verbraucht. Alter, du bist und bleibst echt ein Arsch, andere wollen auch mal warm duschen!«

Mir war natürlich klar, dass mein Gastgeber sauer war, weil der Mieter von oben wohl zum zigsten Mal dafür gesorgt hatte, dass Felix jetzt ganz offensichtlich kalt duschen musste, aber sein letzter Satz entlockte mir dennoch ein Grinsen. Warmduscher! Oder warmer Bruder? Unwillkürlich begann ich zu grübeln. War ich denn ein solcher? Nach Felix' Aussage schon, aber dennoch zweifelte ich immer noch ein wenig. Sicher, ich bekam einen Ständer, sobald ich Felix halb nackt sah, wurde geil, als er neben mir im Klo mit einem Typen fickte, ohne ihn jedoch vorher gesehen zu haben, und hatte abgespritzt, als der Miesling von Detektiv mich anfasste. Bloß reichte all das tatsächlich aus, um sicher zu sein, dass ich mich wirklich als schwul bezeichnen konnte? Könnte es nicht eventuell sein, dass ich bisexuell war? Sollte ich nicht wenigstens ein einziges Mal versuchen, ob mich Mädchen oder Frauen nicht ebenfalls sexuell erregen konnten? Was wäre, wenn ich behaupten würde, schwul zu sein, nur um es endlich gesagt zu haben, und später, vielleicht sogar viel später, würde sich herausstellen, dass dem gar nicht so wäre, ich mich geirrt hatte und es nur eine Phase war, die ich durchmachen musste?

Seufzend zog ich mir die Decke über den Kopf. Warum musste das alles bloß dermaßen kompliziert sein? Ich wollte endlich Klarheit. Schwul oder nicht. Versager oder nicht. Bloß wie sollte ich das anstellen? Eigentlich müsste ich für den zweiten Punkt einen Job finden, der mindestens zum Überleben reichte, und mich zudem natürlich nicht von der Polizei erwischen lassen. Und für die wichtigere Frage sollte ich versuchen, eine Frau oder ein Mädchen zu finden, um herauszufinden, ob mich ein weiblicher Körper nicht ebenfalls so reizen konnte, dass ER mir stand. Ich müsste quasi meine Jungfräulichkeit opfern, um zu wissen, wer ich war und wer ich in Zukunft sein wollte.

»Na, pennst du noch?«

Felix' Stimme riss mich aus meinen Grübeleien, zumal er mir einfach die Decke wegzog. Erschrocken und gleichzeitig in höchstem Maße neugierig schaute ich auf meinen Gastgeber, der im Adamskostüm vor mir stand. Im Bruchteil einer Sekunde nahm ich alles an ihm wahr. Den schlanken Körper, an dem wirklich kein Gramm Fett zu finden war, die Oberarme, die zwar nicht mit enormen Muckis glänzen konnten, aber dennoch kräftig wirkten, die nassen, dunklen Haare, die etwas wirr vom Kopf abstanden, die extrem langen Beine und nicht zuletzt Felix' Schwanz, der locker herabbaumelte und erahnen ließ, dass er in erregtem Zustand eine beachtliche Größe erreichen würde. Ich schluckte schwer, doch antworten konnte ich irgendwie nicht, stattdessen regte sich etwas in meiner Mitte.

Lächelnd sah Felix auf mich herunter und stemmte die Hände in die Hüften.

»Na, gefällt dir, was du siehst?«

Abermals war ich nicht in der Lage zu antworten, stattdessen konnte ich nur nicken, ein Kloß schien in meinem Hals zu stecken, den ich partout nicht loswerden konnte, egal, wie sehr ich mich auch bemühte.

»Rutsch mal ein Stück«, forderte Felix leise und ich leistete sofort Folge. Kaum befand er sich neben mir, da legte er, wie bereits am frühen Morgen, den Arm um meinen Körper und zog mich so dicht an sich heran, dass mein Kopf auf seiner Schulter zu liegen kam. Ich rutschte ein wenig tiefer, sodass ich plötzlich den Schlag seines Herzens vernehmen konnte. Es wirkte unglaublich beruhigend auf mich, dieses leise, gleichmäßige »Bumm-Bumm«, das sich ständig wiederholte. Meine innere Anspannung ließ ein wenig nach und ich merkte, dass ich mich tatsächlich wohlfühlte.

»Gut so?«, wollte Felix wissen und endlich gehorchte mir meine Stimme wieder, sodass ich leise antwortete: »Ja, es ist schön.«

Langsam glitt Felix' Hand über meinen Körper, ohne mich dabei loszulassen. Ein sanftes Streicheln, zarte Berührungen, die zunächst nur meine Arme und den Brustkorb als Ziel hatten. Ich entspannte unter diesen sanften Liebkosungen zusehends und ertappte mich dabei, dass ich meine Hände ebenfalls auf Wanderschaft schickte. Ganz vorsichtig berührte ich Felix' Bauch, tastete mich an den Muskeln nach oben und landete unversehens auf einem seiner Nippel, der sich hart und leicht erregt deutlich auf der hellen Haut abzeichnete. Felix zuckte zusammen, was mich natürlich dazu veranlasste, meine Finger sofort zurückzuziehen, doch er lächelte und schob meine Hand zurück auf seinen Brustkorb.

»Mach ruhig weiter«, flüsterte er.

»Aber es schien dir nicht wirklich zu gefallen, du hast gezuckt«, wisperte ich zurück und sah, dass ein Schmunzeln über Felix' Gesicht glitt.

»Klar, weil es geil war. Also tu dir keinen Zwang an, selbst ein Stricher hat Gefühle. Ich mag das sehr, es kommt bloß so gut wie nie vor, dass ein Freier so was will. Hast du schon mal jemanden geküsst?«

»Ja, früher mal auf irgendwelchen Schulpartys, wenn wir komische Spiele wie Wahrheit oder Pflicht gespielt haben«, gab ich zu, »aber das hat mir irgendwie nichts gegeben. Es waren auch nur ein paar harmlose Küsse mit Mädchen. Warum fragst du?«

»Darum«, hauchte Felix, näherte sich meinem Mund und legte seine Lippen ganz sanft auf meine. Die zarte Haut fühlte sich so gut an, dass ich unwillkürlich den sachten Druck erwiderte und meine Lippen ein wenig öffnete, kaum dass ich Felix' Zungenspitze spürte. Vorsichtig tastete sich die freche Zunge in meine Mundhöhle vor und stupste erst gegen meine Zähne, dann kitzelte sie meinen oberen Gaumen. Ich genoss dieses zärtliche Spiel und ließ mich einfach fallen.

Unterdessen wanderten meine Finger erneut über Felix' Haut, streiften abermals seine Nippel, was ihm einen weiteren Seufzer entlockte, umkreisten seinen Bauchnabel und berührten plötzlich seinen Schwanz, der mittlerweile voll ausgefahren war und an der samtigen Spitze ein kleines Tröpfchen gebildet hatte. Ich umschloss seinen Schaft mit meiner Hand und bewegte ihn vorsichtig hin und her, währenddessen schob Felix mir das T-Shirt, das ich zum Schlafen getragen hatte, hoch und zog es letztendlich über meinen Kopf. Anschließend legte er ein weiteres Mal seine Lippen auf die meinen und küsste mich derart intensiv, dass ich ihn förmlich wimmernd dazu aufforderte, mir den Slip ebenfalls zu entfernen.

Wenig später lagen wir nackt aufeinander und pressten unsere heiße, verschwitzte Haut an die des jeweils anderen. Unsere Schwänze rieben sich gegenseitig und wir erkundeten mit unseren Händen jede einzelne Stelle unserer Körper. Dabei spielten unsere Zungen nach wie vor ein heißes Spiel miteinander, verschlangen sich gegenseitig und für einen Moment war es, als würden sie niemals etwas anderes tun wollen. Ich schloss meine Augen, während sich Felix' Lippen von meinem Mund lösten und ich sie schließlich auf meiner Haut spürte. Zärtliche Küsse brachten meinen Körper zum Erbeben, und als er letztendlich meinen Schwanz mit seiner Zunge verwöhnte, stöhnte ich lautstark und bäumte mich auf, wollte einfach nur abspritzen, doch daraufhin ließ er von mir ab.

»Es wird jetzt noch nicht vorbei sein!«, raunte er mir dicht ans Ohr. »Bevor du abspritzt, werde ich dich erst mal richtig verrückt machen.«

So gern hätte ich geantwortet, doch meine Stimme versagte wieder, daher nickte ich lediglich, hielt die Augen geschlossen und wartete auf weitere Verwöhnkünste meines Gegenübers, die natürlich nicht lange auf sich warten ließen.

Felix forderte mich auf, mich umzudrehen, was ich sofort in die Tat umsetzte. Wenig später spürte ich seine Hände an meinem Nacken, genoss es, wie er meine Muskeln knetete, mir den Rücken gekonnt massierte und mich auf diese Weise wie eine Katze zum Schnurren brachte.

Als er dann noch mit seiner Zunge liebevoll über meine Wirbelsäule glitt, versetzte er mich binnen weniger Sekunden in Ekstase. Ich stöhnte mehrfach laut auf, wimmerte unter seinen Berührungen und flehte ihn förmlich an, weiterzumachen. Plötzlich setzte er sich zwischen meine Beine und hob mein Becken ein wenig an. Anschließend zog er meine Pobacken etwas auseinander und stupste mit einem Finger leicht an meinen Hintereingang, massierte meine Rosette und sorgte somit dafür, dass mein eh schon steifer Schwanz sich noch mehr mit Blut füllte und kurz vorm Zerplatzen stand.

»Willst du, dass ich dich ficke?«, drang es irgendwann an mein Ohr.

In diesem Moment dachte ich nicht lange über diese Antwort nach. Ich wollte es so sehr wie noch nie, ganz sicher, und da ich so extrem heiß war, blaffte ich ihm ein heiseres »Ja! Fick mich!« entgegen und spreizte meinen Hintern selbst noch ein bisschen weiter.

»Okay!«, flüsterte Felix und stand kurz auf. Was geschah nun? Er würde doch nicht einfach abbrechen?

»Was?«, hakte ich leise nach.

»Kondom, Jasper! Niemals ohne Gummi! Und wenigstens beim ersten Mal natürlich auch ausreichend Gleitgel. Okay?«

Ich nickte und wartete darauf, dass er wiederkam und in mich eindrang. Er war sehr vorsichtig, verteilte irgendetwas Kaltes auf meinem Anus, tastete sich anschließend mit seinem Schwanz ganz langsam heran und bewegte sich zärtlich in mir. Es tat irgendwie, ganz entgegen meiner Erwartung, nicht besonders weh. Er war so zärtlich und behutsam, streichelte dabei meinen Rücken, schob seine Hand zu meinem Schwanz vor und wichste mich gleichzeitig, während er mich mit weiteren Stößen verwöhnte.

Irgendwann konnte ich nicht mehr an mich halten und spürte, dass der Höhepunkt in mir aufstieg. Felix' Bewegungen wurden ebenfalls schneller, er keuchte immer lauter und ließ uns auf die Klippe der Erleichterung zusteuern, bis wir uns beinahe gleichzeitig heftig entluden und schwer atmend zusammensackten.

»Boah, war das hammergeil!«, raunte ich, nachdem ich wieder eines Wortes mächtig war.

Ich spürte ein Nicken auf meinem Rücken, anschließend küsste Felix meine Schulter und sprang aus dem Bett.

»Um dir übrigens mal die Unsicherheit zu nehmen, ich denke schon, dass du schwul bist«, kam es gleich darauf aus seinem Mund. »Und das ist gut so, denn es wäre schade für die Männerwelt, falls du für Frauen gemacht wärst. Es war wirklich schön und endlich mal Sex, der auch mir Spaß gemacht hat.«

»Würdest du es denn als schlimm betrachten, wenn ich es trotzdem mal mit einer Frau ausprobieren würde?«

Felix schüttelte den Kopf.

»Quatsch! Wieso? Aber du wirst mir unter Garantie sagen, dass dir das nix gebracht hat und froh sein, wieder einen Schwanz im Arsch zu haben. Doch probier dich aus, tu, was du für richtig hältst. Nun würde ich jedoch gern frühstücken, Sex macht hungrig. Ich habe Aufbackbrötchen, die packe ich uns in den Ofen. Du kannst ja duschen gehen, sofern du willst, aber vorher musst du mir deine Lippen noch mal schenken.«

»Gern. Ich könnte dich tatsächlich den ganzen Tag küssen«, gab ich ihm daraufhin zu verstehen, stand ebenfalls auf und hing wenig später wieder an seinen Lippen, unsere Zungen spielten abermals Fangen miteinander und ich genoss weitere Minuten dieser völligen Hingabe, wurde erneut steif und zog Felix irgendwann zurück aufs Bett, um das soeben Erlebte nochmals zu wiederholen.

Innerlich gab mir all das ein Gefühl der Hoffnung, aber mich überfielen dennoch diverse Ängste. Es war die Furcht vor der Zukunft, weil ich nicht wusste, was die folgenden Tage bringen würden. Mir war klar, dass ich würde kämpfen müssen, um zu überleben, und dass die momentane Situation lediglich eine Pause an der Wasserquelle einer Oase mitten in der Wüste war.

ALLTAGSREALITÄTEN

Am nächsten Morgen wachte ich auf, weil irgendetwas fehlte. Es dauerte einen Moment, ehe ich klar denken konnte und mir klarwurde, was ich vermisste: Es war Felix! Felix und seine fast permanent gute Laune. Felix und sein Wahnsinnskörper, der mich am vergangenen Tag noch mehrfach über den Gipfel der Lust geschubst hatte. Felix und sein Geruch, der, wenn er meine Nase umschmeichelte, mich in den Garten der Glückseligkeit katapultierte. Aber war es wirklich die Person, die ich vermisste, oder vielleicht doch nur der Sex, der mir so wahnsinnig viel Spaß gemacht hatte? Oder war es die Freude darüber, dass er mir angeboten hatte, in seiner Wohnung bleiben zu können, und zwar, solange ich es wollte? Ich überlegte und stellte plötzlich mit leichtem Erschrecken fest, dass es weder Freude noch der Sex war. Stattdessen hatte ich mich wohl verliebt. In eben diesen jungen Mann, und was damit ebenfalls feststand, war die Tatsache, dass ich nun nicht mehr leugnen konnte, schwul zu sein. Nein, ich würde keine Bestätigung durch ein Mädchen brauchen, mein Körper war nicht für Frauen gemacht, sondern für Männer. Nur etwas anderes war ebenso klar – ich durfte Felix nichts von meinen Gefühlen erzählen, das würde ihn garantiert verschrecken, denn ich vermutete, dass er feste Beziehungen sicher nicht besonders gern mochte, was ich aufgrund seines Jobs sogar nachvollziehen konnte. Also musste ich mein kleines Geheimnis tief in meinem Inneren vergraben, nur so würde ich problemlos neben und mit Felix leben können.

Suchend schaute ich mich um. Wo nur konnte Felix stecken? In der Dusche war er jedenfalls nicht, ich konnte weder das Wasser rauschen noch ihn murmeln oder fluchen hören, also war er nicht in der Wohnung.

Doch wo um alles in der Welt war er bloß? Ich grübelte intensiv, konnte mich allerdings partout nicht daran erinnern, dass er erwähnt hätte, montags bereits früh am Morgen, na gut, am Vormittag unterwegs sein zu müssen oder zu wollen. Also was war passiert?

Gerade, als meine Überlegungen an dem Punkt angekommen waren, hörte ich den Schlüssel und eine Sekunde später stand Felix grinsend im Raum, dabei schwenkte er eine etwas überdimensionierte Brötchentüte.

»Na, du Schlafmütze, bist du endlich wach?«, rief er mir fröhlich zu und begab sich schnurstracks zur Küchenzeile.

»Klar, schon eine ganze Weile, aber … warum hast du mich nicht geweckt, ich hätte doch mitkommen können? Oder ich hätte wenigstens gewusst, wo du abgeblieben bist.«

»Du hast so tief und fest geschlafen, da wollte ich dich einfach nicht stören. Wenn man jung ist, kann man jederzeit schlafen, das kenne ich nur zu gut. Außerdem wollte ich uns Frühstück machen. Aber da du nun schon wach bist, könntest du entweder helfen oder ins Bad verschwinden. In dem Fall würde ich den Tisch decken, während du duschst«, erklärte Felix und man konnte erkennen, dass es ihm Spaß zu machen schien, ausnahmsweise für jemanden sorgen zu dürfen. Mein Herz schlug vor lauter Freude ein wenig schneller, ich bemühte mich jedoch, mir absolut nichts anmerken zu lassen.

»Kommt überhaupt nicht infrage, dass ich dich hier allein arbeiten lasse, das geht gar nicht«, warf ich in den Raum und sprang dermaßen schwungvoll vom Bett hoch, dass es bedenklich ächzte.

»Hey, nicht so stürmisch«, kam es kopfschüttelnd von Felix, aber man sah ihm an, dass er sich gerade köstlich amüsierte. Irgendwie hatte er sich seit Samstag verändert. Als er mir das erste Mal über den Weg gelaufen war, hatte er eher abweisend gewirkt und jetzt benahm er sich so sorglos wie jeder andere normale junge Mann. Niemand würde vermuten, dass er sich als Stricher seinen Lebensunterhalt verdiente.

Unter weiteren Plänkeleien kümmerte ich mich darum, dass meine Matratze, die nach wie vor auf dem Boden lag, endlich wieder an die Wand gelehnt wurde, damit der Tisch Platz finden konnte, und stellte selbigen anschließend auf. Rasch holte ich Aufschnitt und Käse aus dem Kühlschrank, Felix kümmerte sich in der Zwischenzeit um den Kaffee und wirbelte mit einer Bratpfanne am Herd herum, um uns Rühreier zu zaubern. Hätte uns irgendjemand in dem Moment sehen können, so vertraut und herumalbernd, der hätte nie im Leben angenommen, dass wir kein Pärchen waren.

Felix langte ausnahmsweise ordentlich zu und ließ sich das Frühstück ebenso schmecken wie ich, zündete sich, als er sein letztes Brötchen vertilgt hatte, die obligatorische Zigarette an und hielt mir die Schachtel hin, aus der ich mich ebenfalls bediente, denn auch ich hatte die erste Mahlzeit des Tages inzwischen beendet.

»Weißt du, was ich gleich machen werde?«, fragte ich, nachdem ich meine Kippe entzündet und den ersten tiefen Zug genommen hatte.

»Nö, aber ich vermute, ich erfahre es recht bald.«

»Wenn ich geduscht habe und wir hier fertig sind, gehe ich los und suche mir einen Job. Allein schon deswegen, damit ich auch mal etwas kaufen kann und nicht immer nur du.«

»Ich habe dir schon mehrfach gesagt, dass du dir darüber keinen Kopf machen sollst. Komm doch erst mal zur Ruhe. Immerhin verdiene ich genug und die Wohnung ist schließlich spottbillig.«

»Ich will dir definitiv nicht zur Last fallen und ...«

»Nun hör endlich mit diesem Mist auf. Ich habe dir angeboten, erst einmal zu bleiben, weil ich das so wollte, nicht weil ich mal Lust auf eine Last hatte, du Spinner. Und ich sage es jetzt mal klar und deutlich, du kannst hier wohnen, solange du willst, sofern du endlich mit dem Blödsinn aufhörst. Und jetzt chill mal, ich mag dich. Ganz ehrlich. Wir sind allerdings kein Paar, weil Beziehungen für meinen Job nicht förderlich sind, deswegen lass uns einfach das genießen, was wir haben, okay? Außerdem vermute ich wohl nicht ganz zu Unrecht, dass du nun weißt, ob du auf Männer stehst, oder?«

Felix' Worte lösten in mir zwei völlig verschiedene Gefühle aus. Einerseits war es beruhigend zu wissen, dass ich zumindest vorläufig nicht auf der Straße würde schlafen müssen, andererseits spürte ich jedoch deutlich, dass er irgendetwas für mich empfand, was er nur nicht dulden wollte oder konnte. Zudem würde ich sicher nicht den Fehler machen, etwas einzufordern, sondern stattdessen genießen, was ich bekommen konnte.

»Also ja, ich weiß inzwischen, dass ich schwul bin und noch mal ja, ich stehe dazu. Dennoch hoffe ich, um das Thema wieder auf den Tisch zu bringen, dass ich nachher trotzdem irgendeinen Job ergattern kann. Meinetwegen Regale im Supermarkt einräumen oder Botendienste machen.

Hunde Gassi führen oder was weiß ich. Aber mal ne andere Frage: Seit wann machst du deinen Job eigentlich? Hast du vorher was anderes versucht oder hast du mal eine Lehre angefangen oder so?«

»Lehre? Ja! Ich wollte eigentlich mal im Einzelhandel eine anfangen. Aber dann starb meine Ma und plötzlich war nix mehr so wie früher. Von jetzt auf gleich völlig auf sich allein gestellt zu sein, hat mir komplett den Boden unter den Füßen weggerissen. Ich hatte keinen Bock auf Pflegefamilie und bin deshalb noch vor der Beerdigung abgehauen. So oft habe ich sie verflucht, weil ich ihr immer wieder gesagt habe, dass sie die Finger von diesen verfickten Drogen lassen sollte. Aber sie wollte einfach nicht auf mich hören, na ja, egal. Ich schlug mich irgendwie durch, habe mich in Bahnhofshallen zurückgezogen, dort Kontakte geknüpft und irgendwann durch Zufall meinen ersten Freier kennengelernt. Er hat mir sage und schreibe nen Hunderter fürs Ficken geboten und er sah auch noch gut aus, deshalb musste ich nicht lange überlegen und bin mit zu ihm nach Hause. Der hatte einen wahnsinnig dicken Schwanz und es hat irrsinnig wehgetan, als er das Teil in mich reinsteckte. Am liebsten hätte ich geschrien, aber ich dachte nur, dass ich besser mein Maul halte und es einfach ertrage. Natürlich nur wegen der Kohle. Der Typ hat mich dann weitervermittelt. An Kumpels sozusagen, die ebenfalls gut zahlten. Und so bin ich da reingerutscht. Ich verdiente Geld und hatte des Öfteren die Möglichkeit, irgendwo zu pennen. Manchmal nahm mich ein Freier mit nach Hause oder ließ mich bei sich im Hotelzimmer schlafen. Das war ganz unterschiedlich. Auf jeden Fall habe ich das Ganze tatsächlich fast ein Jahr durchgehalten. Von einem Freier zum anderen, gefickt und Geld verdient, in Hotelbetten gepennt oder gelegentlich unter ner Brücke, ich bin sogar mal von einem Kunden überfallen worden, ein anderes Mal wurden mir alle Klamotten, bis auf die, die ich trug, geklaut. Der Typ war so irre, dass ich dachte, ich überlebe es nicht. Aber das ist lange her und wird mir jetzt nicht mehr passieren, weil ich vorsichtig geworden bin.«

»Boah, das ist richtig heftig!«, warf ich ein und spürte, dass sich Tränen in meinen Augen sammelten. »Und nach diesem Jahr? Wie ist es dann weitergegangen?«

»Die Bullen haben mich gecasht. Ausweiskontrolle! Und ich war ja minderjährig und wurde dazu noch gesucht, weil das Jugendamt mich als vermisst gemeldet hatte. Die haben mich behandelt, als wäre ich ein

Aussätziger und brachten mich in eine Art Heim. Von dort aus kam ich relativ schnell zu Pflegeeltern, die auf Jugendliche, die wohl als schwer erziehbar gelten, spezialisiert waren. Idioten waren das. Ihre körperlichen Züchtigungen und ihr ständiges Gesülze, ich müsste ihrer Kirche beitreten und Gott um Vergebung für meine Sünden bitten, gingen mir dermaßen auf den Geist, dass ich exakt an meinem achtzehnten Geburtstag damals im Januar wieder verschwunden bin. Zurück auf die Straße und das mitten im Winter. Bei eiskaltem Wetter. Kein Kunde weit und breit zu sehen. Ich schien alles verloren zu haben, bis ich mich nach ein paar Wochen in einen einschlägigen Club in Zehlendorf schmuggelte und meinen Vermieter kennenlernte. Der Typ ist sehr speziell, aber dennoch in Ordnung. Ich ließ mich von ihm ficken und er nahm mich mit in sein Haus. Der Typ wohnt etwas außerhalb, in so einem brandenburgischen Dorf, dessen Namen ich immer vergesse. Ist ja auch egal. Ihm gehört auf jeden Fall dieser Bunker hier. Damals ließ er mich für ein paar Tage bei sich wohnen. Ich fickte mehrmals mit ihm und erfüllte ihm seine Wünsche, bis er mir diese kleine Bude hier anbot. Die Sachen, die hier drin sind, hat er mir auch reingestellt, denn ich hatte ja nix. Ab und zu muss ich zu ihm, weil er dann so eine Stricherparty feiert, auf der mehrere Jungs in seinem Swimmingpool auf ihn warten müssen und anschließend nach und nach von ihm gevögelt werden. Ey, du glaubst gar nicht, der Typ ist über fünfzig und hat eine Ausdauer, als wäre er ein Teenie. Unbelievable!«

»Und du kannst echt von diesen Typen leben? Ich meine, macht es dir nichts aus, dich von den Kerlen anfassen zu lassen?«

Felix lächelte und schüttelte den Kopf. Gleich darauf strich er durch mein Haar und legte meinen Kopf an seine Schulter.

»Du bist echt süß, Jasper. Richtig süß sogar! Du machst dir über mein Seelenleben und über meine Gefühle Gedanken, hörst zu und lässt mich ausreden. Das ist total niedlich. Aber um ehrlich zu sein, manchmal macht es mir was aus. Es gibt etliche Kerle, die total ungepflegt sind und sich ihren Schwanz wochenlang nicht gewaschen haben. Dabei fühlen sie sich auch noch, als wären sie der King persönlich und stöhnen sich einen zurecht, während ich einen Würgereiz bekomme, allein schon, wenn ich ihr ekelhaftes Teil anfassen muss. Manchmal ist es mir auch peinlich, Stricher zu sein. Ja, verdammt, als wir uns in dieser Toilette begegnet sind und du offensichtlich mitbekommen hattest, was in deiner Nachbarkabine abging, hätte ich mich am liebsten zu Staub verwandelt. Deshalb war ich anfangs auch so abweisend zu dir und wollte nichts mit dir zu tun haben. Es ist jedoch nur gut, dass ich mich anders entschieden habe und zurück in den Park gegangen bin, ich hätte echt was verpasst, wenn ich dich nicht kennengelernt hätte.«

Als ich die letzten Sätze vernahm, war ich plötzlich überglücklich. Ich war mir zu fast einhundert Prozent sicher, dass er ähnliche Gefühle für mich hegte, wie ich für ihn, aber dennoch sagte ich nichts, sondern wandte meinen Kopf und drückte ihm meine Lippen auf die Wange, was ihn wiederum lächeln ließ.

»Ich muss langsam los!«, gab er mir nach ein paar Minuten der Stille zu verstehen. »Ich habe eine Verabredung um zwölf Uhr. Ist wichtig! Ein Stammi sozusagen.«

»Stammi?«, hakte ich nach.

»Ja! Stammkunde. Der S T E C H E R wird jeden Montagmittag um zwölf von diesem werten Herrn gebucht. Er zahlt gut. Ich lege dir einen Schlüssel hin. Mach dir einen schönen Tag. Ich hoffe, wir sehen uns nachher.«

»Eine Frage habe ich noch!«, rief ich ihm zu, während er sich seine zuvor abgeworfenen Schuhe anzog.

»Na los, was denn?«

»Wie heißt du mit Nachnamen? Ich will es nur wissen. Weil – hier steht nix an der Tür.«

»Okay! Du bist wirklich ein ziemlich neugieriges Exemplar. Aber ich sag's dir. Ich heiße Steinmüller. Ich habe ein paar Buchstaben innerhalb meines Nachnamens durch ein CH ausgetauscht und so meinen Kunstnamen erfunden. Und nun muss ich wirklich. Bis nachher. Und räum mir bloß nicht die Bude aus.«

Felix gab mir noch einen raschen Kuss auf die Lippen und verließ anschließend die Wohnung, ohne sich noch einmal umzudrehen. Nun war ich wieder allein, doch ich wusste, dass das nicht von langer Dauer war. Das gab mir genug Energie, auch an meiner Zukunft zu arbeiten.

Bevor ich mich ebenfalls auf den Weg machte, um mir, wie mehrfach angekündigt, einen Job zu suchen, machte ich allerdings erst mal Klarschiff, damit Felix, falls er vor mir zu Hause sein sollte, in eine saubere Bude käme. Es machte mir sogar Spaß, mit Lappen und Wischmopp durch die kleine Wohnung zu wirbeln. Zu Hause bei meinem Alten war das noch völlig anders gewesen, denn da mein Erzeuger sich einen Scheißdreck um den Haushalt gekümmert hatte, war ich dafür verantwortlich gewesen, dass wir nicht im Dreck erstickten. Sogar das Kochen hatte ich oft übernehmen müssen und auch das hatte ich nur widerwillig erledigt, aber hier? Es machte mir wirklich Spaß, zu wirtschaften oder, wie am späten Samstagabend, mit Felix zu kochen. Am liebsten hätte ich sofort jede Menge kulinarische Köstlichkeiten besorgt, um Felix komplett zu verwöhnen, nur leider war ich völlig pleite. Lediglich ein paar Cent befanden sich noch in meinem Portemonnaie. Als ich an dieser Stelle meiner Überlegungen angekommen war, seufzte ich in mich hinein. Es nützte nichts, ich musste unbedingt ein bisschen Geld verdienen und wenn ich dafür wieder würde betteln müssen, egal.

Ein Blick auf den Wecker, der neben Felix' Bett auf dem Boden stand, signalisierte mir, dass es mittlerweile nach halb eins war und ich mich wohl endlich auf den Weg machen sollte. Gedacht, getan, ich schnappte mir mein Handy, das wieder einmal an der Steckdose hing, und den Schlüssel, den mir Felix dagelassen hatte. Auf eine Jacke konnte ich definitiv verzichten, denn die Sonne brannte von einem quietschblauen Himmel gnadenlos auf den Asphalt der Straßen und ließ die Menschen schwitzen.

Rasch verschloss ich die Tür und sah mich draußen erst einmal um. Also in der Nähe schien es nur sehr wenige kleine Geschäfte zu geben, was zwar nicht weiter schlimm war, aber schon praktisch gewesen wäre, denn so hätte ich diese schon abklappern können. Also schlenderte ich weiter in Richtung der nächsten S-Bahnstation und fuhr, natürlich schwarz, in die Innenstadt, um mich dort weiter umzusehen, was ich anschließend auf dem Ku'damm und den angrenzenden Straßen in Angriff nahm.

Innerhalb von zwei Stunden besuchte ich diverse Geschäfte, darunter kleine Supermärkte, Drogerien und auch Blumenläden, bei denen ich vorsprach, um eventuell Botengänge in Form von Blumenzustellung machen zu dürfen. Allerdings hatte ich nicht damit gerechnet, dass wirklich jeder Ladenbesitzer sehr penibel auf das Alter achtete. Mir wurde ausnahmslos mitgeteilt, dass eine Anstellung, auch auf geringfügiger Basis, nur mit Unterschrift eines Erziehungsberechtigten möglich gewesen wäre.

Eigentlich hatte ich vermutet, dass sich wenigstes der eine oder andere nicht dermaßen genau an die Vorschriften halten würde, aber entweder waren alle übervorsichtig oder sie schoben das als Ausrede einfach vor. Aber wie auch immer, nachdem ich mir die gefühlt hundertste Absage eingehandelt hatte, resignierte ich, zumindest für diesen Tag. Ich würde es eben recht bald erneut versuchen, vielleicht eher nicht so zentral. Dennoch wollte ich probieren, ein bisschen Kohle zusammenzubekommen, deshalb besann ich mich, wie schon des Öfteren, aufs Betteln. Ich schlenderte um die Gedächtniskirche herum, dort, wo man Massen von Touristen finden konnte, und siehe da, wenigstens dabei hatte ich Glück. An diesem sonnigen Sommertag hatten viele der Leute, die ich ansprach, offensichtlich ein weiches Herz, sodass ich nach weiteren zwei Stunden tatsächlich fast dreißig Euro zusammengesammelt hatte, was mich erstaunte, aber natürlich sehr glücklich machte.

Gutgelaunt setzte ich mich in die nächste Bahn nach Pankow, enterte dort den kleinen Tante-Emma-Laden, der mir vorher aufgefallen war, und kaufte ein. Ein paar Süßigkeiten und einige Flaschen Bier, dazu zwei Portionen Tiefkühllasagne. Das fraß zwar über die Hälfte meiner Barschaft auf, doch das war mir egal, denn ich wollte Felix wirklich sehr gern verwöhnen und hoffte, dass er sich darüber freuen würde.

Mit großen Schritten eilte ich nach Hause und hoffte, dass ich noch Zeit haben würde, das Essen vorzubereiten, allerdings zerschlug sich diese Hoffnung schnell, denn nachdem ich Tür aufgeschlossen hatte, sah ich Felix auf seinem Bett liegen und rauchen. Ich stellte meine Tüte mit den Einkäufen gleich an der Tür ab und eilte auf ihn zu.

»Hey, du bist ja schon …«

Das letzte Wort blieb mir im Hals stecken, als Felix mir sein Gesicht zuwandte und ich das Veilchen entdeckte, das sein rechtes Auge zierte.

»Felix!«, schrie ich auf. »Was ist passiert?«

»Nichts, mach kein Drama draus, okay?«, war die lapidare Antwort, die ich darauf zu hören bekam.

Ich setzte mich vorsichtig auf den Bettrand und streichelte vorsichtig über Felix' unversehrte Gesichtshälfte. Er ließ es geschehen, ja er schmiegte seine Wange in meine Hand und blies weiterhin Rauchkringel in die Luft.

»Erzähl mir endlich, was passiert ist. Wer hat dir das angetan? Oder bist du gestürzt?«

»Gestürzt? Ja, irgendwie schon. Auf die Faust eines Idioten, wenn du so willst. Ich soll dir erzählen, warum ich mich geprügelt habe? Nun gut, es war folgendermaßen. Da ist dieser eine dämliche Nachbar, der piesackt mich ständig. Kenn ich gar nicht anders. Jedenfalls hat mich der vorhin abgepasst und mir vorgehalten, seit Samstag wäre es in meiner Wohnung furchtbar laut, ich würde wohl meine Kunden neuerdings hier empfangen und das würde er der Stadt melden. Ich habe ihm dann erklärt, wo er sich seine Scheiße hinstecken kann, das fand er nicht so toll und hat ausgeholt. Pech für ihn, dass im selben Augenblick ein paar Kumpel von mir um die Ecke kamen und sich ebenfalls einmischten. Mein Veilchen ist nichts im Vergleich zu seinen Blessuren. Und er wird nicht mehr meckern, die anderen haben ihm ganz schön Angst eingejagt.«

»Oh mein Gott, ich bin schuld«, entfloh es mir erschrocken. »Ich werde sofort …«

»Nichts wirst du, das hier ist meine Wohnung und mein Vermieter hat verdammt gute Kontakte zur Polizei, den hab ich nämlich vorhin gleich informiert. Er hat kein Problem damit, dass du bei mir bist, solange ich mich noch von ihm ficken lasse. Also mach dir keinen Kopf, das ist nicht das erste blaue Auge, das ich mir eingefangen habe.«

»Aber ich bin doch schuld. Wie kann ich das denn jemals wiedergutmachen?«

»Was soll denn diese dumme Frage? Musst du nicht, also hör auf damit. Komm lieber mal dichter, kuschel dich an und erzähl mir, wie dein Nachmittag gelaufen ist. Was hast du denn Schönes gekauft?«

Ich legte mich neben Felix und genoss es, dass er seinen Arm fest um mich schlang. Erneut vernahm ich den beruhigenden Schlag seines Herzens und fühlte mich geborgen. Mit leiser Stimme berichtete ich von meinen missglückten Versuchen, einen Job zu finden, von meinem Erfolg beim Betteln und von dem, was ich für uns besorgt hatte. Je länger ich sprach, umso zärtlicher umschloss Felix meinen Körper und nachdem ich geendet hatte, küsste er mich zärtlich.

»Dann hast du deinen Verdienst mehr oder minder schon wieder ausgegeben?«

»Na ja, stimmt irgendwie, aber ich wollte doch auch etwas beisteuern und dich verwöhnen.«

»Und du redest was von gutmachen, Blödmann, du.«

Sanft drehte Felix meinen Kopf zu sich und sah mir in die Augen, bevor er mich abermals unglaublich zart küsste.

Die Abmachung

Etwa eine halbe Stunde später löste ich mich von Felix und bereitete das Essen vor, wobei er genau beobachtete, was ich tat und mich dabei unentwegt anlächelte. Das erweckte den Anschein, als würde er es förmlich genießen, dass sich jemand um ihn kümmerte und ihn bekochte. Das vermittelte mir ein wahnsinnig gutes Gefühl und ich freute mich über jedes Grinsen, das er mir schenkte, während ich an seinem Herd stand.

Irgendwann erhob sich Felix ebenfalls, baute den Tisch auf und holte zwei Teller aus dem Schrank. Wir ließen es uns schmecken und hielten uns unterdessen immer wieder an den Händen. Ich spürte, dass ihm etwas auf dem Herzen lag und er innerlich extrem mit sich kämpfen musste, um es mir mitzuteilen.

»Jasper, hör mal!«, sprach er mich an, nachdem er aufgegessen und sich die obligatorische Zigarette angezündet hatte.

Sein Ton klang ernst. Für den Bruchteil einer Sekunde fürchtete ich sogar, dass er mir sagen wollte, dass ich gehen müsste.

»Ja?«, antwortete ich heiser und sah ihm tief in die Augen.

»Meine Nachbarn, die sind alle in Ordnung!«, fuhr er leise fort und wich meinen Blicken aus.

»Nein, das sind sie nicht«, widersprach ich ihm und schüttelte dabei heftig den Kopf, »sonst würde der Dicke von oben dir nicht ständig das heiße Wasser klauen und der andere Typ hätte dir nicht dermaßen eine gescheuert, dass du jetzt ein Veilchen am Auge hast.«

»Okay, das mit dem Wasser, das macht der Dicke nicht bewusst, das liegt halt an der beknackten Warmwasserversorgung in diesem Haus, und das Veilchen, das war auch kein Nachbar.«

In jenem Moment erkannte ich die Tränen, die sich in Felix' Augen gesammelt hatten. Ich war zwar enttäuscht, weil er mir offensichtlich nicht die Wahrheit gesagt hatte, dennoch hakte ich besorgt nach, weil ich spürte, dass er die kleine Notlüge wahrscheinlich aus Scham vorgeschoben hatte.

»Sondern?«, kam es über meine Lippen. »Wer hat dir das angetan? War es etwa dieser Typ, mit dem du einen Termin hattest? Hat der dich etwa ge…«

»Verdammter Fuck, ja!«, rief Felix plötzlich laut durch den Raum. »Es war dieser verfickte Freier, mein Stammkunde von zwölf Uhr. Er ist plötzlich durchgedreht.«

»Warum hat dieses Arschloch dir das angetan?«, hakte ich nach und versuchte, ihn zu beruhigen, indem ich einen Arm um seine Schulter legte, was wiederum dafür sorgte, dass er in Tränen ausbrach, seinen Kopf an meine Brust legte und weinend weitersprach.

»Er hat von mir verlangt, dass ich mit ihm Natursektspielchen mache. Falls du nicht weißt, was das ist, erkläre ich es dir gern. Er wollte mich anpinkeln und hat mir befohlen, dass ich seine Pisse trinke. Das habe ich verweigert, daraufhin ist er ausgerastet, hat mich mehrfach geschubst und mir zum Schluss eine verpasst. Der Typ war plötzlich völlig irre, hatte einen total wirren Blick und ich glaube, dass er mich totgeschlagen hätte, falls ich nicht geflüchtet wäre. Ich wollte ihm eigentlich auch eine langen, doch er war mir einfach körperlich überlegen.«

»Aber warum hast du mir das denn nicht sofort gesagt?«, tröstete ich ihn weiter und strich ihm dabei durch sein Haar.

»Weil ich mich verdammt noch mal geschämt habe. Ich bin und bleibe halt ein Nichtsnutz und der Abschaum der Gesellschaft. Vielleicht habe ich es ja nicht anders verdient und wurde dafür erschaffen, die Pisse anderer Kerle zu saufen. Es wird schon richtig sein, dass er mir eine geknallt …«

»Hör auf!«, ging ich dazwischen und fiel ihm somit ins Wort. »Du bist weder Abschaum, noch hast du es verdient, dich so behandeln zu lassen. Niemand hat das. Ich hoffe, du gehst da nie wieder hin.«

»Nein, ich bin doch nicht bescheuert!«, ließ sich Felix mit nach wie vor tränenerstickter Stimme vernehmen. »Aber das bedeutet auch, dass ich einen meiner zahlungskräftigsten Freier verloren habe. Der hat Kohle ohne Ende und da waren locker hundertfünfzig Euro pro Treffen drin. Weißt du, wie viele Schwänze ich auf der Straße dafür blasen muss?«

»Aber du bist doch jetzt gar nicht mehr allein!«, gab ich ihm zu verstehen. »Ich bin schließlich auch noch da und kann was zum Lebensunterhalt beisteuern. Gemeinsam bekommen wir das bestimmt hin, oder denkst du etwa nicht?«

»Glaubst du etwa, dass du so viel Kohle besorgen kannst, dass wir beide ein unbeschwertes Leben führen können? Bist du wirklich so blauäugig, Jasper? Vielleicht hattest du heute mal Glück mit deiner Bettelei, aber das wird nicht immer so sein. Es wird Tage geben, an denen du stundenlang darauf wartest, dass dir jemand etwas Kleingeld zusteckt und du letztendlich abends mit nur fünf Cent nach Hause kommst.«

»Ich versuche weiter, mir einen Job zu besorgen. Es wird schon irgendwie klappen«, versuchte ich einzulenken, doch Felix schüttelte den Kopf.

»Wird es nicht, Jasper. Das kannst du dir von der Backe putzen. Und du kannst mich auch mit deinem Heile-Welt-Geschwafel nicht davon überzeugen, dass irgendwann alles gut werden wird. Das ist Wunschdenken, und das weißt du auch!«

»Ich habe eine Idee!«, rief ich kurzerhand entschlossen in den Raum, was Felix verstummen ließ.

»Na, jetzt bin ich mal gespannt. Aber komm mir bloß nicht mit deiner Laberei, von wegen, du klapperst irgendwelche Läden ab und suchst dir einen Job als Wareneinräumer oder Lappenschlampe.«

»Nein!«, kam es so erhaben über meine Lippen, als hätte ich ein Urteil verkünden wollen. »Ich habe mir überlegt, dass wir es gemeinsam schaffen könnten, wenn ich mir ebenfalls einen Kundenkreis aufbaue.«

»Was denn für einen Kundenkreis?«, fragte Felix mit zusammengekniffenen Augen nach und sah mich leicht verwirrt an.

»Na ja, so einen Kundenkreis, wie du ihn hast. Ich denke, dass ich das auch könnte. Oder meinst du etwa nicht?«

»Bist du von allen guten Geistern verlassen? Niemals! Schlag dir das sofort aus dem Kopf. Ich glaube, du spinnst. Never würde ich das unterstützen, Jasper. Nix da! Vergiss es! Nope! Ich habe das jetzt nicht gehört. Neeee!«

»Aber warum denn nicht? Ich hab das immerhin schon mal gemacht. Denk einfach an die Geschichte mit dem Detektiv!«

»Sag mal, wie naiv bist du denn? Das ist definitiv nicht dasselbe, als wenn du das quasi beruflich machen willst. Der Typ war zwar ein Schwein, weil er seine Position so obermies ausgenutzt hat, aber das war kein Freier im üblichen Sinn. Er wollte vielleicht ein bisschen Spaß mit dir und mehr nicht. Außerdem hattest du doch erwähnt, dass er eigentlich sehr sauber war, oder etwa nicht?«

»Ja, das stimmt, aber …«

»Nichts aber. Was denkst du denn, wie das ist, wenn dich einer anspricht, bei dem du auf drei Meter Entfernung riechen kannst, dass er wohl schon wochenlang nicht mehr mit Wasser und Seife in Berührung gekommen ist? Oder wenn du ständig gebetsmühlenartig wiederholen musst, dass du dich nicht ohne Gummi ficken lassen willst. Und ja, es ist schon manches Mal verlockend, wenn dir das Doppelte oder sogar noch mehr geboten wird, damit du es ›bareback‹ machst.«

»Wenn du das schaffst, kann ich das auch. Und ich muss mich sicher nicht gleich ficken lassen, oder? Es gibt doch bestimmt genug Männer, denen es reicht, einen tollen Handjob zu bekommen.«

»Hör auf mit dem Scheiß«, kam es müde, aber dennoch wütend von Felix, »schlag es dir schnellstmöglich wieder aus dem Kopf und mach dir nichts vor. Ja, es gibt ab und zu ein paar Typen, denen ein Handjob reicht, aber das sind wenige, die meisten wollen zumindest einen geblasen bekommen. Du glaubst ja gar nicht, wie eklig das sein kann, wenn du einen Schwanz in den Mund gerammt bekommst, der talgig schmeckt, und dir der Uringestank schon in die Nase zieht, noch bevor du dich dem Typen näherst. Noch schlimmer ist es, wenn du, weil du schließlich mit dem Kopf dicht am Hintern des betreffenden Kerls bist, riechen kannst, dass ihm der Gebrauch von Klopapier offensichtlich nicht beigebracht wurde. Oder wenn du schon vor dem Blasen die gelben Flecken auf der Vorderseite der Unterhose siehst und würgen musst. Was denkst du denn, wie oft ich anfangs fast schon beim Blasen oder Wichsen gekotzt habe? Nicht umsonst habe ich mehr als einmal nach der Nummer draußen die Büsche oder den Rasen vollgereihert. Und ja, ich habe schon mehrmals auf einer Brücke gestanden und wollte dem Ganzen ein Ende setzen, aber selbst dafür war ich letztlich zu feige. Ich sag's ja, ich bin einfach zu doof für diese Welt. Noch nicht mal umbringen kann ich mich.«

Je länger er sprach, desto leiser wurde Felix' Stimme und ohne Vorwarnung flossen erneut wahre Bäche von Tränen aus seinen Augen. Ich war unfähig, etwas zu sagen, nahm ihn stattdessen einfach in die Arme und hielt ihn so lange fest, bis das Schluchzen, das seinen Ausbruch begleitet hatte, versiegte. Was sollte ich bloß tun? Eigentlich war ich gar nicht in der Lage, ihn zu trösten, oder doch? Was sollte ich sagen, was tun oder unterlassen? Würde es ihm helfen, wenn ich so täte, als wären seine Argumente dermaßen gut gewesen, dass ich von einer Tätigkeit als Stricher Abstand nehmen würde? Zweifel machten sich in mir breit.

Felix war nicht dumm und da er bereits eine ganze Weile auf der Straße gelebt und sicher die eigenartigsten Individuen kennengelernt hatte, würde er sich unter Garantie auch von mir nicht täuschen lassen. Bloß irgendwie musste ich doch etwas tun können, die Frage war nur, was sollte das sein? Ob ich noch mal zu diesem Detektiv gehen sollte? Ihn damit unter Druck setzen, dass ich ihn wegen seiner Erpressung anzeigen würde? Nein, das war keine gute Idee, obwohl der sicher auch Geld zahlen würde, wenn er bloß ab und zu einen geblasen bekäme. Zumindest stand er drauf.

Nach ein paar Minuten stellte ich fest, dass Felix tatsächlich in meinen Armen eingenickt war. Irgendwie saßen wir zwar ein bisschen verdreht auf seinem Bett, wohin wir uns nach dem Essen zurückgezogen hatten, und das Geschirr wartete auch noch darauf, abgewaschen zu werden, dennoch traute ich mich nicht, eine Bewegung zu machen und Felix damit eventuell aufzuwecken. Das Vertrauen, mit dem er sich an mich geschmiegt hatte, rührte mich beinahe zu Tränen, sodass ich kaum zu atmen wagte, um ihn keinesfalls zu stören.

Erst eine gute Stunde später – mein Nacken tat mittlerweile weh und meine Arme drohten einzuschlafen – erwachte Felix aus seinem kurzen Schlummer, sah mich erstaunt an und setzte sich ruckartig auf.

»Was ist los? Warum bin ich eingeschlafen? Oh Mann, was für ein Weichei bin ich bloß?«

»Quatsch, du warst eben müde, kann doch passieren. Wollen wir mal eben aufräumen? Und danach hol ich uns ein Eis, was hältst du davon?«

»Eis klingt toll, aber …«

»Kein Aber, ich hab schließlich noch etwas Geld übrig. Keine Widerrede, du hast so viel für mich getan, also Klappe halten.«

»Hey«, erwiderte Felix mit einem ziemlich schiefen Lächeln, »was hab ich schon groß gemacht? Das war doch nichts.«

»Irrtum, Herr Steinmüller, das war sogar sehr viel. Du kannst dir gar nicht vorstellen, wie sehr du mir geholfen hast. Keine Verurteilung, keine Vorhaltungen, kein Gebrüll, keine Drohungen. Alles Sachen, in denen mein Alter wirklich großartig war. Du hast mich aufgenommen, obwohl du mich nicht kanntest, und hast mir geglaubt. Weißt du eigentlich, wie sehr man sich danach sehnen kann, nicht verurteilt, sondern verstanden zu werden?« Felix zuckte mit den Schultern und wollte etwas erwidern, was ich jedoch verhinderte, indem ich einfach weitersprach. »Auch wenn du das einfach nicht hören willst, ich werde etwas tun. Hilf mir, damit ich es richtig mache, bitte. Wenn du mich anleitest, mir das Wichtigste erklärst und ein paar Tipps gibst, wird das schon klappen. Und nein, bevor du jetzt meckerst, renn ich mal schnell zum Laden an der Ecke und hole Eis. Bin gleich zurück und danach reden wir weiter, okay?«

Noch ehe Felix überhaupt reagieren konnte, war ich durch die Tür und hastete die Treppen hinunter. Draußen lehnte ich mich erst mal an die Hauswand, entspannte einen Moment und holte tief Luft. Hatte ich tatsächlich gesagt, dass ich mein Geld im horizontalen Gewerbe verdienen wollte? Und war ich wirklich dazu in der Lage? In meinem Kopf schwirrten die Gedanken wild durcheinander. Seufzend stieß ich mich von der Wand ab und eilte dem besagten Laden entgegen, während ich beschloss, das Ganze nachher noch einmal mit Felix durchzusprechen und mich nicht erschüttern zu lassen.

Doch zunächst wollte ich Eis. Einfach nur süßes, klebriges Eis.

Wenige Minuten später stand ich mit zwei großen Tüten der kalten Köstlichkeit erneut in Felix' Wohnung und reichte ihm eine davon. Felix schüttelte den Kopf und hauchte mit rauer Stimme ein »Danke!« in dem Raum. Erneut setzte ich mich auf die Bettkante und genoss die kühle Creme, während er seinen Arm um meinen Bauch legte und mich dabei eindringlich ansah, wie ich an meinem Eis leckte.

»Tu es nicht!«, flüsterte er irgendwann. »Das ist das Allerletzte, das man machen sollte. Von mir aus such dir was anderes, aber geh um Gottes willen nicht anschaffen. Glaub mir, dass dich das irgendwann so abstumpft, dass du noch nicht einmal was fühlen kannst, wenn du kommst. Orgasmusunfähigkeit, Ekel und Angst vor Krankheiten oder irgendwelchen Irren werden dich irgendwann in deinen Träumen begleiten, du kannst nicht mehr abschalten. Glaub mal, wie oft mir die Gesichter von Freiern durch den Kopf schwirren, ihre Blicke, wenn sie abspritzen und sich so fühlen, als wären sie toll, was sie definitiv nicht sind. Also, tu mir bitte den Gefallen und schlag dir das aus dem Kopf.«

Ich antwortete nicht und biss stattdessen lediglich von meiner Waffel ab, sodass sie laut knackte. Anschließend schloss ich für einen kurzen Moment die Augen und überlegte. Wenn ich ihm recht gäbe, wäre die ganze Sache vom Tisch. Doch irgendwie wollte ich es, weil ich Geld verdienen musste. Das Betteln würde mich früher oder später in die Hungersnot treiben und keinesfalls wollte ich Felix auf der Tasche liegen. Das war nicht mein Ding. Langsam, aber sicher entwickelte ich im Kopf eine Idee, die von Minute zu Minute reifte, sodass ich sie ihm unterbreiten wollte. Ich verspeiste den Rest der Waffel, leckte mir die klebrigen Reste von den Lippen und legte los.

»Ich mache dir einen Vorschlag, Felix. Wir könnten doch ein Team sein, ich passe auf dich auf und du auf mich. Zuerst schauen wir uns die Freier genau an und entscheiden gemeinsam, ob wir einem Angebot zustimmen oder dem Betreffenden in den Arsch treten. Stammkunden sind natürlich ausgenommen, allerdings hoffe ich, dass du nicht noch mal so eine Pleite erlebst wie heute. Falls einer eklig ist, lehnen wir ab, zu zweit können wir mehr Leute aussortieren, weil zwei Personen ja mehr verdienen als einer allein.«

»Das klappt nicht, Jasper! Lass es einfach.«

»Wir sollten es wenigstens probieren. Nimm mich mit zu den Stellen, wo du auf Freier wartest. Lass sie mich anschen und wenn du jemanden an der Angel hast, werde ich auf die Uhr sehen und warten. Und falls du nicht binnen einer Stunde zurück bist, schlage ich Alarm, notfalls mit der Polizei oder whatever! Sofern du in ein Auto steigst, notiere ich das Kennzeichen, so kann man immer nachvollziehen, bei wem du warst. Genauso verfährst du natürlich auch, wenn ich irgendjemanden klarmache.«

Felix schüttelte vehement den Kopf. Seine Lippen bebten und seine Hände flatterten unruhig hin und her.

»Ich will nicht, dass du deinen Körper verkaufst. Das ist nicht richtig.«

»Lass es uns einfach probieren. Von mir aus für eine Woche«, überredete ich ihn weiter. »So, wie ich es dir eben erklärt habe. Und glaub mir, sobald ich merke, dass ich das nicht kann, höre ich sofort wieder auf. Das verspreche ich dir.«

Felix verdrehte die Augen und nahm anschließend meine Hand.

»So, Jasper!«, begann er seinen Satz. »Bevor du dich heimlich prostituierst und dich in Gefahr begibst, stimme ich deiner Idee zu. Eine Woche!

95

Und falls ich merke, dass du dich veränderst oder abstumpfst oder abends keinen mehr hochkriegst, wenn ich mit dir vögeln will, hörst du sofort wieder auf damit. Ich passe auf dich auf und zeige dir die Stellen, wo sich die Typen rumtreiben, die ficken wollen. Von mir aus gleich in den nächsten Tagen. Das mit den Autokennzeichen finde ich sogar echt gut. Dann darfst du nur nicht in ein Auto steigen, wenn ich unterwegs bin, sonst kann ich mir nämlich nix notieren. Jeder von uns muss warten, bis der andere zurück ist. Ist das klar soweit?«

Ich nickte und spürte, wie mein Herz vor Aufregung klopfte. Irgendwie war ich nervös, aber auch ein klein wenig neugierig auf diese Aufgabe, denn was sollte schon passieren? Ich hatte Felix ja stets in meiner Nähe.

»Also haben wir jetzt eine Abmachung?«, fragte ich nach.

»Wenn du es so nennen willst, ja. Hoffentlich wirst du mir niemals Vorwürfe machen, dass ich dich unterstützt habe, in der Szene Fuß zu fassen.«

»Werde ich nicht! Versprochen!«

»Jasper, du weißt nicht, worauf du dich einlässt, aber gut. Wir testen es aus.«

Aller Wahrscheinlichkeit nach wusste ich wirklich nicht, worauf ich mich einließ. Eventuell war es sogar dumm von mir, dass es mir komischerweise gut ging, als wir beschlossen, gemeinsam so etwas auf die Beine zu stellen. Ich presste meine Lippen auf die von Felix und drückte seinen Kopf zurück auf das Kissen.

»Danke! Ich vertrau dir!«, flüsterte ich ihm zu, was er nicht kommentierte. Anschließend starrte ich für eine Weile auf die Wände, während mein Kopf auf seiner Brust lag. In diesem Moment war ich mehr als entschlossen, die Sache in die Tat umzusetzen. Warum? Das wusste ich nicht, vielleicht war es Neugier. Oder Abenteuerlust, eventuell aber auch der Drang, etwas auszuprobieren, von dem ich dachte, dass es klappen könnte. Irgendwann spürte ich Felix' Hand auf meinem Haar, die mir den Hinterkopf streichelte. Ich genoss es, schloss meine Augen und schlief tatsächlich dabei ein, obwohl ich eigentlich gern noch viel länger über das Thema gesprochen hätte.

Poolparty

Am nächsten Morgen, wir waren gerade dabei, das Frühstücksgeschirr abzuwaschen, klingelte Felix' Handy. Seufzend legte er das Geschirrtuch beiseite, angelte das kleine Gerät aus seiner Hosentasche und nahm nach einem schnellen Blick auf das Display das Gespräch an.

Aus den eher einsilbigen Antworten konnte ich partout nicht schließen, wen er da am anderen Ende hatte, zudem wollte ich nicht unhöflich erscheinen und tat deswegen so, als würde ich nichts hören, während ich die restlichen Arbeiten erledigte und die Spüle trocken wischte. Dennoch bekam ich natürlich mit, dass Felix das Gespräch beendete, und wartete gespannt, ob er von sich aus etwas erzählen würde.

Sekundenlang herrschte echte Stille im Raum. Ich rubbelte fast verbissen auf der Spüle herum, denn wenn ich mich umgedreht und Felix angesehen hätte, wären mir bestimmt ein paar Fragen entwischt, also ließ ich es bleiben. Plötzlich vernahm ich das Klicken eines Feuerzeugs, das mir verriet, dass Felix sich offensichtlich eine Zigarette angezündet hatte. Gleich darauf spürte ich Felix' Wärme an meinem Rücken und eine brennende Fluppe zwischen meinen Lippen.

»Danke«, hauchte ich nach dem ersten Zug, legte den Putzlappen beiseite und drehte mich zu Felix um. »Nun? War es was Wichtiges?«, fragte ich und tat völlig unbeteiligt.

»Das war mein Vermieter«, kam die lapidare Antwort aus Felix' Mund, mit dem er anschließend kleine Rauchkringel in die Luft blies.

»Gibts Ärger?«, hakte ich erschrocken nach, denn plötzlich schoss mir in den Kopf, dass der werte Herr Vermieter unter Garantie nichts von meiner Anwesenheit wusste, da die Geschichte mit der Attacke des Nachbarn auf Felix ja nicht der Wahrheit entsprochen hatte. Vielleicht hatte der Wohnungseigentümer sogar genau von eben dieser bewussten Tatsache, dass Felix die Wohnung seit mehreren Tagen nicht mehr allein nutzte, gerade erst erfahren und Felix prompt ein Ultimatum gesetzt. Aus diesem Grund bekam ich ein klein wenig Angst, ausziehen zu müssen und wieder auf der Straße zu landen.

»Nö«, erwiderte Felix und sah mir dabei aufmerksam in die Augen. »Er hat bloß mal wieder Bock. Mehr nicht.«

»Er will dich ficken?«

Irgendwie machte sich ein Gefühl von Erleichterung in mir breit, dass es bei dem Gespräch nicht um mich und meine Anwesenheit in Felix' Wohnung gegangen war.

»Ja, aber das ist es nicht allein.«

»Na, was denn noch?«

Felix drückte seine Kippe halb aufgeraucht in den Aschenbecher, bevor er antwortete.

»Mein Gönner hat große Lust auf eine seiner Partys.«

»War das nicht das mit dem Dorf und dem Swimmingpool?«, hakte ich neugierig nach.

»Genau das«, gab Felix zu. »Am Samstag will er, wie schon ziemlich oft, ein paar Jungs in seinem Pool sehen und anschließend jeden Einzelnen vögeln. Und …«

»Und was?«

»Da er weiß, dass du bei mir bist, möchte er, dass ich dich mitbringe. Ich weiß zwar nicht, was ich davon halten soll, aber das habe ich am Telefon erst mal nicht gesagt.«

Felix' Stimme klang bei der Verkündung des Willens seines Freiers nicht allzu erfreut, während mein Innerstes sofort vibrierte. Mein Wunsch schien sich wesentlich schneller zu erfüllen, als ich gehofft hatte. Ich war tatsächlich angefragt worden. Ich, der Versager, der Dummie, der kleine Spinner, der von einer Karriere als Stricher träumte.

»Dann weiß er, dass ich hier derzeit penne? Du meintest doch, dass du die Geschichte mit dem Nachbarn erfunden hattest, und deshalb bin ich davon ausgegangen, dass du natürlich auch nicht mit deinem Vermieter gesprochen hast.«

»Doch! Das war die einzige Sache, die an meiner Märchengeschichte, die ich dir wegen des Veilchens aufgetischt habe, stimmte. Ich habe ihn gestern zwischendurch angerufen und ihm erzählt, dass ich dich aufgenommen habe. Nur damit er es weiß und ich keinen Ärger bekomme, den kann ich nämlich wirklich nicht gebrauchen. Mach dir keine Gedanken, er hat nichts dagegen. Er geht natürlich davon aus, dass du auch ein Stricher bist. Aber willst du allen Ernstes mit? Ich meine, ich finde es nach wie vor nicht gut, wenn du …«

»Natürlich will ich das. Wieso denn nicht?«, entgegnete ich grinsend.

Felix schüttelte den Kopf, als er bemerkte, dass mich seine Aussage so gar nicht geschockt hatte, sondern stattdessen strahlen ließ. Er legte einen Finger unter mein Kinn und fixierte meinen Blick, indem er mir fest in die Augen sah.

»Jasper, hör mir zu. Selbst für den Fall, dass ich mich wiederhole, bin ich nach wie vor der Meinung, dass du das nicht machen solltest, obwohl ich an deiner Reaktion deutlich erkennen kann, dass du am liebsten sofort loslegen würdest. Bislang ist das nicht in trockenen Tüchern, er ruft mich morgen noch mal an, denn er ist der fairste Freier, den ich kenne, er würde nie etwas erzwingen wollen. Und nein, falls du nicht mitmachst, fliegen wir nicht aus der Wohnung raus, das eine hat mit dem anderen nichts zu tun. Ich müsste ihm nur sagen, dass du so etwas nicht machst, und gut. Also bitte, nimm meinen Rat an. Ich weiß, wir hatten gestern eine Abmachung getroffen, aber das heißt schließlich nicht, dass alles sofort passieren muss. Zudem darfst du es dir immer noch anders überlegen, es ist nichts in Stein gemeißelt. Ich habe nämlich kein gutes Gefühl bei der Sache.«

»Und nun hörst du mir bitte auch mal zu, Felix. Ich habe nicht die Absicht, meine Meinung zu ändern. Wir haben das ausführlich besprochen und damit basta. Diese Chance finde ich sogar viel besser. Du sagst doch selbst, er ist sauber und korrekt. Könnte es also einen besseren Einstand geben? Ich wäre sogar bereit, diese Party als meinen Einstieg zu bezeichnen. Total safe sozusagen. Außerdem bist du dabei und ein paar Euro zusätzlich können wir allemal gut gebrauchen.«

»Dreihundert!«, kam es leise von Felix. »Bei den Partys gibt es pro Kopf dreihundert Euro, wir werden mit einem Taxi abgeholt und zurückgebracht, zudem dürfen wir essen und trinken, so viel wir wollen.«

»Echt jetzt?«

Mit großen Augen wartete ich auf eine Antwort, denn eigentlich konnte ich solche Zahlen kaum glauben.

»Jepp«, bestätige Felix nickend. »Und es sind fast jedes Mal locker zwischen vier und sechs Jungs.«

»Da muss ich nicht lange überlegen. Und er fickt die echt alle? Wow, Viagra sei Dank, oder wie?«

»Nö, keine blaue Pille. Ich hatte dir ja erzählt, dass ich mal ein paar Tage bei ihm gewohnt habe, das hätte ich bemerkt. Ich sag, der rockt das, der hat eine Kondition, die muss ihm ein jüngerer Kerl erst mal nachmachen.«

»Also!«, fasste ich zusammen und hatte komischerweise ein tolles Gefühl dabei. »Wenn der gute Mann dich morgen anruft, bestell ihm bitte, dass ich dabei bin.«

Felix seufzte und zündete sich eine weitere Zigarette an, die er im Mundwinkel hängen ließ, während er antwortete.

»Okay, aber ich werde dich bis dato nirgends anders mit hinnehmen. Keine Parks, keine öffentlichen Toiletten in dieser Woche und keine Bahnhöfe. Wenn überhaupt, wird das dein erster Einsatz sein. Ist schon schlimm genug, dass du dich tatsächlich darauf einlassen willst und anscheinend auch noch so ein supertolles Gefühl dabei hast.«

»Ja, immerhin kann ich so etwas zu unserem Lebensunterhalt beitragen.«

»Mein Gott, Jasper!«, rief mir Felix etwas lauter ins Gesicht. »Du scheinst wirklich nicht zu begreifen, dass dich das irgendwann abfucken wird, aber gut, ich bin nicht deine Mutter und erst recht nicht deine Amme. Also, ich werde deine Meinung nicht teilen, dass du das unbedingt zu tun gedenkst, doch du musst deine eigenen Erfahrungen machen. Deshalb werde ich dich mitnehmen. Klar, warum auch nicht? Er wird auf dich abfahren, vielleicht wird er dich auch mehrmals vögeln wollen, möglich ist alles. Es kann genauso gut sein, dass er dir für ein ganzes Wochenende ein paar grüne Scheine mehr hinblättern will. Doch sobald du dabei bist und ihm signalisierst, dass du mit ihm vögelst, gibt es kein Zurück.«

»Alles in Ordnung, Felix. Ich schaff das!«

Felix winkte ab und schüttelte den Kopf. Er schien sich echte Sorgen um mich zu machen, doch ich fühlte, dass ich schaffen würde, was ich mir vorgenommen hatte.

Die nächsten Tage flogen förmlich an uns vorbei. Felix hatte das Treffen mit dem Vermieter klargemacht und ehe ich mich versah, hielt das Wochenende Einzug und der bewusste Abend stand unmittelbar bevor. Am frühen Samstagnachmittag stieg meine Nervosität natürlich ein klein wenig, von daher war ich nicht einmal ansatzweise in der Lage, etwas zu essen, geschweige denn zu trinken, weil meine Hormone offenbar verrücktspielten. Felix riet mir, Ruhe zu bewahren, und meinte, dass ich selbst zu diesem Zeitpunkt noch von dem Treffen zurücktreten könnte, falls ich kalte Füße bekäme. Das lehnte ich jedoch vehement ab, denn ich wollte es unbedingt. Eventuell war es die Abenteuerlust, die mich dazu bewegte, möglicherweise aber auch der Wille, etwas auf die Beine zu stellen und schnell eine Menge Kohle zu verdienen. Das trieb mich an, mich schick zu machen, nach dem Duschen mein Lieblingshemd überzustreifen und mir von Felix die Haare frisieren zu lassen. Das Taxi hielt pünktlich um achtzehn Uhr abends vor der Haustür und brachte uns in den brandenburgischen Speckgürtel Berlins. Ich war bisher nie zuvor in diesem Dorf gewesen, daher kam mir alles sehr fremd vor und das machte mich ein wenig unsicher, was ich jedoch durch regelmäßiges Atmen zu kompensieren versuchte. Felix griff meine Hand und streichelte sie mit dem Daumen. Er spürte, dass ich nicht unbedingt die Ruhe in Person war und flüsterte mir leise ein »Sag es, falls du es nicht willst!« ins Ohr.

»Alles gut!«, antwortete ich in ebensolcher Lautstärke, schaute aus dem Fenster in die Landschaft, dachte an Gott und die Welt, um mich etwas abzulenken, und kam aus dem Staunen nicht mehr heraus, als das Taxi vor der großen, mehrstöckigen Villa mit riesigem Vorgarten und megahohem Tor hielt.

Die Fahrt war bereits im Voraus bezahlt worden, so stiegen wir aus und klingelten vorn, woraufhin eine sonore Stimme über die Sprechanlage fragte, wer dort wäre.

»Ich!«, antwortete Felix einsilbig. »Mit Begleitung natürlich«, fügte er noch hinzu und drückte nach einem Summen das schwere Tor auf, bevor er mich über den langen Plattenweg mit zur Haustür zog. Ein Hund bellte, doch das nahm ich nur beiläufig wahr, weil ich mittlerweile dermaßen nervös war, dass mir beinahe die Luft wegblieb.

Die Tür sprang automatisch auf und wir befanden uns in einer großen Halle, die nach Bohnerwachs roch. Felix deutete zur Wendeltreppe und meinte, dass wir nach unten gehen müssten.

Irgendwann fanden wir uns in einem Raum wieder, der mich ein klein wenig an den Sportunterricht erinnerte, da es dort ähnlich aussah wie im Umkleidebereich der Sporthalle der Schule, die ich mal besucht hatte.

»Wir müssen uns jetzt ausziehen. Alles natürlich!«, erklärte Felix. »Dort drüben im Schrank hängen Bademäntel. Nimm zwei raus, einen für mich und einen für dich. Dann werden wir warten, bis der werte Herr sich zu uns gesellt.«

Ich nickte stumm und dachte nicht darüber nach, was ich tat. Es erregte mich sogar ein wenig, sodass mein Schwanz bereits halbsteif war, noch bevor ich den weißen Frotteemantel überstreifte. Irgendwann hörte ich Schritte und die Tür ging auf. Ein Mann Anfang fünfzig betrat den Raum, volles Haar, schlank, gepflegt, Dreitagebart, gekleidet in einen seidenen Kimono. Es handelte sich offensichtlich um den Hausherrn. Er sah mich an. Lüstern begutachtete er mich und nickte.

»Und du bist also Jasper!«, sprach er mich grinsend an, fasste mir ans Kinn und drehte meinen Kopf nach links und rechts.

Ich bekam keinen Ton heraus und nickte stattdessen, was ihn zu amüsieren schien.

»Wie süß«, wandte er sich lächelnd an Felix, »der ist ja richtig aufgeregt.« Gleich darauf nahm er mich komplett in Augenschein und sprach weiter. »Nun lass dich erst mal anschauen. Komm, öffne mal eben den Bademantel, bevor wir ins Wasser gehen.«

Nach einem raschen Blick zu Felix löste ich den Gürtel und schlug das weiße Kleidungsstück auseinander. Mit leicht gesenktem Kopf präsentierte ich dem Gastgeber der Party meinen Körper, ließ mich abtasten und zuckte nur ein wenig zusammen, als ich seine Hand an meinem Schwanz spürte.

»Donnerwetter, Jasper, du bist ja schon steif, also zumindest ein bisschen. Nicht schlecht. Wie alt bist du noch mal?«

Erneut schaute ich fragend zu Felix, der mir mit einem knappen Kopfnicken zu verstehen gab, dass ich einfach wahrheitsgemäß antworten sollte. Verdammt, ich hatte ganz vergessen, Felix zu fragen, ob der Vermieter wusste, dass ich noch nicht volljährig war. Ich atmete tief ein und entschied mich dafür, nicht zu lügen. Entweder er schluckte es oder ich würde eben wieder gehen.

»Ich bin siebzehn, Herr …«

Der Mann lachte laut auf und drehte sich erneut kurz zu Felix um.

»So was aber auch, fast noch ein Kind. Aber ein verdammt hübsches. Und gut gebaut ist er außerdem, der Jasper.« Er wandte seine Aufmerksamkeit erneut mir zu. »Mir ist es eigentlich vollkommen egal, ob du achtzehn bist oder eben nicht. Dein Körper ist alles, was für mich zählt. Und der gefällt mir ausnehmend gut. Ach ja, und was die Anrede angeht, ich bin einfach nur der Chef. Ohne Herr davor, also nur Chef, okay? Und jetzt lasst uns mal in den Pool steigen.«

Ohne weiter auf uns zu achten, ging der Hausherr voran, während Felix nach meiner Hand griff und sie beruhigend drückte, da er meine Aufregung offensichtlich wahrgenommen hatte.

»Na, gehts wirklich?«, fragte er leise und ich flüsterte zurück: »Klar, was dachtest du denn? Er ist definitiv geil und das Haus ist der Knaller.«

»Noch kannst du zurück, ich verspreche dir, dass das keine Nachteile haben wird«, fuhr Felix mit weiterhin gemäßigter Stimme fort.

»Nun hör endlich auf, dir um mich Sorgen zu machen, okay? Ich will das und ich schaffe das«, erwiderte ich und drückte Felix' Hand kräftig, um ihm zu signalisieren, dass ich es so meinte, wie ich es gesagt hatte.

Unser Gespräch endete, da wir den Raum mit dem Pool erreicht hatten. Unser Gastgeber öffnete eine Tür und deutete mit einer Handbewegung an, dass wir eintreten sollten.

»Wow«, entfuhr es mir überrascht, denn was sich vor meinen Augen auftat, schien direkt einem Hollywoodfilm entsprungen zu sein. Vor uns lag ein runder Swimmingpool mit lockeren zehn Metern Durchmesser, in der einen Ecke gab es offensichtlich einen Whirlpool, in der anderen konnte man eine Sauna erkennen, dazu diverse Duschen, Sofas und weiche Sessel überall am Rand. An einer Wand stand ein langer Tisch, auf dem diverse Leckereien zu erkennen waren, sowie etliche Flaschen mit den unterschiedlichsten Getränken.

»Gefällt dir, was du siehst, Jasper?«, wollte der Chef neugierig wissen und lächelte amüsiert.

»Klar, das ist der Hammer«, platzte es aus mir heraus und dabei erkannte ich aus dem Augenwinkel, dass sich selbst Felix' bislang ernste Miene aufhellte und ein schwaches Lächeln über sein Gesicht flog.

»Wo sind die anderen?«, fragte Felix.

»Die kommen heute nicht«, antwortete der Chef. »Ich will diesen Abend mit euch allein verbringen, die anderen sind erst morgen dran.

Wenn du mir schon jemanden mitbringst, der fast noch unschuldig ist, will ich mich ihm, und natürlich auch dir, ausgiebig widmen. Es wird nicht euer Schaden sein, Jungs. Jeder von euch bekommt heute auf der Rückfahrt fünfhundert Euro. Nun, seid ihr einverstanden?«

»Aber so was von«, sprudelte ich eifrig hervor und bemerkte, dass sich in meiner Lendengegend etwas zu regen begann. Mein Schwanz, der sich ja bereits beim Ausziehen ein wenig erhoben hatte, drückte den inzwischen wieder geschlossenen Bademantel erneut ein Stück weit auseinander, so sehr erregte mich die Vorstellung, mich von diesem Mann, der irgendwie ehrenhaft wirkte, ficken zu lassen, seinen Schwanz zu lutschen und dabei abzuspritzen.

»Dann wollen wir mal ins Wasser. Felix, magst du uns etwas zu trinken organisieren? Du kennst ja meinen Geschmack. Ich steige mit Jasper schon mal in den Pool.«

Felix nickte, begab sich zu dem Tisch mit den Getränken und kümmerte sich um das Gewünschte, während der Chef mir den Bademantel nunmehr gänzlich von den Schultern schob und sich selbst seines Kimonos entledigte. Überrascht schaute ich auf die Figur dieses durchtrainierten Mannes. Sein Körper war derart gut in Form, dass er locker für fünfunddreißig hätte durchgehen können. Die Statur war schlank, aber auf gar keinen Fall hager, an den richtigen Stellen etwas weich, sein Gemächt wies eine beeindruckende Größe auf und der Schwanz ragte aufrecht hervor, die Spitze erreichte fast den Bauchnabel. Sein ganzer Intimbereich wirkte wie frisiert, dass man das trimmen nennt, wusste ich zu dem Zeitpunkt allerdings noch nicht. Neugierig klebte mein Blick in seiner Mitte, bis er mich erneut ansprach.

»Na komm, Jasper, rein ins Wasser, das ist badewannenwarm. Felix bringt uns gleich den Champagner und dann wirds gemütlich.«

Gleich darauf fand ich mich, mit einem Sektglas in der Hand, im Pool wieder, wobei ich spürte, dass der Chef mich unter Wasser mit seinem Zeh zu reizen begann. Mehrfach hintereinander streifte er über meine Schwanzspitze und jedes Mal durchzuckte es mich heiß. Mein Teil reagierte natürlich prompt und schnellte empor, so weit, dass die Spitze aus dem Wasser, das nicht allzu tief war, herausragte, zudem hockte ich auf einer Art umlaufender Bank an der Innenwand des Pools. Auch am Chef ging das alles nicht wirkungslos vorüber, seine Lanze war ebenfalls deutlich oberhalb der Wasserlinie zu erkennen.

»Na Jasper, wollen wir es mal probieren? Felix kann dir dazu mit der Hand einen runterholen.«

Ich nickte, drehte mich um und harrte gespannt der Dinge, die da kommen würden, immerhin hatte mich außer Felix noch niemand gefickt. Würde es anders sein? Oder sogar sehr wehtun? Würde der Chef seinen Schwanz rücksichtslos in meinen Arsch rammen oder wäre er eher sanft und vorsichtig?

Einen Augenblick später wusste ich es. Es brannte ein wenig, denn der, inzwischen mit einem Gummi bedeckte, Schwanz des Chefs war dicker als der von Felix, und ich musste mich zusammenreißen, um nicht aus Versehen vor Schmerz aufzuschreien. Eine Sekunde, nachdem der dicke Hammer in mich eingedrungen war und sich vorsichtig in mir bewegte, fühlte ich Felix' Hände an meiner Mitte und seine Stimme hauchte mir ein »Schließ die Augen und entspann dich, dann geht es leichter« ins Ohr. Sanft bewegte er seine Finger an meinem Schwanz auf und ab, während Stoß um Stoß meinen Arsch fast zerriss. Er wichste mich zum Höhepunkt, bei dem ich meinen Schließmuskel wohl so stark zusammenzog, dass der Chef sich mit einem heiseren Laut aufbäumte und sich in das Kondom ergoss.

Stöhnend rutschte er aus mir heraus und streichelte mir über den Kopf.

»Du bist so eng«, hauchte er in der Nähe meines Ohres. »So heiß und geil eng. Du hast sicher noch nicht oft gefickt, oder?«

»Nein«, gab ich zu. Worauf wollte er hinaus?

»Das ist gut. Ich werde dich heute noch mehrmals ficken, ein so enges Loch bekomme ich nicht oft geboten. Aber Felix kommt erst mal als Nächster dran. Kurze Pause, dann gehts weiter. Ich ficke Felix und du wichst ihn. Vorher bläst du mir einen und machst ihn wieder hart. Willst du was essen? Du wirst Kraft brauchen, die Nacht ist noch lang.«

Ein wenig erstaunt schaute ich zwischen Felix und dem Chef hin und her. Vom Ficken zum Essen, so ganz ohne Übergang? Mein fragender Blick traf Felix und ich entnahm seiner Reaktion, nämlich einem raschen Zucken der Schultern und einen Blick, der wohl ausdrücken sollte: »Du hast es so gewollt, nun leb damit!«, dass es offenbar normal war und ich es hinnehmen sollte. Also tat ich es einfach. Die ganze Nacht über. Trotz allem war ich sogar stolz auf mich. Ich hatte nicht gekniffen, hatte keinen Rückzieher gemacht. Ab sofort hatte ich einen Beruf. Ich war ein echter Stricher! Und ich fühlte mich nicht unwohl dabei!

GEFANGEN IN EINER EUPHORIE

Am Sonntagnachmittag wurde ich tatsächlich erst gegen vierzehn Uhr wach. Felix schlief noch, daher schlich ich mich leise auf die Toilette, um ihn nicht zu wecken. Anschließend klaubte ich mir eine Zigarette aus der Schachtel, die auf dem Küchentresen lag, und zündete die Fluppe genüsslich an. Ich fühlte mich gut, zum ersten Mal konnte ich mein selbst verdientes Geld in der Hand halten und hatte dabei sogar noch Spaß gehabt. Voller Stolz blickte ich aus dem Fenster in die Sonne und spürte die wärmenden Strahlen auf meinen Wangen. So konnte es weitergehen! Ein paar Stammkunden vom Kaliber des Chefs und ich hätte mein Auskommen und wäre in der Lage, jedem den Mittelfinger zu zeigen. Außerdem konnte ich nicht verstehen, wieso Felix mich vor diesem Job gewarnt hatte. So schlimm würden die übrigen Freier bestimmt nicht sein. Er übertrieb, vielleicht wollte er auch nur nicht, dass ich ihm Kunden wegnahm, obwohl ich mir das andererseits überhaupt nicht vorstellen konnte. Felix! Lächelnd betrachtete ich ihn und sah ihm beim Schlafen zu. Sein unschuldiges Gesicht, das aussah, als hätte er keiner Fliege etwas zuleide tun können – und dabei war er eine Bombe – zumindest was den Sex anging.

In der letzten Nacht hatte nicht nur ich mich verausgabt, sondern auch er hatte mehr als sein Bestes gegeben. Der Alkohol und die sich ständig weiter aufheizende Stimmung hatten dafür gesorgt, dass diese Poolparty letztendlich zu einer Art Explosion mutiert war und wir uns förmlich in Dauerekstase befunden hatten. Ich wusste nicht einmal mehr, wann genau wir zu Hause waren, ich konnte mich lediglich noch daran erinnern, dass wir irgendwann bei Felix im Bett lagen und todmüde einschliefen.

Ich nahm einen weiteren Zug von meiner Zigarette und drückte sie anschließend halb aufgeraucht in den Aschenbecher. Mir war nach etwas Kaltem. Wasser, Eistee, völlig egal, lediglich der Durst musste gelöscht werden, da die Menge an Champagner, die am Vorabend meine Kehle runtergelaufen war, meinen Mund völlig ausgetrocknet hatte. Ich öffnete den Kühlschrank und nahm mir eine Flasche Orangensaft heraus. Was für eine Wohltat.

Plötzlich hörte ich, wie Felix sich räusperte. Ich sah zu ihm und er streckte seine Hand nach mir aus, was mir signalisierte, dass ich zu ihm kommen sollte. Ich setzte mich auf die Bettkante, er schlang daraufhin seinen Arm um mich und zog mich zurück unter seine Decke. Seine Körperwärme erregte mich leicht. Ich spürte seinen Atem in meinem Nacken und das bescherte mir eine Gänsehaut am ganzen Körper. Es war absolut heftig, wie sehr ich auf diesen Menschen reagierte, doch es machte mich auch irgendwie ziemlich glücklich, beinahe euphorisch.

»Ich brauche Kaffee!«, hauchte mir Felix irgendwann ins Ohr, was mich nicken ließ. Kaffee! Das war eine sehr gute Idee. Es war mittlerweile halb drei nachmittags, und falls wir noch etwas von diesem Tag haben wollten, mussten wir allmählich in den Tritt kommen.

»Da kümmere ich mich gern drum«, entgegnete ich, schob seinen Arm beiseite und stand erneut auf, um die Kaffeemaschine mit Wasser und Pulver zu befüllen.

Felix raufte sich derweil mehrfach die Haare und verschwand, während der duftende Wachmacher langsam in die Kanne tropfte, unter die Dusche. Irgendwie sah er fertig aus, ganz im Gegensatz zu mir. Ich war fit und gut gelaunt. Sollte ich ihn fragen, was los war, oder ihn besser in Ruhe wach werden lassen? Ich wusste es nicht genau, entschied mich daher dafür, ihn nicht gleich mit meinen Beobachtungen zu konfrontieren. Stattdessen füllte ich zwei große Becher mit dem duftenden Gebräu und reichte Felix einen davon, nachdem der, mit einem Handtuch um die Hüften, aus dem kleinen Bad zurückkam.

Nickend nahm er den Kaffee entgegen, lehnte sich an den Kühlschrank und zündete sich eine Zigarette an.

»Es ist schönes Wetter! Vielleicht sollten wir draußen etwas machen«, ließ ich nach ein paar Minuten der Stille verlauten, doch Felix schüttelte den Kopf.

»Ich brauche meine Ruhe«, gab er mir zu verstehen. »War gestern eigentlich zu viel, zumal ich nachher noch nen Termin hab.«

»Echt jetzt? Ein Freier?«

»Ja, was denn sonst? Von mir aus geh allein raus, ich lege mich nach dem Kaffee noch etwas hin und anschließend fahre ich nach Neukölln zu Fritz.«

»Fritz?«

»Frag nicht. Fritz halt. Ich bin gegen neun wieder da. Und nein, du brauchst mich nicht zu beschützen!«

»Und was soll ich machen? Ich meine so allein? Kann ich nicht doch mitkommen zu diesem Fritz? Unabhängig von unserer Vereinbarung meine ich.«

»Auf keinen Fall! Das geht nicht! Lass dir bloß nicht im Traum einfallen, mich dorthin zu begleiten. Das würde nur Ärger geben.«

»Ist ja gut!«, ruderte ich zurück. »Ich glaube, ich gehe gleich etwas in die Stadt, dann kannst du in Ruhe alles machen, was du willst oder brauchst.«

Irgendwie war ich enttäuscht, weil Felix sich von jetzt auf gleich so komisch verhielt. Er machte aus diesem Fritz ein Geheimnis und das gefiel mir nicht. Doch ich wollte ihm keine Szene machen, deshalb trank ich hastig meinen Kaffee aus, duschte mir rasch den Schweiß von der Haut, zog mich an und wollte soeben die Wohnung verlassen, doch erstaunlicherweise hielt mich Felix zurück.

»Nicht sauer sein, aber dieser Fritz ist etwas eigen. Es hat nichts mit dir zu tun, der Typ duldet halt keine Dritten bei sich oder in seiner Nähe!«, flüsterte er mir zu, während er mich an beiden Händen hielt und mich mit seinem Dackelblick ansah.

»Bin ich nicht. Hab viel Erfolg, ich möchte jetzt etwas die Sonne genießen, wir sehen uns nachher.«

Felix gab mir einen flüchtigen Kuss auf die Lippen. Definitiv ein klein wenig enttäuscht von Felix' Reaktion rannte ich wenig später die Stufen hinab und befand mich nach ein paar Sekunden auf der Straße. Ich tastete in meine Hosentasche, holte stolz meine fünfhundert Euro hervor und rannte glücklich in Richtung Bahn, die ich nehmen wollte, um zu irgendeinem zentralen Punkt zu gelangen. Plötzlich jedoch hielt eine dunkle Limousine neben mir. Der Fahrer ließ die Scheibe der Beifahrerseite herunter und sprach mich an. Erschrocken und gleichermaßen überrascht sah ich ins Fahrzeug und erkannte den Chef.

»Jasper!«, rief er mir grinsend entgegen. »So ganz allein auf der Straße?«

»Jepp!«, antwortete ich. »Felix ist oben und ruht sich noch ein bisschen aus. Ich musste einfach mal etwas raus.«

»Wo willst du denn hin?«

»Keine Ahnung, dorthin, wo was los ist.«

»Ich könnte dich ein Stückchen mitnehmen. Komm schon, steig ein!«

Das ließ ich mir nicht zweimal sagen. Der Chef mochte mich offensichtlich, das schmeichelte mir, deshalb setzte ich mein glücklichstes Lächeln auf und sprang voller Euphorie auf den Beifahrersitz.

»Na sag an, was hat ein Junge wie du an einem solch sonnigen Tag so vor?«, erkundigte sich der Chef ein weiteres Mal und warf mir dabei einen schnellen Seitenblick zu, was ich aus den Augenwinkeln bemerkte.

»Ich weiß es noch nicht genau. Eigentlich würde ich ganz gern shoppen gehen, aber das ist sonntags ja kaum möglich, wenn man Bahnhöfe mal außer Acht lässt. Vielleicht irgendwo an der Spree ein tolles Eis essen oder so.«

»Bei dem Wetter ist das bestimmt keine schlechte Idee. Was hältst du denn davon, wenn ich dich dazu einlade? Ich kenne am Stadtrand ein super Eiscafé, das dir unter Garantie gefallen wird. Deal?«

Ich stimmte freudig zu und konnte mein Glück kaum fassen. Der Chef, dieser reiche Mann, der mich am Tag zuvor erst kennengelernt hatte, bot mir an, mit ihm zusammen ein Eis zu essen. Ob ich ihn vielleicht irgendwie beeindruckt hatte? Hoffentlich würde er mich noch öfter ordern, natürlich mit Felix zusammen, denn der vergangene Abend hatte mir sehr gut gefallen, obwohl er andererseits natürlich auch sehr anstrengend gewesen war.

Etwa eine Viertelstunde später stoppte die große Limousine vor einem kleinen Gebäude, das mitten in einem Wald lag. Ein Schild an der Tür besagte, dass es sich tatsächlich um ein Café handelte, in dem auch Eisspezialitäten serviert wurden. Als wir ausstiegen, rauschten die Baumkronen leise im Wind und das Ganze wirkte fast wie ein Bild aus einem Kitschfilm.

Der Chef wies mich an, ihm zu folgen. Wir umrundeten die Hausecke und im nächsten Moment tauchte ein verwunschener Rosengarten vor uns auf, in dem mehrere runde Tischchen standen, die von jeweils drei Stühlen flankiert wurden und zum gemütlichen Verweilen einluden.

»Wo möchtest du sitzen, Jasper?«

»Egal, wo Sie wollen.«

Ich konnte es nach wie vor nicht ganz fassen, dass ich mit dem Chef zusammensaß und wir gleich ein Eis essen würden, ganz so, als würden wir uns bereits ewig lange kennen. Einfach nur der Wahnsinn, aber meine Stimmung, die ohnehin schon gut gewesen war, ähnelte mittlerweile fast einem Rausch. Ich fühlte mich, als stünde ich unter Drogen, obwohl ich real nicht wusste, wie das wohl wäre, doch genauso stellte ich mir das vor. Mein Kopf fühlte sich dermaßen frei an, ich hatte beinahe das Gefühl zu schweben.

»Na, was möchtest du denn haben?«, riss mich die Stimme des Chefs aus meinen Gedanken. »Hast du dir schon was ausgesucht?«

»Nein«, erwiderte ich, griff rasch zu der auf dem Tisch liegenden Karte und schlug sie auf. »Moment, ich denke, ich nehme den gemischten Fruchtbecher, wenn das okay ist.«

»Was du möchtest, du musst ja immerhin bei Kräften bleiben, oder?«

»Bei Kräften bleiben?«, hakte ich leicht irritiert nach und dabei muss mein Gesicht wohl das reinste Fragezeichen gewesen sein, denn der Chef schmunzelte ein wenig.

»Erklär ich dir später, lass uns erst mal bestellen«, meinte mein älterer Begleiter und rief halblaut das Wort »Bedienung« in Richtung des Hauses, woraufhin sofort eine junge Frau bei uns erschien und die Bestellung aufnahm. Es dauerte auch gar nicht lange, bis ich meinen Eisbecher und der Chef seinen Kaffee vor sich stehen hatte. Genüsslich löffelte ich abwechselnd Sahne, Früchte und Eis in mich hinein. Der Chef sah mir dabei aufmerksam eine ganze Weile zu, bevor er erneut das Wort an mich richtete.

»Hat es dir denn bei mir gefallen, Jasper?«

Ich schluckte schnell runter, denn unhöflich sein und mit vollem Mund sprechen wollte ich natürlich nicht. Gleich darauf nickte ich.

»Es war super, echt.«

»Nun, dann mache ich dir jetzt einen Vorschlag. Heute habe ich, wie bereits gestern erwähnt, wieder ein paar nette Jungs für eine Poolparty zu Gast bei mir. Wie wäre es denn, wenn du auch teilnehmen würdest?«

»Ich? Wirklich? Ja gern, aber …«

In meinem Kopf schwirrte es wie in einem Bienenstock. Dieser Mann wollte mich noch mal bei seiner Swimmingpoolrunde dabeihaben. Mich, den Anfänger. War ich denn so gut gewesen?

»Aber?«, hakte der Chef nach und sah mich aufmerksam an.

»Aber was ist mit Felix?«, stieß ich hervor.

»Was soll mit Felix sein?«, antwortete der Chef sofort. »Felix ist nicht hier oder kannst du ihn irgendwo sehen? Du sitzt mir gegenüber. Also? Willst du dir etwas Geld verdienen, oder nicht?«

»Aber was, wenn er später sauer auf mich ist, immerhin sind Sie sein …?«

Erneut brach ich ab und schaute betreten zu Boden, während das Eis in meinem Becher sich langsam, aber sicher verflüssigte.

»Sein was? Ich bin sein Vermieter, das stimmt, und ich bezahle gut für seine Dienste. Bin ich sein Freier? Sicher, einer von vielen. Aber bin ich ihm irgendwelche Rechenschaft schuldig, mit wem ich ficken will? Nein, ganz sicher nicht. Und du bist das genauso wenig. Deshalb wiederhole ich mich noch einmal, willst du dabei sein oder nicht?«

»Aber er hat mich aufgenommen, als es mir schlecht ging, er hilft mir und ich …«

Der Chef sah mich lediglich mit hochgezogenen Augenbrauen an, sodass ich meinen Satz vervollständigte.

»Ich mag ihn wirklich sehr, wenn Sie verstehen, was ich meine.«

»Das verstehe ich voll und ganz, Jasper, du hast dich wohl ein bisschen verliebt. Und ja, er ist ein netter Kerl, aber das hat nichts mit diesem Angebot zu tun. Falls er sauer werden sollte und dich auf die Straße setzt, bringe ich dich schon irgendwo unter, okay? Ich geb dir später meine Nummer, allerdings darfst du die auf keinen Fall weitergeben und bitte nur im absoluten Notfall nutzen. Und? Du solltest dich langsam, aber sicher entscheiden.«

Ich schaute hoch und dem Mann, der mich am vorherigen Tag für Sex bezahlt hatte, direkt in die Augen. Innerlich zerrissen nickte ich schließlich. Ja, ich wollte wieder mitmachen. Nein, ich wollte Felix nicht wehtun. Ich fühlte mich gerade nicht mehr besonders, meine gute Laune hatte sich verzogen, aber dennoch überwog die Neugier und so entschied ich mich dafür. Wie würde es sein, wenn ich auf andere Jungs wie mich traf? Hatte ich gegen die erfahrenen Stricher überhaupt eine Chance?

Der Chef nickte, zahlte, zog mich mit sanftem Griff vom Stuhl hoch und ehe ich mich versah, saß ich erneut auf dem Beifahrersitz seines Autos. Weitere zwanzig Minuten später hielt der Wagen in der Garage des

Anwesens, dieses Mal betrat ich das Haus von der anderen Seite her und wurde vom Chef persönlich direkt zur Umkleide gebracht.

»Du kennst das alles ja von gestern. Zieh dich aus, nimm dir einen Bademantel und warte auf mich, ich hole dich gleich ab.«

Leise schloss sich die Tür hinter mir und ich war allein. Kopfschüttelnd betrachtete ich mich im Spiegel, während ich meine Klamotten abstreifte und sie auf der Bank platzierte.

Nachdenklich und doch gespannt auf das, was vor mir lag, ging ich zum Schrank und wollte mir gerade einen der weißen Frotteemäntel nehmen, als die Tür schwungvoll aufflog. Erschrocken zuckte ich zusammen, ein solch ungestümes Verhalten hätte ich vom Chef nicht vermutet, aber es zeigte sich, dass es nicht der Erwartete war, sondern dass ein junger Mann den Raum betrat. Er war sicher ein oder zwei Jahre älter war als ich selbst und musterte meinen nackten Körper aufmerksam.

»Hey, wer bist du denn? Hab dich hier noch nie gesehen. Biste neu?«

Stumm nickte ich und warf mir schnell das Kleidungsstück über. Erst danach antwortete ich, dabei glitt mein Blick an der schlanken Gestalt, die, ohne zu zögern, ihre Klamotten von sich warf, auf und ab.

»Ich heiße Jasper und du?«

»Na dann«, erwiderte der junge Mann, der sich inzwischen komplett entkleidet hatte. »Mein Name ist Angus.«

Ich bewunderte den glatten, milchkaffeefarbenen Body, den er, offensichtlich stolz und ungeniert, präsentierte. Erst im zweiten Moment stolperte ich über den Namen.

»Angus? Klingt irgendwie nicht wirklich deutsch. Woher kommst du?«

»Mein Vater war Ami, ein Soldat, der sich aus dem Staub gemacht hat, nachdem klar wurde, dass meine Mutter einen Braten in der Röhre hatte. Seinen Namen hatte er offensichtlich erfunden, wie sich später herausstellte. Und ja, er war schwarz, oder wie man heute so irrsinnig nett und politisch korrekt sagt, farbig. Was für'n Blödsinn. Dann könnte man auch sagen, er wäre bunt. Na ja, wie dem auch sei, meine Haut ist der Renner auf der Straße, also bin ich nicht böse drum. Schule war doof, meine Alte geht, genau wie ich, auf den Strich, von daher war mein Werdegang irgendwie vorprogrammiert. Du machst das bestimmt noch nicht lange, oder?«

»Woher weißt du das? Kannst du hellsehen?«, hakte ich nach.

»Ein Hellseher bin ich nicht gerade. Aber du siehst irgendwie total unschuldig aus. Ich hoffe, der Chef ist nicht dein einziger Kunde? Davon allein kann man nämlich nicht leben.«

»Na ja, mehr Kunden habe ich tatsächlich noch nicht, aber …«

»Willste welche? Dann treffen wir uns irgendwann und ich bringe dich mit ein paar Typen in Kontakt, okay? Keine Sorge, kostet dich nichts, nur ich hab manchmal echt zu viele, die auf junge Männer wie dich und mich stehen.«

»Okay, darüber können wir später sprechen. Sind wir beide allein heute? Oder kommen noch welche? Ich glaube, der Chef erwähnte etwas von Jungs, das klingt nach mehreren.«

»Soweit ich weiß, kommen Jaroslav und Miko noch dazu. Die beiden sind ein Paar und haben das richtig angemeldet. Also sie machen auch Escortdienste, Begleitungen oder Massagen mit Happy End bei sich zu Hause.«

»Massagen mit Happy End?«, fragte ich nach, was Angus zum Schmunzeln brachte.

»Mensch, Jasper, du bist wirklich noch Anfänger. Massage mit Happy End ist Durchkneten aller Körperteile einschließlich Abspritzen. Solltest du wissen, der Chef verlangt das manchmal. Wirst du bestimmt mal bei ihm machen müssen, aber er ist da echt pflegeleicht, einer der besten Freier, die ich kenne.«

In diesem Moment ging abermals die Tür auf und zwei Männer Anfang zwanzig betraten die Umkleide, lächelten Angus und mich an und entledigten sich ebenfalls ihrer Kleidung. Der kleinere der beiden Männer, bei denen es sich offensichtlich um Jaroslav und Miko handelte, hatte einen riesigen Schwanz, der im schlaffen Zustand bestimmt fünfzehn Zentimeter maß und einen beachtlichen Durchmesser aufwies. Das erregte mich irgendwie und wiederum bekam ich einen Steifen, ohne dass ich es wollte. Angus bemerkte meine Beule unter dem Bademantel und grinste ein wenig, doch zum Glück kam in diesem Moment der Chef und holte uns ab, sodass ich mich nicht mehr unbedingt meiner Erektion wegen rechtfertigen musste.

Die Zeit im Whirlpool raste wie ein ICE an mir vorbei. Erst fickte der Gastgeber mich, anschließend ließ er sich von Miko einen blasen, Jaroslav musste dann den Chef vögeln, wahrscheinlich wegen der enormen Schwanzgröße, was unseren Freier in enorme Ekstase katapultierte, und zum Schluss wollte er zuschauen, wie ich Angus fickte. Nach dieser Runde gab es eine Essenspause und zum Schluss hatten wir noch einen Gangbang der besonderen Art, der mich echt auslaugte. Völlig fertig verkrümelte ich mich unter die Dusche, wusch mir Champagner, Sperma und Chlor von der Haut und war irgendwie froh, dass ich es ein zweites Mal geschafft hatte, dem Mann gerecht zu werden. Wenig später ließ ich mich mit dreihundert Euro mehr sowie den Telefonnummern vom Chef und von Angus in der Tasche in das Taxi fallen, das mich gegen elf Uhr abends zu Felix' Wohnung brachte.

Müde, aber nach wie vor zufrieden und glücklich, schlich ich die Stufen hoch und schloss die Tür auf. Felix war bereits zu Hause und sah mich mit großen Augen an.

»Boah, Jasper, wo hast du gesteckt? Ich habe mir Sorgen gemacht. Noch nicht mal ans Handy gegangen biste.«

Im ersten Moment wusste ich nicht direkt, was ich sagen sollte, und antwortete deswegen lediglich mit einem knappen: »Unterwegs«. Logischerweise hatte ich natürlich nicht ans Handy gehen können, weil das Teil sich ja in meiner Hosentasche befand und die Hose in der Umkleide lag, während ich den Chef bedient hatte. Auf der Rückfahrt hatte ich nicht aufs Display geschaut, weil es mir in dem Moment nicht unbedingt wichtig gewesen war. Umso mehr erstaunte mich Felix' Reaktion.

»Unterwegs?«, hakte Felix nach. »Ich meine, jeder kann ja tun und lassen, was er will und keiner von uns beiden hat dem anderen etwas zu befehlen, aber irgendwie war es doch komisch, dass du nicht da warst, als ich nach Hause kam. Ich dachte schon, du hättest dich verpisst oder so.«

»Quatsch!«, dementierte ich Felix' Gedanken. »Ich war halt nur unterwegs, mehr nicht!«

Mir war klar, dass es besser wäre, ihm von meinem Abend zu erzählen, vor allem, weil wir ja auch die Vereinbarung hatten, aufeinander aufzupassen, wenn wir Freier besuchen würden, doch dann fiel mir plötzlich ein, dass Felix schließlich auch allein zu seinem Termin gefahren war und mir sogar mehr oder weniger untersagt hatte, ihn zu begleiten. Schließlich müsste in diesem Fall eigentlich gleiches Recht für alle gelten und so entschloss ich mich zunächst, nichts zu erzählen, doch Felix bohrte weiter.

»Also hast du dich bis jetzt einfach so in Berlin rumgetrieben. Hast du Freunde besucht oder warst du in einem Club oder was hast du angestellt?«

Irgendwie störte es mich, dass Felix genau wissen wollte, wie mein Tag verlaufen war, zumal ich ihm eigentlich von meinem Erlebnis erzählen wollte.

»Ich war einfach allein in der Stadt. Ohne Freunde, ohne Club, ohne alles!«

Für meine Lüge hätte ich mich ohrfeigen können, da mir irgendwie klar war, dass es sowieso rauskommen würde, zumal ich kein großer Freund der Unwahrheit war, von daher überlegte ich es mir gleich darauf anders.

»Okay, ich sag's dir. Ich war bei deinem Vermieter. Habe ihn durch Zufall auf der Straße getroffen, er hat mich gefragt, ob ich zu einem zweiten Treffen mitwill, ich habe zugesagt und dreihundert Euro verdient.«

Felix wurde still und zündete sich eine Zigarette an. Anschließend sprang er von seinem Bett hoch, lief zum Kühlschrank und holte sich ein Bier heraus.

»Also ich hätte mit allem gerechnet, aber damit nicht. Wir hatten doch eine Vereinbarung. Du kannst nicht einfach so, ohne mein Wissen, mit ihm fahren und dich von ihm ficken lassen, zumal wahrscheinlich noch andere Typen dabei waren. Warum rufst du mich nicht an?«

»Das kann ich dir genau sagen, Felix. Du warst heute derjenige, der seine Ruhe brauchte und der mir von einem Termin erzählte, den er wahrnehmen wollte. Da hätte ich normalerweise auch mitkommen müssen, aber du hast ja ein ach so großes Geheimnis daraus gemacht und mir sogar verboten, mitzukommen.«

»Ach, Unfug! Ich kann erstens auf mich allein aufpassen und habe dir zweitens erklärt, dass dieser Fritz keine Begleiter akzeptiert. Außerdem wird mir bei dem Freier garantiert nix passieren, vor allem wäre ich dem auch körperlich überlegen, also weiß ich nicht, was du hast. Nur weil dir irgendwas nicht passt oder sonst wie sauer auf irgendeine Situation bist, ziehst du gleich aus Trotz mit dem Chef in seine Whirlpoollandschaft und ... ach, was rede ich.«

Felix' Aussage machte mich unglaublich wütend. Falls ich in dem Moment gewusst hätte, wo ich hätte hingehen können, wäre ich einfach abgehauen, aber das wollte ich nicht riskieren, zumal ich das wahrscheinlich im nächsten Moment bereut hätte, da ich ja eine Menge Gefühle für Felix hatte.

»Ah ja, der Herr Steinmüller kann alles und der doofe Jasper darf nichts ohne den Herrn machen. Außerdem war ich weder trotzig noch sauer, sondern nur etwas enttäuscht von deinem Verhalten. Das hat aber nichts damit zu tun, dass ich beim Chef war. Und wie du siehst, ist mir dort nichts passiert. Übrigens warst du derjenige, der letzten Montag mit einem Veilchen heimkam.«

»Alter Falter, du merkst echt gar nichts, oder? Ich sage dir das nur, weil ich mir Sorgen um dich mache. Ich will einfach nicht, dass dir was zustößt, aber das scheinst du nicht zu kapieren.«

»Beim Chef wird mir nichts passieren! Und das weißt du genauso gut wie ich!«

Meine Stimme war so laut, dass ich vor mir selbst erschrak. Es fühlte sich für mich beinahe so an, als hätte ich einen Streit mit meinem Partner, obwohl wir ja offiziell nicht zusammen waren. Aber was waren wir? Freunde? Liebende? Sexpartner? Mitbewohner? Oder einfach nur Stricher, die eine Meinungsverschiedenheit hatten?

»Du sollst nur vorsichtig sein, meine Güte, falls dir was zustößt, würde ich mein Leben lang nicht mehr glücklich. Vor allem habe ich dir die ganze Woche gesagt, dass ich eigentlich nicht will, dass du auf den Strich gehst. Mach dich nicht selbst fertig, Jasper, es ist schon genug, wenn ich das tue.«

Felix kam auf mich zu und nahm mich in den Arm. Da war es wieder. Dieses klopfende Herz, das mich so sehr beruhigte. Schlagartig war ich nicht mehr wütend und auch sein Gemüt schien nicht mehr so erhitzt zu sein. Ich legte meine Hände auf seinen Rücken und schmiegte meinen Kopf an seine Brust, spürte Felix' Atem an meinem Nacken. Diese Körperwärme gab mir Geborgenheit und ließ mich vergessen, dass wir uns gestritten hatten. Ich befand mich stattdessen von jetzt auf gleich erneut in der Euphorie, in der ich bereits den ganzen Tag über gefangen war. Ich verstärkte meine Umarmung und irgendwann küsste ich ihn. Ohne dass er es ausgesprochen hatte, wusste ich, dass nicht nur ich ihn liebte, sondern dass er zumindest ähnliche Gefühle für mich hegte. Das machte mich noch um einiges glücklicher, deshalb beschloss ich, ihm nichts nachzutragen und die Geschehnisse auf sich beruhen zu lassen. Doch eines verschwieg ich ihm bewusst, um mich nicht rechtfertigen zu müssen und mir ein Stück Eigenständigkeit zu bewahren: Die Telefonnummer von Angus, den ich recht bald kontaktieren wollte.

ANGUS

Am Mittwoch nach meinem »Premierenwochenende« saß ich, wie bereits in den vorangegangenen Tagen, gemeinsam mit Felix am Frühstückstisch. Von guter Laune war jedoch an diesem Morgen nichts zu spüren. Felix antwortete maximal einsilbig auf meine diversen Versuche, eine Unterhaltung zu starten und starrte stattdessen schweigsam in seinen Kaffee. Ich drehte derweil eine Zigarette zwischen den Fingern hin und her, anstatt sie anzuzünden und den Rauch in die Luft zu pusten. Fragend schaute ich Felix an und überlegte, was er wohl haben könnte. Er war seit Sonntag zwar nicht weniger liebevoll zu mir und wir hatten am Dienstag mit gegenseitigem Aufpassen sogar Freier bedient, dennoch wurde ich das Gefühl nicht los, dass sich irgendwas zwischen uns verändert hatte. Er schien so, als würde er sich von Tag zu Tag mehr von mir zurückziehen. Irgendwie wirkte er in sich gekehrt und erweckte den Eindruck, als würde ihn etwas belasten. Das konnte ich nicht weiter ertragen, daher beschloss ich, die Stimmung zu verbessern, denn ich wollte endlich wieder herzhaft mit Felix lachen können. Entschlossen atmete ich tief ein und straffte unwillkürlich die Schultern.

»Was ist mit dir los, Felix? Seit Sonntag bist du so komisch. Immer noch sauer wegen der Sache mit dem Chef?«

Als würde er aus einer ganz anderen Welt auf diese Erde zurückkehren, wandte sich Felix' Blick mir zu und seine Hand griff nach dem Glimmstängel, den ich knetete.

»Wenn du die Kippe nicht bald loslässt, hast du gleich den Tabak gleichmäßig auf dem Tisch verteilt. Rauchen kannst du das Teil bestimmt nicht mehr.«

Felix' Stimme war leise und sanft und er schien nach wie vor ein wenig abwesend zu sein, was mich zunehmend irritierte.

»Hast du mir eigentlich zugehört? Falls es dich so sehr stört, was ich Sonntag gemacht habe, dann brüll einfach mal richtig los oder hau mir meinetwegen eine rein, aber diese Distanz zwischen uns halte ich nicht mehr aus!«, rief ich halblaut und ziemlich verzweifelt über den Tisch.

»Es hat nichts mit der Sache von Sonntag zu tun, Jasper«, erwiderte Felix und schaute mich mit einem nicht ganz gelungenen Lächeln an. »Ich bin dir nicht böse oder so was. Ja, ich geb es zu, ich hatte Angst um dich. Dachte, dir wäre etwas zugestoßen, was sich ja glücklicherweise nicht bestätigt hat. Ehrlich gesagt bewundere ich sogar ein wenig deinen Mut, obwohl es mir nach wie vor nicht passt, dass du dich für diesen beschissenen Beruf entschieden hast. Andererseits bist du alt genug, um zu wissen, was für dich richtig ist, obwohl du erst in einigen Monaten volljährig wirst. Die paar Wochen, seit du von zu Hause abgehauen bist, haben dich ziemlich reif gemacht. Selbstbewusst. Energisch. Du schaffst das, was ich bis heute nicht gepackt habe.«

Verwirrt sah ich Felix an. Was zum Henker sollte das bedeuten? Worin bitte schön sollte ich mit meinen siebzehn Jahren wohl besser sein als er? Ausgerechnet ich, der allein nicht mal einen vernünftigen Unterschlupf gefunden hätte. Ich schüttelte den Kopf, denn das war mir definitiv zu hoch.

»Ich verstehe irgendwie nur Bahnhof und Koffer klauen. Was zum Teufel willst du mir damit sagen? Was hast du nicht gepackt?«, fragte ich nach.

Felix' Blick glitt über mein Gesicht und hakte sich in meinen Augen fest. Seine Pupillen waren groß und weit, seine Iriden schimmerten in einem unglaublichen Blau und zudem schienen Tränen sich ihren Weg bahnen zu wollen, es glitzerte verdächtig in den Augenwinkeln. Ratlos und ein wenig erschrocken über diese Entdeckung schluckte ich schwer.

»Felix, was meinst du? Kann ich dir irgendwie helfen? Sag doch was. Und was hab ich geschafft, was du nicht hast? Was? Raus mit der Sprache«, redete ich weiter auf ihn ein.

Felix antwortete nicht sofort, sondern entzündete stattdessen die Zigarette, die ich die ganze Zeit über in meinen Fingern gehalten hatte, und zog so kräftig an ihr, dass sie gleich darauf fast bis zur Hälfte nur aus Asche bestand. Erst danach räusperte er sich und senkte den Kopf. Eine einzelne Träne tropfte auf die Tischplatte, worüber ich sehr erschrak.

»Felix? Was hast du? Habe ich irgendwas falsch gemacht?«, hauchte ich und griff voller Sorge nach seiner Hand, die die Zigarette inzwischen ausgedrückt hatte und reglos auf dem Tisch lag.

»Quatsch!«, flüsterte er zurück und erneut liefen ihm die Tränen.

Wenig später war ein Schluchzen zu hören. Leise, fast verschämt klingend, aber gerade deswegen umso herzzerreißender. Erschrocken drückte ich Felix' Hand noch ein wenig fester.

»Dann sprich doch endlich und sag mir, was los ist, bitte!«, forderte ich Felix irgendwann laut und ängstlich auf, sich mir anzuvertrauen.

»Jasper, das verstehst du nicht«, kam es daraufhin leise von Felix. »Keiner versteht das, nein, besser gesagt, keiner versteht mich. Hast du schon mal was von Depressionen gehört, Jasper? Weißt du, wie das ist, wenn du merkst, dass die Dunkelheit nach dir greift? Wenn du einfach nichts mehr willst, gar nichts mehr? Nein, Jasper, das kannst du dir nicht vorstellen. Wenn du nachts auf einer Brücke stehst und am liebsten runterspringen würdest. Oder überlegst, ob du dich nicht einfach vor einen Zug werfen solltest, was du in letzter Konsequenz dann doch nicht tust, denn der, der dich unabsichtlich tötet, wäre durch deine feige Tat der nächste Kandidat für diese dunklen Gedanken, und das willst du ihm einfach nicht zumuten, weil du nur zu genau weißt, wie beschissen das ist. Somit wirst sogar unfähig, dich selbst zu töten, weil dir dein Gewissen im Weg steht, und das liegt wie ein tonnenschwerer Stein auf deiner Seele. Ich hatte diese Selbstmordthematik irgendwann schon mal beiläufig erwähnt, aber was nützt das schon? So richtig kann das sowieso niemand nachvollziehen. Vielleicht könnten Drogen eine Lösung sein, denken zumindest viele, bloß immer, sobald ich an dem Punkt angekommen bin, fällt mir meine Mutter ein. Und genau dann nehme ich ein paar von meinen Pillen, statt mir was zu spritzen.«

»Pillen? Verdammt! Was für Pillen?«

»Antidepressiva, Jasper, nette kleine Glücklichmacher.«

»Davon habe ich nichts gewusst. Seit wann nimmst du denn diese Dinger und wieso hast du mir das verheimlicht?«

»Seit wann? Seit meine Mutter tot ist. Das hat mich stärker runtergezogen, als mir anfangs bewusst war. Natürlich hab ich mir die Medis selbst besorgt, auf der Straße, zum Arzt konnte ich schließlich nicht, weil ich, verdammt noch mal, nicht krankenversichert bin. Und wieso ich dir nichts von den Tabletten erzählt habe, willst du wissen? Eigentlich will ich niemanden damit belasten, es geht keine Menschenseele was an und ja, es ist mir peinlich, dass ich mit dem Tod meiner Mutter nicht klarkom...«

An dieser Stelle verstummte Felix, er schniefte und seine Schultern zuckten. Ich stand auf, zog meinen Stuhl neben seinen und legte meinen Arm um den zitternden Körper. Anfangs hatte ich Felix als superstark und taff eingeschätzt, doch in diesem Moment fiel es mir wie Schuppen aus den Haaren, denn das erklärte sein Verhalten der vergangenen Woche, seinen Weinkrampf nach dem verpatzten Date mit dem Stricher am Montag zuvor und seine Vorsicht mir gegenüber. Vor Jahren war er also dermaßen tief erschüttert worden, was mir natürlich wahnsinnig leidtat. Doch dass er sich manchmal nur noch mit Tabletten zu helfen wusste, war mir nicht bewusst gewesen und das stimmte mich sehr traurig. War das eventuell der Grund für die weiten Pupillen und diese merkwürdige Geistesabwesenheit? Ich überlegte und stellte fest, dass Felix in den letzten Nächten auch beim Sex eher ruhig gewesen war, also bei Weitem nicht so stürmisch wie sonst, was ich allerdings auf eine leichte körperliche Erschöpfung geschoben hatte, denn immerhin hatte er am Samstag beim Chef, der schier unersättlich zu sein schien, ebenfalls viel geleistet. Was war ich nur für ein oberflächlicher Spacken, dass ich dem keine weitere Bedeutung zugemessen hatte?

»Aber was war dieses Mal der Auslöser, dass du wieder Tabletten brauchtest, oder hast du die Dinger die ganze Zeit über genommen? Ich meine, als wir uns zum ersten Mal getroffen haben, war doch alles gut, oder etwa nicht?«

Felix blieb zunächst stumm. Es dauerte eine Weile, bis er sich soweit gesammelt hatte, dass er weitersprechen konnte.

»Stimmt, als wir uns kennenlernten war alles super. Da brauchte ich keine Pillen. Und dann kam dieser verdammte Montag. Erst dachte ich, ich schaffe es, dass mich das nicht weiter berührt, aber ... es war verdammt schwer. Und als ich mir dann am Sonntagabend solche Sorgen um dich gemacht habe, ging es nicht mehr. Es griff nach mir und das Einzige, was mich einigermaßen aufrichten konnte, waren eben diese Tabletten. Glücklicherweise hatte ich noch ein paar, sonst wäre ich, glaub ich, durchgedreht.

Bloß nachher muss ich los, mir Nachschub besorgen. Und nein, bitte komm nicht mit, okay?«

»Mein Gott, es ist meine Schuld. Und ich hätte es längst merken müssen, dass es dir scheiße geht. Klar, du hast geheult, doch danach warst du schließlich wieder besser drauf, deshalb habe ich nicht weiter darüber nachgedacht«, platzte es aus mir heraus. Und obwohl ich total erschüttert war und Felix am liebsten seine Last abgenommen hätte, für deren erneutes Auftreten ich mich verantwortlich fühlte, erfasste mich dennoch eine Art Erleichterung. Immerhin musste ich Felix, aufgrund seiner späteren Abwesenheit, erst einmal nichts davon erzählen, dass ich mich gern mit Angus treffen würde, der mir ein paar Stellen zeigen wollte, um an Freier zu gelangen, die Felix eventuell nicht kannte. Insgeheim nahm ich mir vor, Angus anzurufen, sobald Felix die Wohnung verlassen hätte, um sich mit seinen Medis zu versorgen, obwohl ich mich selbst dafür hasste. Warum wollte ich das unbedingt und wieso hatte ich mich dafür entschieden, es heimlich zu tun? Ich hatte bereits am Montag überlegt, ob ich Felix von Angus berichten sollte, doch ich hatte mich bewusst dagegen entschieden, da ich irgendwo mein eigenes Ding durchziehen und mir einen eigenen Kundenstamm aufbauen wollte, um damit etwas Eigenes zu haben, mit dem Felix nichts zu tun hatte. Das würde mir im Falle einer Enttäuschung eine gewisse Sicherheit bieten. Doch als ich Felix so am Boden sah, überlegte ich, ob ich ihm in diesem Moment trotzdem reinen Wein einschenken sollte, einfach nur der Ehrlichkeit wegen. Innerlich schüttelte ich allerdings sofort den Kopf, denn das würde ihn bestimmt nur noch mehr durcheinanderbringen, als er eh schon war.

»Und was ist bei mir nun anders als bei dir?«, fragte ich leise, denn ich konnte mir immer noch keinen Reim auf seine Aussage machen, dass ich etwas schaffen würde, was er nicht packte.

»Du hast keine Angst. Du entscheidest und machst. Ich bin feige und gehe den Weg des geringsten Widerstands. Verstehst du nun?«

»Nein! Kapier ich nicht. Denn ich habe auch oft Bammel und traue mich viele Dinge nicht«, dementierte ich kopfschüttelnd. »Aber ich bin da für dich, wenn du mich brauchst und stehe dir bei. Das verspreche ich dir.«

»Danke! Das ist gut, Jasper! Doch jetzt werde ich mich schnell mal fertigmachen und mir ein paar Tabletten besorgen. Ohne die geht es derzeit nicht. Ich werde etwa vier Stunden weg sein, denn ich muss dazu aufs

Land. Falls es später wird, rufe ich dich an. Es wäre schön, wenn du hier wärst, wenn ich wiederkomme. Geht das?«

Sein Blick wirkte liebevoll und flehend zugleich. Ich nickte und gab ihm einen zärtlichen Kuss auf die Lippen.

»Ja! Ich warte auf dich. Und nachher verwöhne ich dich ein bisschen, damit du auf andere Gedanken kommst«, hauchte ich ihm ins Ohr und schickte ihn ins Bad.

Es vergingen etwa zehn Minuten, bis Felix die Wohnung verlassen hatte. Ich schaute noch eine ganze Weile auf die Tür, nachdem sie in Schloss gefallen war. Sollte ich wirklich ohne Felix' Wissen Angus kontaktieren? Würde mich das weiterbringen? Wäre es vielleicht sogar Betrug? Ich war mir so extrem unsicher, ob ich die richtige Entscheidung traf, überlegte hin und her und beschloss letztendlich, dass Felix und Angus nichts miteinander zu tun hatten und ich einfach auch an mich denken musste. Klar, ich hatte irgendwie ein verdammt schlechtes Gewissen und wollte Felix nicht verlieren, aber der Wunsch nach etwas Eigenem ließ mich nicht los. Deshalb zog ich den Reißverschluss meines kleinen Rucksacks auf und holte das kleine Papierstück mit Angus' Nummer heraus, um diese gleich darauf mit zitternden Fingern in mein Handy zu tippen. Nach zweimaligem Klingeln konnte ich schließlich ein leises »Hallo?« vernehmen.

»Hier ist Jasper«, hauchte ich in den Hörer. »Du weißt doch, der neue Stricher. Wir haben uns am Sonntag beim Chef kennengelernt.«

»Klar weiß ich das. Nice, dass du anrufst. Hab ich ehrlich gesagt nicht mehr mit gerechnet. Wo steckst du?«

»Ich bin in Pankow. Habe etwa zwei Stunden Zeit.«

Den zeitlichen Rahmen grenzte ich bewusst so stark ein, weil ich unter allen Umständen vor Felix zu Hause sein wollte.

»Das passt!«, erklärte Angus heiser. »Wir könnten uns im Volkspark Schönholzer Heide treffen. Ich bin in der Nähe.«

»Super!«, antwortete ich. »Das ist nicht allzu weit weg.«

»Perfekt!«, entgegnete Angus. »Dann zeige ich dir dort ein paar Ecken, wo du schnelles und gutes Geld machen kannst. Bis gleich. Warte auf mich an der Seite, wo der Sportplatz ist.«

Angus beendete abrupt das Gespräch und ließ mich irritiert zurück. Diese Art, einfach aufzulegen, ohne sich zu verabschieden, mochte ich irgendwie nicht. Daher zweifelte ich abermals, ob ich wirklich hingehen oder es besser lassen sollte. Aufgeregt rannte ich ein mehrfach auf und ab, betrachtete etwaige Vor- und Nachteile vor meinem geistigen Auge und entschloss mich letztendlich doch dafür, ihn zu treffen.

Um elf Uhr dreißig erreichte ich den Eingang des Sportplatzes, doch niemand war zu sehen. Mich beschlich ein mulmiges Gefühl. Wollte Angus mich vielleicht verarschen? Nervös sah ich auf mein Handy. Maximal eine halbe Stunde würde ich warten, danach wäre das Thema für mich erledigt. Plötzlich jedoch tippte mir jemand auf die Schulter, sodass ich mich erschrocken umdrehte und Angus daraufhin direkt in die Augen sah.

»Hey!«, begrüßte er mich kurz, grinste und reichte mir die Hand.

»Hallo, Angus!«, entfloh es mir und innerlich bekam ich irgendwie Magenschmerzen, weil ich das Gefühl, Felix auf irgendeine Weise zu hintergehen, partout nicht loswurde. Wieso war ich bloß ein solches Arschloch?

»Also, pass auf«, begann Angus zu erklären und kam mir dabei verdächtig nah, »in diesem Park wimmelt es von Freiern. Nicht alle sind okay, manche sind pervers, andere haben keine Kohle und wollen dich nur betrügen, also vorsichtig sein und nur gegen Vorkasse was machen. Pass vor allem gut auf, dass du keine Pärchen ansprichst, die sich nur miteinander vergnügen wollen, das kann schnell echten Ärger geben. Und nun komm mal mit.«

Angus ging voraus, betrat einen längeren Sandweg und deutete auf mehrere schmale Durchgänge zwischen den Bäumen.

»Dort drüben«, erläuterte er weiter, »also eigentlich genau hier kannst du mittwochs drei Typen nacheinander treffen. Die sind immer an diesem Tag im Park und warten auf mich. Deshalb bin ich auch heute in der Nähe. Wenn ich denen am Nachmittag sagen würde, dass ich ihnen demnächst mal einen heißen, hellhäutigen, geilen Teenie schicke, wären die sofort scharf wie Nachbars Lumpie. Merk dir den Ort. Wenn du hier durchgehst, kommst du in eine ziemlich verlassene Ecke, wo du ihnen ungestört einen blasen kannst. Gibt nen Fuffi pro Freier. Die sind zahlungskräftig und gut drauf. Aber trotzdem Vorkasse. Man weiß ja nie. Ansonsten kannst du am Ende des Weges nach links gehen. Dort sind ein paar ältere Daddys, die treffen sich da täglich und lassen sich einen wichsen. Schnell verdientes Geld, obwohl – bei denen gibt es nur nen Zwanni für nen Handjob. Aber die spritzen meist relativ schnell ab und so kannst du innerhalb einer

Stunde manchmal bis zu zweihundert Euro verdienen. Sieh dich ruhig ein bisschen um und falls du Fragen hast, stell sie mir.«

Ich nickte stumm und schaute nach links und rechts. Innerlich rechnete ich. Sofern ich also mittwochs den ganzen Tag hier tätig sein würde, könnte ich ein paar Daddys einen runterholen, ein paar blaue Scheine kassieren und danach einhundertfünfzig Euro für drei Blowjobs verdienen. Das klang gut. Bei fünf Opis plus dreimal blasen wären das insgesamt zweihundertfünfzig Tacken, das mal vier, würde mir also roundabout tausend Euro im Monat bescheren. Geil! Wie ich jedoch Felix erklären wollte, weshalb ich mittwochs den ganzen Tag über auf Achse wäre, darüber machte ich mir erst mal keine Gedanken.

»Klingt gut, Angus, danke dir!«

»Gern!«, antwortete er und lächelte mir zu. »Und möchtest du noch was machen oder besser nach Hause?«

Ich begriff nicht, was er in diesem Moment von mir wollte, und hakte nach.

»Was meinst du?«

»Na, vielleicht könnten wir uns ein wenig warmvögeln. Du hast mir gut gefallen und mich am Sonntag ziemlich angemacht. Hat doch auch gut harmoniert zwischen uns, das könnten wir doch hier noch mal wiederholen, oder nicht?.«

Mit diesen Worten holte Angus seinen Schwanz aus der Hose und begann, ihn zu wichsen.

»Na los, zeig mir deinen heißen Riemen, Jas! Ich bin schon ganz heiß auf dich.«

Ich wusste nicht, wie ich mich verhalten sollte. Einerseits erregte mich das, was ich sah, doch andererseits konnte ich das irgendwie nicht, denn das hätte ich definitiv als Betrug gegenüber Felix angesehen. Trotz Beule und einem Zucken in der Hose schüttelte ich den Kopf, weil ich es einfach nur falsch fand.

»Was ist denn los? Bin ich nicht dein Typ? Dabei war ich felsenfest der Meinung, dass du auf mich abfährst und deshalb dachte ich, wir könnten noch ein wenig Spaß miteinander haben. Na los, komm schon! Ist doch nur etwas Rumgemache, ohne irgendwelche Verpflichtungen.«

»Nee! Lass mal!«, lehnte ich energisch ab, schüttelte den Kopf und machte mich schnellstmöglich aus dem Staub, weil sich alles in mir sperrte.

Mehrmals rief er mir noch hinterher, was das denn sollte und warum ich so feige wäre. »Jas! Jas! Jas!« Immer wieder klang diese Silbe in meinen Ohren und bereitete mir fast Kopfschmerzen.

Als ich zu Hause war, warf ich mich aufs Bett und heulte. Ich fühlte mich so dermaßen schlecht, weil ich sowohl Felix als auch Angus gegenüber ein schlechtes Gewissen hatte. So hin- und hergerissen hatte ich mich selbst schon lange nicht mehr erlebt. So etwas kannte ich von mir eigentlich nicht. Einerseits hatte ich Felix hintergangen, andererseits hatte ich Angus einfach stehenlassen, was auch nicht unbedingt der feinste Zug gewesen war. Sollte ich wirklich jemals einen dieser Freier bedienen? Ich war mir nicht sicher, aber schließlich hatte ich ja noch genug Zeit, mir das zu überlegen. Sollte ich mit Felix darüber sprechen? Nein! Das musste ich allein entscheiden. Würde ich Angus jemals wieder unter die Augen treten können? Ich zuckte mit den Schultern und schrieb ihm eine Nachricht, in der ich mich entschuldigte. Eine Antwort erwartete ich nicht, dennoch kam sie.

»Ist schon gut! Kein Problem, obwohl du mich echt heiß gemacht hast! Habe mir einfach einen runtergeholt. Die Freier kannste aber trotzdem haben.«

Ich nickte stumm und löschte die Mitteilung. Aber mit meiner Entscheidung war ich trotzdem nicht weiter.

Nach einer Zigarette und einem Kaffee wartete ich sehnsüchtig auf Felix, schloss ihn, gleich nachdem er die Tür aufgeschlossen hatte, in die Arme und flüsterte ihm ein »Schön, dass du wieder da bist!« ins Ohr.

Heimlichkeiten

Ein paar Tage, an denen Felix und ich gemeinsam auf »Stricher-Tour« gingen, zogen ins Land. Und ja, wir hielten uns vollkommen an unsere Vereinbarung. Jeder passte auf den anderen auf und ich war wieder glücklich. Mit Felix, der sich durch die Tabletten ganz langsam, aber sicher etwas besser fühlte. Ich hatte allerdings auch ein Auge darauf, dass er von dem Zeug nicht zu viel einwarf, denn leider fühlte ich mich nach wie vor ein wenig mitverantwortlich, obwohl das real gesehen natürlich Unfug war.

Am Sonntag nach diesem völlig bekloppten Mittwoch, der mit Felix' Beichte und meinem heimlichen Ausflug definitiv zu den merkwürdigen Tagen gehört hatte, saßen wir, wie schon des Öfteren, an unserem kleinen Tisch und frühstückten. Felix aß mit gutem Appetit, was mich insgeheim aufatmen ließ. War die Krise überwunden? Unsere gemeinsame? Hatte Felix seine Depression dank der Medis im Griff oder drohte ihm stattdessen vielleicht ein Abstieg in die Sucht? Ich beobachtete ihn genau, aber er schien beinahe wieder so fröhlich und zuversichtlich zu sein, wie ich ihn kennengelernt hatte. Mir fiel ein, dass ich irgendwo mal etwas über derart extreme Schwankungen der Stimmung gelesen hatte. Wie hieß das noch mal? Ach ja, manisch-depressiv oder so ähnlich. War es das, was Felix eigentlich hatte? Zu blöd, dass er sich nicht wenigstens von einem Arzt durchchecken lassen konnte, denn ohne Krankenversicherung ging das nun mal schlecht.

Kaum hatten wir aufgegessen und unsere obligatorische Zigarette geraucht, klingelte Felix' Handy. Er nahm das kleine Teil vom Bett, wo es in den meisten Fällen lag, schaute auf das Display und ich konnte sehen, wie sein Blick von einem ersten Genervtsein zu Überraschung und letztlich zu echter Freude wechselte, als er das Gespräch annahm.

»Fabian? Mensch, wie komme ich denn zu der Ehre, dass du mich anrufst? Mit dir hab ich echt nicht mehr gerechnet, immerhin ist es lange her, oder? Was sagst du? Stimmt, beinahe ein Jahr. Was kann ich für dich tun? Klar, das geht, für dich richte ich das ein, das weißt du doch, oder? Wohin soll ich kommen? Wow, was für ne geile Location. Ach, da wohnst du derzeit. Okay, wann soll ich da sein? Okay, gegen sechs, Zimmer 311. Bis später dann. Bye.«

Felix drückte den Beenden-Button und legte das Mobiltelefon neben seine Kaffeetasse, dabei umspielte ein Lächeln seine Lippen, was mich ziemlich neugierig machte und zugleich auch ein wenig eifersüchtig. Ein klitzekleiner Stich fuhr mir durchs Herz, obwohl mir durchaus klar war, dass mir das nicht zustand. Felix und ich waren nun mal kein offizielles Paar, noch dazu waren wir beide Stricher, fremde Männer zahlten für unsere Dienstleistungen und das gehörte zum Geschäft, Besitzansprüche gab es nicht. Dennoch konnte ich es mir nicht verkneifen, nach dem Anrufer zu fragen, anstatt darauf zu warten, ob Felix von sich aus etwas erzählen würde.

»Wer ist denn dieser Fabian? Ein Kunde?«

Felix sah mich etwas verdutzt an, schien einen Moment lang zu überlegen und nickte letztlich.

»Fabian Döbler. Ja, er war, oder besser gesagt ist ein Kunde. Also, jetzt wieder.«

»Und was wollte er?«

Kaum war mir das entschlüpft, hätte ich mich am liebsten selbst geohrfeigt. Das klang ja fast nach Inquisition, Felix war mir definitiv keine Rechenschaft schuldig. Ob er jetzt sauer war? Ein schneller Blick auf sein nach wie vor fast grenzdebil-selig grinsendes Gesicht überzeugte mich, dass er das zumindest nicht war, allerdings konnte ich nicht verhindern, dass mich seine überaus glückliche Reaktion auf den Anruf ein bisschen störte.

»Er will mich heute treffen, war früher echt ein guter Kunde. Wir trafen uns regelmäßig mindestens zweimal pro Woche und er zahlte fast so gut wie der Chef. Allein deshalb ist es ein Grund zur Freude, dass er sich wieder gemeldet hat.«

»Und wenn der dermaßen toll war, wo ist er denn bis jetzt abgeblieben? Erwähnt hast du ihn zumindest bisher nicht.«

Erneut klang meine Stimme etwas gequält, was Felix wohl in diesem Moment erst so richtig registrierte, sodass er mich plötzlich aufmerksam musterte. Ein Lächeln, eines, das mir galt, erhellte seine Züge.

»Ey, das lag daran, dass ich nicht mehr an ihn gedacht habe, von ihm kamen plötzlich keine Aufträge mehr. Er war einfach weg. Warum das so war, weiß ich nicht genau. So ist das Geschäft, Freier kommen und gehen. Und manchmal kommen sie wieder. Aber ehrlich gesagt, er zahlt einfach gut und deswegen freue ich mich natürlich. Es sind immerhin ein paar Hundert Euro mehr in der Haushaltskasse und er ist definitiv sauber und ordentlich.«

»Und wieso hat er sich so lange nicht gemeldet?«

Meine Neugier ließ mich nicht in Ruhe, was das Grinsen auf Felix' Gesicht noch verstärkte.

»Keine Ahnung. Ich habe nie darüber nachgedacht, werde ihn aber nachher fragen, okay? Und überhaupt, Jasper … es ist nur ein Freier, wo ist dein Problem? Das hat mir dir oder uns nichts zu tun.«

Beschämt senkte ich den Kopf. Felix hatte natürlich recht. Er war Stricher, ich war Stricher. Das hatte mit unseren Gefühlen nicht das Geringste zu tun. Eine letzte Frage brannte mir allerdings dennoch auf der Seele. Eigentlich war es nicht wichtig, wissen wollte ich es dennoch.

»Und wie alt er, dieser ominöse Fabian?«

Felix lachte laut auf.

»Hey, Jasper, was sollen diese ganzen Fragen? Krieg dich wieder ein. Ich sehe in ihm wirklich nur einen Kunden, aber nach dem Flop mit meinem Montagsfreier neulich bin ich froh, dass mich ein zahlungskräftiger Kunde anruft und in ein Hotel bestellt. Er ist übrigens Unternehmer und etwas über dreißig. Und keine Sorge, der tut mir niemals weh und ich hab dich immer noch gern, egal, ob ich nachher zu ihm gehe oder nicht. Also bleib mal locker!«

Forschend sah ich Felix in die Augen und nickte erleichtert. Felix meinte es ernst, denn mittlerweile kannte ich ihn doch schon recht gut. Also verschloss ich weitere Fragen in meinem Inneren, setzte eine fröhliche Miene auf und verbrachte mit ihm einen schönen Tag, den ich sehr genoss.

Gegen halb sechs machte er sich dann auf den Weg zu diesem Fabian und ab dem Augenblick saß ich wie auf glühenden Kohlen, denn ihn zu begleiten, hatte Felix mir ausdrücklich untersagt. Mein Herz klopfte vor Sorge und bei der Erinnerung an den Idioten, der Felix neulich das Veilchen verpasst hatte, wurde ich zusehends nervöser. Ich atmete erst auf, als Felix kurz nach zehn endlich in die Wohnung zurückkehrte.

Auf meine diversen Fragen zu seinem Abend antwortete er zu meinem Erstaunen relativ genau und so erfuhr ich, dass der besagte Fabian fast das ganze letzte Jahr im Ausland verbracht hatte und Felix am Mittwoch wiedersehen wollte. Erneut um die gleiche Zeit, so gegen sechs. Obwohl es mich störte, dass Felix sich darauf sogar zu freuen schien, schoss mir dennoch durch den Kopf, dass mir dadurch die Chance gegeben wurde, auf eigene Faust in den Park zu gehen und Geld zu verdienen, ohne Felix belügen zu müssen.

In der Nacht lag ich lange wach und überlegte. Wieso konnte oder wollte ich Felix nicht einfach die Wahrheit sagen und ihm erzählen, dass ich Angus beim Chef kennengelernt und er mir einige Tage später ein paar Stellen gezeigt hatte, an denen ich Geld verdienen könnte? War ich wirklich so oberflächlich, dass ich einfach nur etwas Eigenes haben wollte, oder hatte ich Angst vor seiner Reaktion? War es die Furcht davor, dass mich Felix vielleicht verachten könnte, weil ich etwas angeleiert hatte, von dem er zuvor keine Kenntnis besaß? Nein, ich wollte unabhängig sein und das machte mich irgendwie wütend. Felix nahm sich nach wie vor die Freiheit, Freier allein zu besuchen, vor allem diesen komischen Fabian, verwehrte mir jedoch Selbiges ohne seine Begleitung. Allein das war Grund genug, etwas auf eigene Faust zu unternehmen und am kommenden Mittwoch die Stellen aufzusuchen, die mir Angus gezeigt hatte.

So kam es, wie es kommen sollte. Felix machte sich an besagtem Mittwoch fertig, um seinen Termin bei Fabian in diesem Luxushotel wahrzunehmen. Mich störte es ungemein, ihm dabei zuzusehen, wie er sich aufbrezelte, sich über Stunden die Haare machte und die besten Klamotten anzog, die er im Schrank hatte. Ich musste mir förmlich auf die Lippen beißen, um nichts zu sagen, doch ich wollte ihm auf keinen Fall eine Szene machen. Deshalb schwieg ich und erstickte meinen Frust im Zigarettenqualm.

»Falls du weiter so viel rauchst, stirbst du irgendwann an Nikotinvergiftung!«, rief Felix mir irgendwann durch die offene Badezimmertür zu und zupfte derweil noch ein paar Haarsträhnen zurecht. »Was ist los? Biste nicht gut drauf?«

Ich blies den Rauch aus und schaute ihn schief von der Seite an.

»Und das interessiert dich, weil?«, raunte ich leicht verärgert, unterdrückte jedoch meine eifersuchtsartigen Gefühle weiter.

»Weil es vielleicht wieder wegen Fabian ist?«, hakte Felix jedoch gleich darauf nach. »Du warst ja schon am Sonntag so komisch drauf, als ich dorthin ging. Na sag schon, wenn was ist.«

»Quatsch!«, antwortete ich einsilbig und zog nochmals an dem eh schon heiß gerauchten Filter, bevor ich die Kippe forsch in den Aschenbecher presste. Wieso konnte ich nicht über meine Gefühle sprechen? In diesem Moment hätte ich doch die Gelegenheit dazu gehabt. Irgendwie traute ich mich nicht und versuchte, gleichgültig zu wirken, was ich jedoch in keiner Weise war. Ich spürte förmlich, dass dieser Fabian nicht nur einfach ein Freier war, es war so, als hätte ich eine innere Eingebung gehabt, die mich irgendwie nicht losließ und ich absolut nicht fixieren konnte.

»Okay!«, gab mir Felix zu verstehen. »Dann tu mir einen Gefallen und guck nicht so bedeppert, als wäre dir eine Horde Läuse über die Leber gelaufen. Ich verschwinde jetzt und bin gegen zehn wieder da. Und ich sage dir gern noch einmal, dass Fabian nur ein Freier ist. Nicht mehr und nicht weniger. Freier! Alles gegen Bezahlung. No kisses. Du verstehst?«

Ich nickte und begleitete ihn zur Tür. Felix küsste mich zum Abschied und flüsterte mir etwas Unverständliches ins Ohr, was ich weder verstehen noch deuten konnte. Erst wollte ich nachfragen, entschied mich jedoch kurzerhand dafür, nur aufgesetzt zu lächeln. Sobald Felix die Wohnung verlassen hatte, beschloss ich, vielleicht auch aus Frust oder Trotz, endlich selbst aktiv zu werden und mich für meine kleine Exkursion in den besagten Park aufzuhübschen.

Mit klopfendem Herzen verließ ich etwa eine halbe Stunde später die Wohnung und machte mich auf den Weg, möglichst viele Freier abzufrühstücken, um ein wenig Geld zu machen. Geld, das ich ohne fremde Hilfe verdienen würde. Als ich an der ersten Stelle ankam, die Angus mir gezeigt hatte, flatterten meine Hände extrem. Schließlich war es das erste Mal, dass ich allein in völlig unbekanntem Terrain auf Tour war, und das ließ mich nervös und sogar ein wenig unsicher werden.

Hektisch und zugegebenermaßen auch etwas ängstlich sah ich mich in den abgelegenen Verstecken um, konnte jedoch niemanden von den angeblichen Freiern, die mir versprochen worden waren, erkennen. Hatte mich

Angus vielleicht aufs Glatteis geführt und eigentlich nur mit mir vögeln wollen? Ich wusste es nicht, dachte aber auch nicht weiter darüber nach, denn eigentlich war mir dieser Typ egal. Schulterzuckend und enttäuscht über die unsägliche Ruhe schaute ich nochmals nach links und rechts und wollte gerade wieder verschwinden, als mich plötzlich jemand rief.

»Ey, Kleener!«, konnte ich vernehmen, woraufhin ich meinen Kopf langsam nach hinten drehte. »Komm mal her!«

Ich erblickte einen halb bekleideten, etwa vierzigjährigen Mann, der mich angesprochen hatte. Schnellen Schrittes ging ich auf ihn zu.

»Meinen Sie mich?«, fragte ich nach, als ich vor ihm stand.

»Was nimmste fürs Blasen?«

»Fünfzig!«, antwortete ich selbstsicher. Schließlich hatte ich ja nichts zu verlieren.

»Vergiss es! Ich zahle dir dreißig Tacken und keinen Cent mehr«, gab er mir daraufhin in etwas saurem Ton zu verstehen.

»Aber ich schlucke nicht!«, versuchte ich ihm klarzumachen, woraufhin der Typ nickte, mit einem blauen und einem roten Geldschein winkte und wenig später die Hosen herunterließ.

Rasch griff ich nach dem Geld, steckte es in die Hosentasche und bearbeitete, ohne weiter mit ihm zu reden, seinen Schwanz mit meinem Mund. Zum Glück stank der Typ nicht und war auch nicht sonderlich eklig, sodass ich ihn ohne Weiteres befriedigen konnte. Er kam ziemlich schnell und auch mit Ansage, so fiel es mir leicht, den Rest ganz locker mit der Hand zu erledigen. Normalerweise hatte ich während der Befriedigung der Kerle, zumindest bisher, immer einen Ständer bekommen, doch dieses Mal blieb das aus, irgendwie wollte er an diesem Tag nicht steif werden. Vielleicht lag es an meiner eigenen körperlichen Verfassung, an meiner Aufregung oder eventuell auch daran, dass mich der Kerl einfach nicht erregte. Was sollte ich daran ändern? Schließlich war ich keine Maschine. Ich wollte mich nach getaner Arbeit gerade vom Acker machen, als mich der Freier erneut ansprach und von mir verlangte, dass ich ihm meinen Schwanz zeige.

»Wieso sollte ich das tun?«, warf ich ihm entgegen.

»Weil ich es will. Ganz einfach!«, unterstützte er seine Aufforderung.

»Okay! Von mir aus«, flüsterte ich, öffnete meine Hose und präsentierte ihm meinen, wie gesagt, nicht steifen Schwanz, mir fehlte aus irgendeinem, mir nicht bekannten Grund, die Energie, mich ihm zu widersetzen.

»Wieso ist der nicht hart?«, blaffte mich der Kerl plötzlich an. »Bin ich dir nicht gut genug? Habe ich dich nicht angemacht, oder was?«

»Quatsch! Was soll das? Ich meine, heute ist irgendwie nicht mein Tag. Es geht eben nicht. Normalerweise bin ich immer steif, wenn …«

»Du bist immer steif, wenn du es deinen Freiern machst?«, schrie der Typ weiter und kam mir mit wütendem Blick bedrohlich nach, da ich unwillkürlich noch ein paar Schritte zurückgewichen war. »Nur bei mir nicht? Was ist mir dir los, Bengel? Ich will deinen Harten sehen, sofort! Also machst du ihn dir jetzt hart. Ohne Widerrede!«

Seine Art stimmte mich sauer. Wieso bestand der Kerl darauf, dass ich ihm mein steifes Ding zeigen müsste? Und vor allem, weshalb sollte ich das tun, wenn er mir partout nicht stehen wollte?

Ich trat einen weiteren Schritt zurück und knöpfte meine Hose wieder zu.

»Du kannst mich mal!«, rief ich. »Wenn es nicht geht, dann ist das so. Und außerdem hast du dafür nicht bezahlt. Ich habe dir einen geblasen, du hast mir dreißig Euro gegeben und das Thema ist erledigt. Also, schönes Leben noch.«

»Nichts ist erledigt!«, bölkte er weiter, rannte auf mich zu und packte mich am Arm. Forsch warf er mich zu Boden, drückte meine Handgelenke übereinander auf das Gras, fixierte meine Unterarme mit einer Art Klammergriff und riss mir die Hose von den Beinen. So sehr ich es auch versuchte, ich konnte mich nicht wehren, der Typ war dermaßen stark, dass ich keine Chance hatte. Tränen standen mir in den Augen, mein Körper wollte sich so sehr aus seinen Klauen befreien, doch das gelang einfach nicht. Als seine Hände meine Eier berührten und sie kneteten, stieg ein Würgereiz meine Kehle empor, den ich jedoch glücklicherweise irgendwie unterdrücken konnte. Es tat mir weh, als er mir schroff die Vorhaut zurückzog und mit aller Macht versuchte, mich steif zu machen, was ihm jedoch nicht gelang.

»Nun los, du Göre, ich will dich endlich hart sehen! Du kannst doch nicht in deinem Alter schon impotent sein, du Pfeife«, spuckte er mir entgegen und schlug mir mehrfach mit der freien flachen Hand, die sich bis eben an meinem Teil zu schaffen gemacht hatte, ins Gesicht.

Meine Klamotten waren mittlerweile total verdreckt, ich war kaum noch fähig zu atmen, heulte, hustete und wehrte mich vergeblich. Wenn das nun das Ende war, dann würde es ein fürchterliches sein. Ich versuchte, bei Bewusstsein zu bleiben, um ihn irgendwann in die Eier zu treten, der Kerl hatte mich jedoch voll im Griff und drückte mittlerweile immer fester zu, was mich vor Schmerzen schreien ließ.

Plötzlich jedoch, ich war fast schon so weit, einfach zu ertragen, was der Typ mit mir anstellen wollte, und zu hoffen, dass ich es möglichst unbeschadet überstehen würde, bekam ich wieder Luft. Der Kerl saß nicht mehr auf mir, sondern lag nun selbst am Boden. Ich hatte nur einen dumpfen Schlag vernommen, doch dann sah ich schon Blut aus seiner Nase tropfen.

»Bist du wahnsinnig?«, flüsterte eine mir wohlbekannte Stimme ins Ohr. »Der Typ hat sie nicht alle! Komm, schnell weg. Wieso bist du eigentlich hier? Ach, egal! Los, come on! Lass ihn liegen, der wird gleich bestimmt wieder und ob ich den nochmals so treffen kann, weiß ich nicht.«

»Felix? Wie kommst du denn hierher? Ich meine, ich denke, du bist ...«

Ich beendete meinen Satz nicht, sondern streifte mir beim Laufen die Hose über und folgte meinem Retter, ohne den ich diese Situation höchstwahrscheinlich nicht so gut überstanden hätte. Ich wusste zwar immer noch nicht, wieso er mich dort gefunden hatte, doch das war in dem Moment völlig egal. Mir war nur wichtig, dass ich den Ort des Geschehens möglichst schnell verlassen wollte, und war glücklich, dass Felix mich gerettet hatte, obwohl er eigentlich gar nicht hatte wissen können, dass ich dort war. Oder vielleicht doch?

Alles paletti ... oder was?

S tumm lief ich Felix hinterher, dabei strömten mir unablässig Tränen, die sich ohne mein Zutun ihren Weg bahnten, über das Gesicht. Es war, als ob sich meine gerade ausgestandene Angst, unter Umständen dieses Abenteuer nicht zu überleben, auf diese Weise manifestierte. Ich konnte nichts dagegen tun und von daher war es nicht verwunderlich, dass ich über irgendetwas, das ich durch den Schleier vor meinen Augen nicht hatte sehen können, stolperte und der Länge nach hinschlug. Ein Schmerzensschrei entfloh meiner Kehle, was Felix dazu veranlasste, sich umzudrehen und sich neben mich zu knien.

»Jasper? Meine Güte! Was ist passiert?« Besorgt sah er mich an und tastete mit Blicken meinen ganzen Körper ab. »Hast du dich verletzt?«

»Ich weiß nicht«, stieß ich schniefend hervor, »ich bin über irgendetwas gefallen. Keine Ahnung, was das war. Mein Knöchel schmerzt wahnsinnig.«

»Moment, zeig mal her, vielleicht erkenne ich was. Mist, ziemlich dunkel hier und keine Taschenlampe dabei. So was sollten Handys echt können. Warte, ich fühl mal. Ja, ist ein bisschen dick, kannst du aufstehen?«

»Ich probier's mal«, murmelte ich und stütze mich auf Felix' hingehaltenen Arm. »Autsch, das ist fies, verdammter Fuck, das zwiebelt ordentlich.«

»Versuch mal, ob du gehen kannst, okay?«

»Okay«, bestätigte ich und humpelte mit kleinen Schritten an Felix' Seite den Gehweg entlang.

»Kriegst du das hin oder soll ich gleich ein Taxi anhalten?«, fragte Felix nach und sah mich forschend an. »Ich will nicht, dass da was kaputt geht oder so.«

»Geht schon«, presste ich hervor und verbiss mir den nächsten leisen Schrei.

»Gut, machen wir langsam, der Kerl verfolgt uns offenbar nicht. Dem habe ich wohl tatsächlich ordentlich eins verpasst. Was für ein Arschloch. Aber gut, lassen wir das jetzt. Nachher holen wir essigsaure Tonerde aus der Apotheke, ich kenne da eine, die hat noch bis acht auf. Also hintenrum, verstehst du?«

Felix kannte essigsaure Tonerde? Ich war verblüfft, was mich ein wenig von meinen Schmerzen ablenkte. Ich warf Felix einen schnellen Seitenblick zu. Ob seine Mutter ihm das beigebracht hatte?

Felix hatte offensichtlich bemerkt, dass ich still geworden war und grinste mich an.

»Ich sehe die kleinen Rauchwölkchen über deinem Kopf, also hör auf zu grübeln. Meine Pflegemutter, die mit dem Bibeltick, hatte ein Faible für alles Natürliche. Bloß keine Chemie, das widerspräche Gottes Gebot oder irgendwas in der Art. Keine Sorge, das Zeug hilft tatsächlich.«

»Ich kenne das. Als meine Mutter noch nicht die Sehnsucht nach einem anderen Schwanz hatte, gab es das bei uns ebenfalls in der Hausapotheke. Warte mal, bitte. Ich glaube, ich muss mich kurz setzen, das tut grad höllisch weh.«

Aufseufzend sank ich auf eine Bank, die ein paar Schritte weiter stand. Mein Knöchel war inzwischen ziemlich dick geschwollen und brannte wie Feuer. Doch es schien zum Glück nichts gebrochen zu sein, da ich immerhin hatte auftreten können, wenn auch unter Schmerzen. Innerlich verfluchte ich mich für meine Tollpatschigkeit. Ich konnte doch Felix nicht zur Last fallen, zumal ich ohnehin wegen meines Abenteuers ein irrsinnig schlechtes Gewissen hatte.

»Wenn es dir dermaßen wehtut, fahren wir den Rest mit dem Taxi, keine Widerrede«, entschied Felix kurzerhand, als er meinen unterdrückten Schmerzenslaut registrierte, der mir bei dem Versuch, aufzustehen, entwich.

Rasch schaute er sich um, konnte allerdings keinen Mietwagen in der Nähe entdecken und rief deshalb die Taxizentrale an. Drei Minuten später hielt einer der beigen Wagen neben uns, wir stiegen ein und erreichten nach weiteren fünf Minuten das Haus, in dem wir wohnten. Felix zahlte und stützte mich, damit ich einigermaßen die Treppe zum dritten Stock hochhumpeln konnte. Ziemlich geschafft erreichten wir beide endlich die Wohnung. Felix schob mich direkt auf sein Bett und befreite meinen Fuß von Schuh und Strumpf, bevor er den geschwollenen Knöchel noch einmal genauer betrachtete und abtastete. Mehrfach verzog ich das Gesicht und erneut schossen mir Tränen in die Augen.

»Also ziemlich sicher nur verstaucht oder gezerrt. Aber das tut bestimmt wahnsinnig weh. Ich besorge mal eben schnell die Tonerde und du legst den Fuß hoch. Nicht wegrennen, klar?«

Trotz der Schmerzen und obwohl der von mir begangene Verrat weiterhin an mir nagte, flog ein Grinsen über mein Gesicht. Felix war einfach unglaublich.

»Du musst das nicht tun …« begann ich, wurde jedoch sofort von Felix unterbrochen.

»Weiß ich, will ich aber und über das andere sprechen wir später, klar? Jetzt ist erst mal wichtig, dass das da«, und dabei zeigte er auf meinen dicken Fuß, »wieder in Ordnung kommt. Okay?«

Ich nickte und eine Sekunde später war Felix verschwunden. Grübelnd streifte ich den anderen Schuh ab und entledigte mich auch des Strumpfes sowie der verschmutzen Jeans. Vorsichtig legte ich mich komplett aufs Bett und verschränkte die Arme unter dem Kopf.

Wie konnte es angehen, dass Felix im richtigen Moment da gewesen war? Woher hatte er gewusst, dass ich in diesem beschissenen Park sein würde? Er war doch eigentlich mit Fabian verabredet gewesen. Irgendwie wollte mir nicht in den Kopf, wie das abgelaufen war. Es war ein absolutes Rätsel. Aber vor allem war ich sauer auf Angus. Nicht einer der Kunden, die er mir schmackhaft gemacht hatte, war dort gewesen. Nur dieser verdammte Idiot, der mich quasi vergewaltigen wollte, den hatte es ausgerechnet an diesem Tag dorthin verschlagen. Ich stöhnte leise und zum dritten Mal an diesem Abend konnte ich nicht verhindern, dass ich heftig zu heulen begann. Immer schneller quollen die Tränen unter meinen jetzt geschlossenen Augenlidern hervor, bevor sie über den Hals rannen und im Laken versickerten. Ich war so sehr in meiner Wut auf mich selbst versunken, dass ich nicht bemerkte, dass Felix zurückgekommen war, sondern erschrak, als er sich seitlich auf das Bett setzte und sanft über meine nasse Wange strich.

»Hey, es ist doch alles gut. Und der Schmerz hört bestimmt auch bald auf, versprochen. Hab auch ein paar Tabletten mitgebracht. Schschsch«, stoppte er mich, als ich etwas sagen wollte, »nicht jetzt, erst der Fuß. Wir reden später über alles.«

Als hätte er nie etwas anderes getan, versorgte Felix meinen Knöchel, tauchte ein Tuch in eine Schüssel mit der essigsauren Tonerde und wickelte meinen Fuß in dem nassen Stoff ein. Das wiederholte er mehrfach, da das Teil immer sehr schnell trocknete, zwischendurch steckte er mir zärtlich eine angezündete Zigarette zwischen die Lippen.

»So, und nun der Reihe nach. Was war das eben für eine Aktion da in dem Park?«, wollte Felix wenig später von mir wissen, was mir abermals die Tränen in die Augen trieb.

»Ach, ich weiß gar nicht, wie ich dir das sagen soll. Dieser Angus, der hat mir die Stelle genannt und meinte, da wären mittwochs immer viele Freier, bei denen man gutes Geld verdienen kann und da er nicht alle schaffen würde, könnte ich ihm ein paar abneh…«

»Wer zum Teufel ist Angus?«, hakte Felix nach. »Kenne ich den? Muss mir der Name etwas sagen?«

»Bestimmt!«, erklärte ich weiter. »Ich habe ihn beim Chef kennengelernt. An dem Sonntag, als ich allein da war. Wir sind ins Gespräch gekommen und haben Nummern ausgetauscht. Und so kam es, wie es kommen sollte. Ich war einfach dumm, Felix, verzeih mir bitte, aber damit habe ich nicht gerechnet.«

»Ich habe noch nie einen Stricher beim Chef gesehen, der Angus heißt. Entweder ist der ganz neu oder der Typ hat dir einfach einen falschen Namen genannt, das machen die häufiger. Du darfst solchen Leuten nicht vertrauen, sie erzählen die Unwahrheit, locken dich vielleicht sogar in Fallen, bringen dich in Gefahr oder whatever. Ich hoffe, du hast daraus gelernt. Doch ich weiß immer noch nicht, wieso du da allein hingegangen bist. Du hättest mir das sagen sollen, dass du Kontakte geknüpft hast, dann hätten wir das gemeinsam abgecheckt. Aber so …«

»Ich weiß, dass ich total bescheuert war und dein Vertrauen missbraucht habe«, gab ich zu und heulte schon wieder, »aber ich wollte unbedingt was Eigenes machen und da dachte ich, dass ich so ein bisschen Geld verdienen könnte, also ich meine, ohne, dass du etwas damit zu tun hast, fuck, ich war richtig dämlich. Felix, du bist mir nicht böse, oder?«

Felix hob die Augenbrauen, versorgte nochmals meinen Fuß und schüttelte den Kopf.

»Ehrlich gesagt, ich bin stinksauer auf dich! Quatsch, natürlich nicht. Ein bisschen enttäuscht vielleicht, und zwar darüber, dass du etwas heimlich gemacht hast, obwohl wir eine klare Verabredung hatten. Du hast mein Vertrauen etwas missbraucht, aber okay, ich habe dich ja auch schon mal angelogen, ich meine das mit dem Veilchen, deshalb sind wir quitt. Versprich mir bitte, solche gefährlichen Alleingänge nicht noch einmal zu machen. Ey, der Typ hätte dich töten können, so durchgeknallt wie der war.«

Ich nickte stumm, ließ mir eine weitere Zigarette anzünden, rauchte den Filter heiß und murmelte ein leises »Danke« in den Qualm, was Felix grinsen ließ.

»Aber jetzt erzähl du mir mal, woher du wusstest, dass ich in dem Park war. Hast du irgendwelche Superkräfte oder wie konntest du mich finden?«

Die Frage brannte mir bereits die ganze Zeit über auf den Lippen, doch erst wollte ich ihm meinen kleinen Fehltritt gebeichtet und mich bei ihm entschuldigt haben.

»Ganz einfach«, flachste Felix und schaute schräg zur Decke, sodass man an seinem Blick sofort die Ironie in den folgenden Sätzen erkennen konnte, »ich bin eigentlich vom Planeten Xyrion 511 aus einer einhundert Millionen Lichtjahre entfernten Galaxis. Meine Tante Xyrillis die Neunte hat mich auf der Erde ausgesetzt und mir somit die Fähigkeiten des Hellsehens verliehen.«

Felix grinste und sah mich mit seinem typischen Dackelblick an. Ich musste lachen über seine Fantasie, doch als mein Fuß sich abermals mit einem stechenden Schmerz meldete, verzog ich sofort wieder das Gesicht und zog forsch die Luft durch die Zähne. Felix legte seine Hand auf mein Schienbein und versuchte mich auf diese Weise zu beruhigen.

»Und nun mal ehrlich! Woher wusstest du es?«, flüsterte ich.

»Okay, es war nicht meine Tante, sondern meine Cousine, die mich ausgesetzt hat und …«

»Feeeelix!«, unterbrach ich seine Ausführungen, was ihn sofort verstummen ließ.

»Mensch, ich bin einfach froh, dass dir nichts Ernsthaftes zugestoßen ist!«, gab er mir plötzlich in sehr ernstem Ton zu verstehen. »Und deshalb habe ich einfach etwas Bescheuertes gesagt, um die miese Stimmung mal ein bisschen aufzuheitern. Aber gut, du willst es wissen, ich sag's dir.

Fabian hat mich angerufen und den Termin abgesagt, weil ihm etwas Wichtiges dazwischengekommen ist, doch da war ich schon unterwegs. Also bin ich zurück nach Hause und habe dich aus der Ferne weggehen sehen. Ich wusste nicht, wohin du wolltest und habe nach kurzem Überlegen entschieden, dir zu folgen. Ich habe dich sogar gerufen, das hast du jedoch wahrscheinlich nicht gehört. Irgendwann habe ich dich in diesem Park aus den Augen verloren, weil du zu weit von mir entfernt warst. Also schlenderte ich etwas durch die Landschaft und habe dich gesucht. Irgendwie machte mir das Ganze sogar etwas Angst, weil ich absolut nicht zuordnen konnte, was du dort wolltest. Klar habe ich es geahnt, aber nicht unbedingt geglaubt, bis ich dich zufällig habe schreien hören. Also habe ich mich angeschlichen, diesen Idioten ausgeknockt und den Rest weißt du ja.«

»Unglaublich!«, hauchte ich und presste meine Kippe in den Ascher. Wiederum hatte ich Mühe, nicht gleich erneut loszuheulen, dieses Mal jedoch, weil mir in dem Moment mehr als klar wurde, dass ich echt Glück gehabt hatte und Felix tatsächlich mein Schutzengel gewesen war.

»Du glaubst gar nicht, wie dankbar ich dir bin, dass du mich gefunden und aus dieser verfickten Lage befreit hast.«

»Hat er dich denn wenigstens bezahlt?«, hakte Felix ein wenig später nach, was ich mit einem »Ja!« beantwortete.

»Ich habe ihm anfangs nur einen geblasen«, fügte ich hinzu, »erst, nachdem er fertig war, wurde er so komisch. Aber glaub mir, ich habe daraus gelernt. Diesen Park werde ich garantiert nicht mehr betreten. Und ich möchte mich nochmals entschuldigen und dir sagen, wie peinlich mir das Ganze ist.«

»Alles gut!«, gab mir Felix zu verstehen. »Ich sagte dir eben bereits, dass wir quitt sind. Anfangs dachte ich, dass du aus Trotz in diesen Park gegangen bist, weil du nicht damit klarkamst, dass ich den Termin mit Fabian hatte. Ist da vielleicht was dran?«

»Ja, ein bisschen, aber nicht nur! Okay, ich war ein bisschen eifersüchtig auf diesen Fabian, ach, ich weiß nicht, warum, es war nun mal so. Mensch, ja, wir haben keine Beziehung und uns nichts vorzuwerfen, aber manchmal kann man halt nicht über seinen Schatten springen, oder?«

»Deshalb habe ich dir ja auch vorhin etwas ins Ohr geflüstert, bevor ich gegangen bin. Weil du wissen solltest, dass du dir keine Sorgen machen musst.«

»Was ich leider nicht verstanden habe«, entfloh es mir, »akustisch, meine ich! Du warst einfach zu leise.«

»Okay, dann wiederhole ich es für dich. Ich sagte dir … also, ich sagte dir vorhin ins Ohr … dass … dass ich dich ziemlich lieb habe. Das sage ich zu sonst niemandem, weißt du? Darum bist du auch hier! Deshalb wollte ich auch nicht, dass du deinen Körper verkaufst und dich so fertig machst. Aber ich definiere so etwas sowieso etwas anders. Es ist ein Gefühl, mehr nicht!«

»Aber das ist doch unglaublich schön«, wisperte ich zurück. »Ich habe dich doch auch lieb und deshalb wollte ich auch nicht, dass du zu diesem Fabian gehst, weil ich spüre, dass da vielleicht doch etwas mehr ist, als nur eine Freier-Stricher-Beziehung!«

Plötzlich wurde Felix still und erhob sich von der Bettkante.

Verwundert und mit bis zum Hals klopfenden Herzen schaute ich ihm nach, wie er stumm zum Kühlschrank ging, zwei Flaschen Bier herausnahm, beide öffnete und mir eine davon reichte, bevor er sich wieder aufs Bett setzte und zunächst meinen Umschlag am Fuß erneuerte. Hatte mein Gefühl mich tatsächlich nicht getrogen? Und würde Felix mir jetzt etwas erzählen, was ich zwar wissen, aber eigentlich nicht hören wollte?

»Okay, du willst es wissen und ich werde antworten«, begann Felix und nahm zwischendurch einen tiefen Schluck aus seiner Bierflasche. »Fabian war, wie du weißt, früher ein Freier von mir. Damals, ich hatte schon den Chef kennengelernt und diese Bude hier bekommen, da lief mir Fabian Döbler über den Weg. Nein, ich war gerade nicht anschaffen, stattdessen stand ich am Bahnhof Zoo an einer Pommesbude und wollte mir nur ne Wurst kaufen. Er fragte mich was, ich antwortete, wir kamen ins Gespräch und stellten fest, dass wir uns ziemlich sympathisch waren und es zu kribbeln begann, allerdings kamen plötzlich ein paar von den anderen Jungs vorbei und quatschten dummes Zeug, sodass Fabian fragte, ob ich tatsächlich auf den Strich gehen würde. Ich bestätigte das, und siehe da, es schien kein Problem zu sein. Fabian nahm mich mit in seine damalige Penthousewohnung und wir hatten eine tolle Nacht. Und er zahlte sogar den üblichen Tarif. Irgendwann wurden wir zu einer Art Paar, aber ich arbeitete natürlich weiter, warum auch nicht? War und ist ja immerhin mein Beruf. Fabian schien sich damit zu arrangieren und wir trafen uns ziemlich oft, manchmal bezahlte er mich, andere Male ließ er es sein. Es war eine sehr interessante Beziehung, er war irgendwie zur Hälfte ein Freier und andererseits der Mann an meiner Seite. Das fand ich irgendwie spannend, doch dieses kleine Glück hielt nur ein paar Wochen, da war Fabian plötzlich weg. Er hatte sich nicht verabschiedet, sondern seine Wohnung einfach leer geräumt. Ich erfuhr es nie, bis er sich letzten Sonntag meldete. Da ließ er jedoch lediglich den Freier raushängen und hat mich natürlich anständig bezahlt.«

»Bloß mal blöd gefragt, wenn er nur schnellen Sex wollte, weshalb hat er gerade dich kontaktiert? Für Geld kann er schließlich jeden haben, warum dich? Wenn er dich doch sozusagen verlassen hatte.«

»Jasper, er ist eigentlich nicht der Typ, er sich irgendeinen Fremden ins Hotel holt. Mich kennt er ja, deshalb hat er mich angerufen.«

Ich zuckte mit den Schultern und drehte den Kopf zur Seite. Mein Gefühl, dass da irgendwas war, was Felix mir nicht von jetzt auf gleich erzählt hatte, war also nicht falsch gewesen. Doch sollte ich ihm deshalb einen Vorwurf machen? Nein! Ich akzeptierte es einfach. Schließlich hatte jeder von uns ein eigenes Leben geführt, bevor wir uns kennengelernt hatten, und außerdem waren wir kein Paar. Doch was waren wir dann? Am liebsten hätte ich Felix gefragt, die passenden Worte wollten mir jedoch absolut nicht über die Lippen kommen. Warum das so war? Ich konnte es nur erahnen. Eventuell war es ein klein wenig die Angst vor seiner Reaktion, die Furcht davor, dass er mir erneut sagen würde, dass wir nur Stricherkollegen wären, die zufällig zusammenwohnten und abends Sex miteinander hatten. Diese eher traurigen Gedanken schnürten mir die Kehle zu und mir war irgendwie zum Heulen zumute.

»Bist du jetzt sauer?«, fragte er wenig später nach.

»Nein! Wieso sollte ich? Danke, dass du mir das erzählt hast«, gab ich lediglich zu verstehen und legte meinen Arm um seinen Körper. Sogleich spürte ich wieder diese Wärme, die mir so sehr gefiel. Die Nähe, die ich mittlerweile so brauchte, diesen Duft, den ich so sehr mochte. So fühlte sich nur Felix an. Doch irgendwie spürte ich, dass dieses Gefühl, diese Zweisamkeit, dieses Liebhaben und diese Nähe nicht für alle Ewigkeit sein würden. Noch nie vorher hatte ich mir so sehr gewünscht, mit meinen Vermutungen falschzuliegen, mich zu täuschen. Dennoch genoss ich Felix in jenem Moment, bäumte mich auf und küsste ihn wortlos, umschlang ihn und nahm ihn mir – so, wie ich ihn brauchte. In diesem Augenblick war irgendwie … alles paletti!

Was du liebst, lass frei

Die Zeit rannte nur so dahin. Seit meinem kleinen Unfall waren inzwischen zweieinhalb Wochen vergangen und mein Fuß war mittlerweile wieder voll einsatzfähig. Wenn ich zu schnell ging, schmerzte er zwar manchmal noch und ich hinkte dadurch etwas, aber ansonsten hinderte mich das in keiner Weise daran, zusammen mit Felix unserer Tätigkeit nachzugehen. Ich freute mich auf jeden Tag, an dem ich an seiner Seite irgendwo auf Kunden warten und ihn durch meine Aufmerksamkeit in Bezug auf die Freier irgendwie beschützen konnte, obwohl er bis vor einiger Zeit ganz gut ohne einen solchen Schutz ausgekommen war. Dennoch machte es mich irgendwie glücklich. Zudem fühlte ich mich absolut sicher, wenn ich einen Kunden hatte und wusste, dass Felix über mich wachte, genauso wie er es an jenem Abend im Park getan hatte.

Nur mittwochs und sonntags zwischen sechs Uhr nachmittags und zehn Uhr nachts ging es mir, gelinde gesagt, beschissen. Ich litt stumm, sobald er sich herausputzte, um zu Fabian zu gehen, und ich hasste es, wenn er anschließend beinahe selig lächelnd von diesen Touren zurückkam. Ich wusste nicht, ob ihm überhaupt klar war, wie er wirkte, so dermaßen glücklich und zufrieden, aber ich vermied es natürlich, ihn darauf anzusprechen, denn ich ahnte, nein, ich wusste, dass Felix kein Mann war, den man festhalten konnte, sofern er das nicht selbst wollte. Er war eigentlich ein Vogel, einer der flog, wenn er fliegen wollte, und sich sein Nest nicht für die Ewigkeit gebaut hatte. Mir fiel, wie schon häufiger zuvor, wieder dieses Sprichwort ein, dass ich vor langer Zeit einmal in einem Buch gelesen hatte, von Konfuzius oder so ähnlich. Es lautete: Was du liebst, lass frei, kommt es zurück, gehört es dir für immer.

Jeden einzelnen Mittwoch oder Sonntag, an dem ich daheim auf Felix' Rückkehr wartete, fragte ich mich dasselbe: Liebte ich Felix? Oder er mich? Was war überhaupt diese ominöse Liebe? Was bedeutete es, zu lieben? Ich grübelte und grübelte. Leider gab es keine Checkliste mit Merkmalen der Liebe, die man einfach abhaken konnte. Felix hatte gesagt, er hätte mich lieb. War das bereits die echte Liebe? Wo lag der Unterschied zu dem, wenn Eltern ihre Kinder lieb hatten? Oder manche Menschen ihren Hund? Meinen Freund aus der Schule, Simon, den mochte ich sehr. Oder hatte ich ihn gern? Gab es überhaupt Abstufungen, sobald man andere Menschen mochte? War nicht alles, was wir mit positiven Gefühlen bezeichnen konnten, irgendwie eine Form von Liebe? Apropos Simon. Bald würden die Ferien zu Ende gehen. Würde Simon mich vermissen? Mich vielleicht sogar suchen oder bei meinem Vater nachfragen?

Unwirsch schüttelte ich den Kopf. Was für ein Mist bewegte mich da bloß? Simon würde ich sicher nie wiedersehen, und falls doch, würde er mich garantiert verachten, immerhin war ich schwul und dazu ein Stricher. So etwas hätte in seiner heilen Welt sicher keinen Platz und ich könnte ihm deswegen noch nicht einmal böse sein, kannte ich doch sein Elternhaus, das eher stocksteif und konservativ war. Dort war ich ja bekanntlich nicht sonderlich beliebt, und das hätte sich unter Garantie sogar deutlich verschlimmert, falls dort bekannt geworden wäre, dass ich eine männliche Hure war und mit Frauen nichts anfangen konnte.

Doch dessen ungeachtet stellte ich mir die Frage, ob ich insgeheim meine Entscheidung bereute, von zu Hause angehauen zu sein? Energisch schüttelte ich den Kopf. Nein, keine Sekunde. Obwohl ich den ersten Menschen, den ich damals getroffen hatte und der nett zu mir gewesen war, hatte verlassen müssen, war ich dennoch sehr glücklich darüber, Felix begegnet zu sein. Felix, dieser junge Mann, in den ich aufrichtig verliebt war. Nein, den ich liebte. Eine eventuell nicht ganz reife Liebe, aber eine, die echt war. Eine, die ich eigentlich nicht teilen wollte, es allerdings dennoch in Kauf nahm, wenn ich es musste. Komisch, bei den sonstigen Freiern war es mir völlig wumpe, ob Felix mit denen vögelte, ihnen einen blies oder sie wichste. Nur bei Fabian, da pikste es in meinem Herzen, sobald ich mir nur ansatzweise vorstellte, dass Felix auf dem Bauch lag, dieser Fabian hinter ihm kniete und ihn zum Keuchen brachte. Es tat weh, aber ich hatte inzwischen ziemlich gut gelernt, meine Eifersucht zu kontrollieren und mir nicht das Geringste anmerken zu lassen. Lieber hatte ich Felix zu fünfzig Prozent als gar nicht.

Innerhalb dieser Gedanken gefangen, schloss ich an diesem Sonntag für einen Moment die Augen und schlief relativ schnell ein. Erst das Öffnen der Wohnungstür ließ mich erwachen. Felix war von seinem Termin mit Fabian zurück und hoffentlich recht bald für mich da, denn ich hatte mich den ganzen Abend extrem stark nach ihm gesehnt. Doch statt mich wie gewohnt mit einem Kuss zu begrüßen, zog er es vor, sich zunächst die Schuhe von den Füßen zu streifen und seine Jacke, die er aufgrund des starken Regens an jenem Tag trug, auszuziehen. Sein Blick war ernst, ich spürte, dass er mit mir über etwas reden wollte, jedoch wahrscheinlich nicht genau wusste, wie er beginnen sollte. Besorgt hakte ich nach.

»Ist irgendwas nicht in Ordnung mit dir?«, wollte ich wissen und hoffte, dass ich mit meinen Vermutungen falschlag.

Felix sah mich an, griff nach einer Zigarette, anschließend nach einem Bier aus dem Kühlschrank und setzte sich im Schneidersitz auf den Fußboden, was mich erstaunte, da ich ihn in dieser Position erst ein einziges Mal, und zwar damals im Mauerpark, gesehen hatte. Bei mir gingen in diesem Moment sämtliche Alarmlichter an. Ich fühlte mich irgendwie unbehaglich, mein Mund wurde trocken und ich begann, leicht zu zittern.

»Ehrlich gesagt, es ist nicht alles in Ordnung, denn ich muss dringend mit dir reden, Jasper. Ich trage das schon ein paar Tage mit mir herum, doch ich wusste nicht, wie ich dir das vermitteln sollte. Deshalb habe ich bis zum letzten Moment gezögert.«

»Warst aber nicht sonst du derjenige, der ständig meinte, wir müssen offen miteinander sprechen?«, fasste ich nach und in dem Moment war mir schon fast klar, dass sich an diesem Abend meine Zukunft ändern würde. Ich spürte es und ich sollte recht behalten.

»Es geht um uns, Jasper, und ja, ich war der, der immer für Offenheit plädiert hat, aber es fällt mir halt so extrem schwer, dass ich dir das jetzt beibringen muss.«

»Du willst, dass ich ausziehe, richtig?«, versuchte ich fragend festzustellen und packte bereits in Gedanken meine Sachen, doch Felix schüttelte den Kopf, was mich für einen Moment aufatmen ließ, mich jedoch gleich darauf wieder auf den Boden der Tatsachen zurückholte, denn das, was mir Felix wenig später zu erklären versuchte, zog mir selbigen Boden unvermittelt unter den Füßen weg.

»Nein! Du bleibst. Ich ziehe aus. Ich kann nicht mehr als Stricher tätig sein, es macht mich kaputt. Meine Depressionen schaffen mich, ich habe Albträume und fühle mich jeden Tag zum Kotzen. Deine Anwesenheit hat mich zwar über Wasser gehalten und ich habe dich auch wirklich lieb, doch so geht es einfach nicht mehr weiter. Ich habe Angst, Jasper. Angst davor, dass ich mit fünfundzwanzig so kaputt bin, dass ich mir eine Überdosis Schlaftabletten einschmeiße und hoffe, nicht mehr wach zu werden. Ich habe von Fabian das Angebot bekommen, mit ihm nach Spanien zu gehen. Er hat dort einen Job für mich, der mich auf andere Gedanken bringen wird. Ich wäre endlich krankenversichert, könnte zum Arzt gehen und meine Depris behandeln lassen. Und dass ich ausziehe, das stimmt wirklich. Ich habe bereits am Mittwochabend von Fabian aus mit dem Chef telefoniert und ihm das erklärt. Er meinte, dass du diese Bude und auch meinen Platz bei ihm übernehmen könntest. Falls du die Miete nicht zahlen kannst, sag ihm Bescheid, du kannst es sozusagen abarbeiten, durfte ich ja auch. Der Chef hat Kohle genug und hier bist du safe, weil keiner, der nach dir sucht, dich in dieser Wohnung vermutet. Es gibt ja schließlich keinen Mietvertrag und du bist nirgends gemeldet. Kannst du meine Entscheidung verstehen? Ich hoffe, dass du das kannst, denn ich will auf jeden Fall im Guten und in Frieden mit dir auseinandergehen. Du bist ein so toller Mensch, den ich eigentlich nicht enttäuschen will, aber leider muss ich auch ein bisschen an mich denken.«

»Eine Frage habe ich dazu«, warf ich ein. »Gehst du mit Fabian nach Spanien, weil du ihn liebst?«

Felix zuckte mit den Schultern und seufzte.

»Vielleicht liebe ich ihn, ich bin mir nicht sicher. Ich weiß nur, dass er mir nicht egal ist. Für dich empfinde ich aber auch etwas, nein, eigentlich eine ganze Menge. Und deshalb wollte ich unbedingt, dass ich dich mit ein bisschen Sicherheit zurücklasse. Ich würde nicht gehen, wenn mir das nicht gelungen wäre. Und ich würde auch nicht gehen, wenn du unbedingt …«

»Nein!«, fiel ich Felix kopfschüttelnd ins Wort. »Du musst gehen. Es ist richtig so, du hast ein Recht darauf, ein tolles Leben mit einem vernünftigen Job zu haben, du hast es verdient, glücklich zu sein und ich gönne dir deine Zukunft in Spanien. Weißt du, Felix, ich kann dir jetzt endlich ganz aufrichtig sagen, dass ich dich sehr liebe und du mir wahrscheinlich niemals ganz egal sein wirst. Allein deshalb kann ich dich nicht zwingen, anflehen oder sonst was und von dir erwarten, dass du meinetwegen in Berlin bleibst und weiter Freier vögelst. Das wäre falsch. Ich danke dir, dass du so ehrlich warst, mir das so zu sagen und dass du ein klein wenig für meine Zukunft gesorgt hast. Das weiß ich sehr zu schätzen. Und nun sag mir, wann du gehst! Heute noch?«

Felix nickte leicht und zündete sich eine weitere Zigarette an.

»Ja! Ich hatte schließlich eben schon gesagt, dass ich diese Aussprache bis auf den letzten Drücker aufgeschoben habe. Unser Flieger geht bereits morgen früh. Zum Glück habe ich einen gültigen Ausweis. Ich werde nun das Notwendigste packen und zurück zu Fabian fahren. Es sei denn, du willst, dass ich noch etwas bleibe.«

Ich schloss meine Augen, versuchte, die Tränen zu unterdrücken, und schüttelte den Kopf.

»Nee, ist in Ordnung. Mach das. Den Chef werde ich morgen anrufen und mich bedanken. Ich muss erst meine Prepaidkarte aufladen.«

»Okay, dann werde ich mal meine Sachen zusammensammeln.«

Ich bestätigte Felix' Satz mit einer zustimmenden Kopfbewegung und beobachtete ihn, wie er sich durch das Packen von seinem Berliner Leben verabschiedete. Es vergingen zehn Minuten, bis er abfahrbereit an der Wohnungstür stand und mir seinen Schlüssel überreichte.

»Ab sofort ist das deine Bleibe. Mit alldem, was hier drin ist, Jasper. Danke, dass du mich verstehst und dass du mir keine Szene oder sonstige Probleme machst.«

»Wieso sollte ich?«, lenkte ich fragend ein. »Ich bin nicht der Typ für irgendwelche Szenen. Es ist deine Entscheidung und ich hoffe für dich, dass sie die richtige ist. Was du liebst, lass frei. Das ist mein Motto. Ich bin sehr dankbar, ein paar Wochen ein Teil in deinem Leben gewesen zu sein, und wünsche dir alles Gute. Außerdem hoffe ich, dass du dich irgendwann mal bei mir meldest und mir erzählst, wie es dir in Spanien so ergeht.«

»Klar! Ich meine, natürlich werde ich mich melden. Das verspreche ich dir. Ehrenwort! Und nun möchte ich dich noch einmal umarmen.«

Felix stellte seine Tasche ab, kam auf mich zu und legte seine Arme fest um meine Brust, sodass ich kaum noch atmen konnte. Meine tränen-benetzten Augen brannten wie Feuer und es lastete ein tonnenschwerer

Druck auf meiner Seele, da ich wusste, dass ich ihn wahrscheinlich niemals mehr wiedersehen würde.

»Nun geh endlich!«, wisperte ich ihm ins Ohr, löste mich von ihm und drehte mich weg. Erst als die Tür ins Schloss fiel, begann ich, loszuheulen. Alles in dieser Wohnung roch nach Felix und erinnerte mich an ihn. Das musste sich schnell ändern, denn sonst würde ich nicht weitermachen können. In meinen Gedanken fasste ich spontan den Plan, die Wände zu streichen oder zumindest die Bettwäsche auszutauschen. Ich musste dem Raum eine persönliche Note verschaffen, etwas, das ich mit der Zeit nach Felix verbinden würde. Ich überlegte eine Weile, rauchte ein paar Zigaretten, weinte, lief auf und ab und mir war klar, dass ich wieder allein war. Dennoch war ich zufrieden, dass ich meinem Motto treugeblieben war. Und das hatte etwas Gutes und ließ mich hoffen, dass ich irgendwann in der Lage sein würde, mein Leben zu ordnen. So wie Felix es getan hatte.

Das Leben geht weiter

Die ersten Tage ohne Felix vergingen und es fiel mir unendlich schwer, nicht allein schon beim Anblick des Bettes, auf dem ich mit ihm so unglaubliche und glückliche Momente erlebt hatte, in Tränen auszubrechen. Ständig hatte ich das Gefühl, als wäre er noch überall. Sein Geruch schien aus der Matratze zu strömen, zart wie der Hauch eines Parfüms, das man liebt. Manchmal erschrak ich und zuckte zusammen, wenn ich mir eine Zigarette anzündete und plötzlich Felix' Stimme zu hören glaubte, der mich besorgt dazu aufforderte, doch nicht so schrecklich viel zu rauchen. Es dauerte auch eine ganze Weile, bis ich nicht mehr automatisch im Kühlschrank nach zwei Flaschen Bier griff, das hatte sich irgendwie verselbstständigt, es geschah einfach, ohne dass ich darüber nachdachte. Ja, ich rauchte und trank täglich mehr, eigentlich sogar viel zu viel, doch es half mir ein wenig, über die Trennung hinwegzukommen, außerdem wollte ich sofort damit aufhören, sobald der erste Trennungsschmerz erst einmal überstanden wäre. Die Wunde vernarbte zwar langsam und wurde zur Erinnerung, sie schloss sich jedoch niemals ganz. Außerdem zwickte sie stets ein wenig. Und deshalb blieben die Zigaretten. Das Bier leider ebenfalls. Natürlich war mir das bewusst, ich war ja nicht ständig im Tran, und nahm mir deshalb auch immer wieder vor, am nächsten Tag irgendetwas zu verändern, es blieb jedoch lediglich bei dem Vorsatz.

Nachdem Felix abgehauen war, hatte ich, wie versprochen, gleich am Montag den Chef angerufen, um mich zu vergewissern, ob er wirklich Bescheid wusste, was tatsächlich der Fall war. Er beruhigte mich und versicherte mir, dass ich mir bezüglich der Wohnung keine Sorgen zu machen brauchte, ich würde nahtlos in seine vorher bestehende Vereinbarung mit Felix einsteigen können. Bei der Gelegenheit kündigte er mir sogar gleich die nächste Party in seinem Haus an, die am folgenden Wochenende stattfinden sollte. Er erkundigte sich allerdings sehr behutsam, ob ich schon so weit wäre und bot mir an, falls ich mich dazu nicht wohl genug fühlen würde, diese Party ausfallen zu lassen, was ich äußerst rücksichtsvoll fand. Ich sagte jedoch ohne weitere Bedenken zu, denn alles, was mich ablenkte, war gut. Zudem musste ich natürlich Geld verdienen, denn ganz allein in den Zoologischen Garten oder sonst wohin zu gehen, um mir irgendwelche fremden Kunden aufzureißen, war derzeit noch nicht ganz das, wonach mir war. Ich vermisste meinen Aufpasser, ich vermisste Felix.

Die Party verlief sehr gut. Außer mir waren natürlich erneut ein paar andere Jungs eingeladen, von denen ich jedoch einen noch nicht kannte. Der Typ hieß Josef, stammte irgendwo aus dem Bayrischen und war, genau wie ich, von Hause abgehauen, allerdings war er volljährig und wohnte mit seinem Kumpel zusammen, der jedoch hetero war. Zumindest erzählte er mir das in der Umkleide, bevor Miko und Jaroslav hereinkamen. Die beiden begrüßten mich freundlich und wollten wissen, wie es mir ginge, da sie gehört hatten, woher auch immer, dass Felix nicht mehr kommen würde. Vielleicht hatte sogar der Chef irgendwas in der Art erwähnt, das war mir allerdings egal, deshalb dachte ich nicht weiter darüber nach und antwortete nur kurz, dass Felix ins Ausland gegangen wäre und es ihm gut ginge. Danach wurde die Unterhaltung ohnehin unterbrochen, weil der Chef erschien und uns mit in seinen Spabereich nahm.

Nachdem er sich mit uns allen ausgetobt und die anderen bereits unter die Dusche geschickt hatte, hielt er mich mit ein paar Worten zurück, sodass ich ihm im Pool gegenübersaß und ihn mit fragendem Blick ansah.

»Nun, Jasper, kann ich irgendwas für dich tun? Kommst du mit der neuen Situation klar?«

»Danke, aber ich schaffe das schon«, antwortete ich oberflächlich.

Was hätte ich auch anderes sagen sollen? Immerhin konnte ich dem Chef schlecht von meiner Sehnsucht nach Felix erzählen und davon, dass mich natürlich alles in der kleinen Wohnung an Felix erinnerte, was ich mit Alkohol und Zigaretten zu kompensieren versuchte.

»Jasper, ich bin nicht blind, ich habe dich heute beobachtet. Keine Sorge, du warst, wie immer, sehr gut, aber ich habe bemerkt, dass du oft auch abwesend warst. Ich möchte dich nicht ausquetschen, aber ich will dir trotzdem helfen, okay?«

»Na ja, natürlich ist das alles noch sehr frisch. Bisher bin ich noch nicht wieder irgendwo draußen gewesen, also außer zum Einkaufen. Ich will damit sagen, dass ich in der letzten Woche keine Kunden hatte.«

»Kommst du denn überhaupt mit deinem Geld aus? Ich meine, diese Partys finden schließlich nicht wöchentlich statt und zudem ja oft mit wechselnden Teilnehmern. Davon allein kannst du sicher nicht leben. Hast du überhaupt andere Kunden? Oder waren das alles Felix' Freier?«

»Nun, Felix und ich waren in den letzten Wochen fast immer zusammen unterwegs, das Geld haben wir gemeinsam verdient und auch so ausgegeben, also eine Kasse für beide. Und als ich mir ein einziges Mal eigene Kunden suchen wollte, bin ich grandios gescheitert.«

Ich wusste in dem Moment eigentlich nicht genau, warum ich dem Chef das alles erzählte, doch ich hatte in den letzten Tagen tatsächlich fast nur zu Hause gesessen, Bier getrunken, geraucht und mir überlegt, wie ich die Wohnung verändern könnte. Allerdings war mir nicht ganz klar, wie ich das finanzieren sollte, denn wie gesagt, ich traute mich nicht, rauszugehen, das Erlebnis im Park blockierte mich nach wie vor. Deswegen tat es mir irgendwie gut, dass sich jemand um meinen Gemütszustand kümmerte.

»Erzähl, was ist passiert? Und wenn du noch was essen möchtest, bedien dich ruhig. Sofern du willst, kannst du nachher gern etwas davon mitnehmen«, ermunterte mich der Chef, nippte an seinem Glas und nickte mir zu.

»Danke, ich habe derzeit nicht viel Hunger. Ja, was ist passiert? Es fing damit an, dass ich hier bei dir Angus kennenlernte. Der meinte, er würde mir gern ein paar von seinen Freiern abtreten. Das klang gut, also haben wir uns ein einziges Mal getroffen, er hat mir Plätze gezeigt, von Kunden erzählt und wollte plötzlich was von mir, was ich aber verweigerte. Trotzdem bin ich eine Woche später tatsächlich in den Park gegangen, hab nach den versprochenen Kunden gesucht, allerdings keinen von denen gefunden. Ein schmieriger Typ sprach mich an, ich bekam dreißig Euro fürs Blasen, bloß hinterher ging er mich schräg an und wollte sich mit Gewalt nehmen, was ich ihm von mir aus nicht geben wollte. Felix hat mich in letzter Sekunde gerettet, seitdem waren wir nur zusammen unterwegs, jeder passte auf den anderen auf, bis auf seine Treffen mit Fabian, da war er natürlich allein. Felix meinte, dass dieser Angus mich wohl ein bisschen verarscht hat, keine Ahnung, ob das so war. Ist auch egal!«

Fast erschöpft stoppte ich und sah dem Chef in die Augen, die mich fast besorgt musterten. Oder war es Mitleid? Egal, ich hatte mich wenigstens einmal ausgesprochen, vielleicht konnte ich so wieder Mut fassen, um endlich mein eigenes Geld zu verdienen, schließlich hatte ich mich nun mal für diesen Weg entschieden, es gab kein Zurück mehr.

»Mach dir mal nicht allzu viele Gedanken, ich lass dich nicht hängen, das habe ich Felix versprochen. Das würde ich jedoch auch nicht tun, falls dem nicht so wäre. Falsche Menschen mag ich allerdings überhaupt nicht. Jeder hat das Recht auf Fehler, ein leichter Hang dazu, Grenzen zu überschreiten ist okay, aber andere zu verarschen oder gar auszunutzen, damit hab ich nichts am Hut und es ist auch keinesfalls egal. Also wird Angus ab sofort nicht mehr zu meinen Jungs gehören, obwohl ich sehr auf seine Hautfarbe abfahre, doch das ist zweitrangig. Versprochen. Und was deinen Verdienst angeht, lass mich mal machen, okay? Ich melde mich bei dir. Und weil du dich sicher fragst, wieso ich das mache? Irgendwie mag ich dich. Felix hat mir erzählt, warum du in dieses Geschäft geraten bist und ehrlich gesagt, finde ich deinen Vater echt scheiße, sorry. Deswegen erlaube ich mir, dich zu unterstützen, einverstanden? Jetzt verrat mir aber, was ich sonst noch für dich tun kann? Fehlt was in der Wohnung? Soll ich irgendwas besorgen?«

In diesem Moment hatte ich tatsächlich Tränen in den Augen und jede Menge damit zu tun, sie nicht fließen zu lassen. Natürlich war mir klar, dass der Chef nicht ganz uneigennützig handelte, schließlich fickte ich mit ihm. Dennoch tat es gut, dass sich jemand um mich sorgte. Das hatte Jannik aber auch getan. Und Felix ebenso. Ich schluckte schwer und verbiss mir meine Emotionen.

»Der Fernseher ist nicht mehr ganz in Ordnung, der geht nur noch, wenn man draufhaut«, flüsterte ich nach einer Weile mit gesenktem Kopf. »Ist aber nicht wichtig«, setzte ich schnell hinzu.

»Na das soll nun wirklich kein Problem sein«, erwiderte der Chef und ein leises Lachen begleitete diese Aussage. »Darum kümmere ich mich gleich am Montag. Und falls ich dir sonst noch etwas Gutes tun kann, ruf mich einfach an, okay? Und jetzt sieh zu, dass du unter die Dusche kommst, dein Geld gebe ich dir gleich, bevor das Taxi da ist.«

»Danke für alles«, flüsterte ich und verließ den Pool. Eine halbe Stunde später saß ich im Taxi und hielt stolz dreihundert Euro in der Hand. Das gab mir ein klein wenig Auftrieb, ich wusste, dass ich mich auf den Chef verlassen konnte, selbst, wenn ich sonst niemandem traute, bei ihm hatte ich ein gutes Gefühl.

Der Chef hielt sein Versprechen. Bereits am Montagabend klingelte mein Handy. Er war am anderen Ende der Leitung und fragte, ob ich zu Hause wäre. Als ich das bejahte, teilte er mir mit, dass ich gleich von jemandem Besuch bekäme, der den alten Fernseher abholen und einen neuen bringen würde. Ich freute mich wie ein Schnitzel, verbrachte nach der Anlieferung bestimmt zwei Stunden damit, mich mit dem hochmodernen Gerät auseinanderzusetzen und bemerkte dabei lediglich beiläufig, wie viel Bier in der Zeit durch meine Kehle floss. Das führte dazu, dass mir in der Nacht derart schlecht wurde, sodass ich kaum zum Schlafen kam und die meiste Zeit damit verbrachte, mir die Seele aus dem Leib zu kotzen. Am nächsten Morgen kam mir wieder einmal der Gedanke, dass ich etwas verändern musste. Meine Sauferei sollte schnellstmöglich ein Ende haben, daher nahm ich mir felsenfest vor, weniger zu trinken, was mir jedoch auch in den nächsten Wochen nicht gelang. Immer und immer wieder versuchte ich, mich von diesem Konsum zu befreien, weil ich die Konsequenzen kannte, schließlich hatte ich genug Erfahrungen mit meinem Vater gesammelt. Es gab sogar Tage, an denen ich fast nichts trank, doch manchmal, gerade in den einsamen Nächten, wenn Felix mir so sehr fehlte, stand ich auf, rauchte eine Zigarette und griff nach einem Bier. In den ersten zwei Monaten nach Felix' Verschwinden kamen noch keine härteren Getränke auf den Tisch, bloß irgendwann reichte mir die Wirkung des harmlosen Gerstensafts nicht mehr und ich kaufte mir auch ab und zu Whisky. Den trank ich jedoch nur, wenn es mir sehr schlecht ging.

Unabhängig von meiner Alkohol- und Trennungskrise hatte ich auch gute Tage. Etwa vier Wochen nach der Fernsehanlieferung kontaktierte mich der Chef und lud mich in ein Nobelrestaurant zum Essen ein. Ich war total aufgeregt, weil ich gar nicht wusste, was ich anziehen sollte, doch er meinte, dass ich mir keine Gedanken darüber machen müsste, ich würde einen Anzug in meiner Größe gestellt bekommen. So geschah es kurze Zeit später. Wie zu seinen Poolpartys wurde ich von einem Taxi abgeholt, dieses Mal jedoch zu einem Herrenausstatter gebracht, der mich einkleidete, und anschließend an einem Restaurant abgesetzt, wo ich noch nicht einmal in meinen kühnsten Träumen eingekehrt wäre. Der Chef empfing mich überaus freundlich. In seiner Gesellschaft befanden sich zwei weitere Männer, einer davon war in seinem Alter, der andere etwa zehn Jahre jünger. Sie stellten sich vor, ihre Namen vergaß ich jedoch vor Aufregung gleich wieder, weil ich viel zu sehr damit beschäftigt war, mich standesgemäß zu verhalten. Der Chef erklärte mir während des Essens beiläufig, dass die zwei Kollegen am Tisch durchaus an Treffen mit mir interessiert waren und mich aus diesem Grund gern kennenlernen wollten. Ich nahm das zur Kenntnis und zeigte mich von meiner charmanten Seite, obwohl ich am Nachmittag bereits zwei oder drei Bier in mich reingekippt hatte.

Es vergingen etwa weitere drei Wochen, bis mich der jüngere Mann anrief. Der Chef hatte ihm meine Nummer gegeben, was auch völlig in Ordnung war, denn ich hatte ihm gesagt, dass sie mich gern buchen konnten. Er bot mir zweihundert Euro für drei Stunden und wollte sich mit mir in einem Hotel treffen, da er bei sich zu Hause wohl keine Möglichkeit hatte, mich zu empfangen. Okay, mir war das egal, die zwei grünen Scheine konnte ich gut gebrauchen, weil ich seit der letzten Poolparty außer ein paar Blowjobs am Zoo keine Aufträge angenommen hatte und daher dringend Kohle brauchte, allein schon deshalb, weil mindestens eineinhalb bis zwei Schachteln Zigaretten täglich und mein Alkoholkonsum ziemlich ins Geld gingen.

Das Hotel, das er gebucht hatte, befand sich mitten am Ku'damm. Er fing mich vor der Eingangstür ab und wir verschwanden relativ schnell in den Fahrstuhl. Im Zimmer wollte er mit mir in die Badewanne. Das fand ich okay, daher ließ ich schnell meine Klamotten fallen, stellte das Wasser an und benutzte den Schaum, der auf der Ablage stand. Er wies an, dass ich mich in die Wanne legen und auf ihn warten sollte. Auch damit hatte ich kein Problem, deshalb harrte ich der Dinge, die kommen sollten. Ich hörte ihn noch telefonieren, das war anscheinend etwas Geschäftliches oder er hatte seine Frau vertröstet. Irgend so ein Ding war es zumindest, doch ehrlich gesagt interessierte mich das nicht. Als er ins Bad kam, war er derart stark erregt, dass er fast gekommen wäre, bevor er überhaupt bei mir in der Wanne war. Er stöhnte sehr heftig und sein Schwanz war extrem feucht, daher hatte ich schon mit dem ersten Spritzer gerechnet, ohne dass ich ihn überhaupt angefasst hatte. Mit Mühe und Not bekam er sich jedoch noch in den Griff, so konnte ich ihn in der ersten Runde mit der Hand und in der zweiten mit dem Mund befriedigen. So ausdauernd wie der Chef war er aber bei Weitem nicht, nach dem Blasen war für ihn bereits Schluss, danach wollte er einfach nur noch im Wasser liegen und meine Haut spüren. Ich tat ihm den Gefallen, schließlich bezahlte er gut, doch das war eine nur unzureichende Entschädigung für meine schrumpelige Haut, die ich nach fast zwei Stunden Wanne fast am ganzen Körper hatte.

Als ich gegen elf Uhr abends zu Hause war, war ich froh, dass ich allein war, weil der Kerl mir die ganze Zeit, als wir dort einfach nur lagen, total dummes Zeug erzählt hatte, was ich erstens nicht kapiert und das mich zweitens auch gar nicht interessiert hatte. Ich fragte mich, ob es, außer dem Chef, keine normalen Freier mehr gab. Okay, der Typ war seriös, aber irgendwie auch nicht ganz dicht. Ich wäre nicht böse gewesen, wenn der sich nicht wieder gemeldet hätte, doch anscheinend hatte ich ihm gefallen, denn er buchte mich öfter, manchmal sogar bis zu dreimal die Woche. Ich erfuhr, dass er tatsächlich verheiratet war und zwei Kinder im Alter von zwölf und vierzehn Jahren hatte. Ich fand das nicht gut, das Geld brauchte ich jedoch leider dringend. Dennoch hatte ich Angst, eine Ehe zu zerstören. Ich wollte nicht, dass seine Kinder genauso enden würden wie ich und deshalb tröstete ich mich mit immer mehr Alkohol.

Im Januar war es das erste Mal so weit, dass ich zu zittern begann, wenn ich kein Bier in meiner Nähe hatte. Ich fing an, mich vor mir selbst zu ekeln, wollte es so gern ändern, aus dem Sumpf, in dem ich mich befand, klettern, meine Wohnung renovieren, mich vielleicht korrekt dort anmelden, sobald ich achtzehn war, und eventuell sogar einer vernünftigen Arbeit nachgehen. Unabhängig davon hätte ich ja trotzdem noch zu den Poolpartys gehen können, das war definitiv okay, aber auf die übrigen Idioten hatte ich einfach keinen Bock mehr.

Doch ich versagte ein weiteres Mal, denn natürlich setzte ich nichts davon in die Tat um. Ich vögelte mit jedem für Geld, blies irgendwelchen Spacken für nen Zwanni einen im Park, traf mich weiter mit dem verheirateten Typen im Hotel, ging etwa alle vier Wochen zum Chef ... und trank in jeder Minute, in der ich allein war.

Meinen achtzehnten Geburtstag im Mai verbrachte ich im Vollrausch. Nun war ich zwar erwachsen, aber irgendwie total kaputt. Wohnung renovieren – ein unerfüllter Traum! Kopfschüttelnd sah ich mit glasigen Augen auf die grüne Farbe, die ich bereits im September gekauft hatte, als ich gerade mal flüssig war, und die seitdem neben der Tür zum Bad stand. Anschließend schaute ich durch das Fenster auf die Straße und beobachtete die Autos, die am Haus vorbeifuhren. Jeder dieser Leute hatte bestimmt seine Probleme, doch meine schienen irgendwie schlimmer als die der anderen, beinahe unlösbar. Mir war klar, dass ich was tun musste, denn das Trinken war zu einer echten Belastung geworden, das war mir klar. Damit musste ich aufhören, ein für alle Mal. Natürlich wusste ich, dass das schwer werden und ich vielleicht Hilfe benötigen würde. Deshalb nahm ich mir vor, mit dem Chef zu sprechen. Ihm vertraute ich, dennoch sagte ich nichts. Es war wieder nur ein Vorhaben, ein weiteres Projekt, das ich nicht in die Tat umsetzte.

Am frühen Abend meines Geburtstages schlief ich sturzbetrunken auf dem Bett ein. So überhörte ich natürlich, dass mein Telefon klingelte, was mich noch Wochen später ärgerte. Es war Felix. Bestimmt hatte er mir gratulieren wollen, ich hingegen war dermaßen blau, dass ich noch nicht einmal in der Lage gewesen wäre, das Gespräch anzunehmen, selbst wenn ich das Klingeln gehört hätte. So gern wollte ich ihn zurückrufen, doch das traute ich mich nicht. Ich hatte eindeutig Angst vor Nachfragen und zu viel Furcht, in ein noch tieferes Loch zu stürzen, wenn ich seine Stimme gehört hätte. Nein, kein Rückruf. Ich verbot es mir, machte es mir zur Aufgabe, den Anruf zu vergessen, was mir aber nicht gelang.

»Das Leben geht weiter!«

Diesen Satz flüsterte ich mir sehr oft selbst zu, obwohl ich manchmal nicht daran glaubte.

Taumelnd dem Abgrund entgegen

E igentlich hatte ich gehofft, dass ich Felix irgendwann einfach vergessen würde, doch es stellte sich mehr als deutlich heraus, dass das nicht der Fall war. Seit dem verpassten Anruf schlief ich extrem schlecht. Nachts schreckte ich ständig schreiend hoch, weil ich Felix im Traum etwas nachgerufen hatte und ihm hinterhergerannt war. Schweißgebadet saß ich nach einem solchen Albtraum meistens zitternd im Bett, tastete nach der Bierflasche, die seit dem Beginn dieser unerwünschten Erlebnisse, jederzeit griffbereit neben dem Bett stand, und genehmigte mir erst mal einen kräftigen Schluck, was mich zumindest etwas zur Ruhe kommen und wieder einschlafen ließ. Diese nächtlichen Albträume häuften sich allerdings von Woche zu Woche mehr, bis es so schlimm war, dass mir Bier zur Beruhigung nicht mehr ausreichte, es musste schon Whiskey sein. Natürlich war ich daraufhin morgens total gerädert und litt unter Kopfschmerzen der ganz üblen Art. Das war eine logische Konsequenz, die ich, wie jeder andere normale Mensch, wiederum mit den entsprechenden Tabletten zu bekämpfen versuchte.

Relativ schnell rutschte ich in einen Teufelskreis, den ich aber zu dem Zeitpunkt gar nicht als einen solchen empfand. Stattdessen gewöhnte ich mich daran, bis Mittag im Bett zu bleiben, Freier nur am späten Nachmittag oder abends zu bedienen und mich nachts bereits im Vorwege zu betäuben, um von den Träumen der verlorenen Liebe verschont zu bleiben.

Mittlerweile war es zwar wärmer geworden, doch in jenem Juni regnete es ständig, sodass man beim Wichsen oder Blasen im Park meistens vollkommen durchnässt wurde und in den sintflutartigen Regengüssen zu ertrinken drohte, was, gepaart mit einem Schwanz im Mund, durchaus zu

Beklemmungen führte. Von daher war ich natürlich froh, dass mich dieser etwas merkwürdige, verheiratete Typ nach wie vor regelmäßig buchte und es mir offensichtlich gelang, in einem ordentlichen Zustand dort zu erscheinen, um meine Einkommensquelle nicht versiegen zu lassen. Es war mir bereits vor Monaten vollkommen egal geworden, dass er weiterhin und gleich mehrmals die Woche seine Frau betrog und so gar nicht der brave Ehemann und Vater war, den er zu Hause sicher spielte. Was ging es denn mich an, wenn er Männer ficken wollte? Warum auch immer er diesen Weg gewählt hatte, es war mir schnuppe, ich war immerhin nicht seine Amme. Wobei, eigentlich war ich doch etwas in der Art, denn der komische Heini war irgendwann mit einer etwas eigenartigen Bitte angekommen. Er wollte allen Ernstes ab und zu Windeln tragen und ich sollte ihm den Arsch versohlen. Erst dachte ich, dass er mich veräppeln wollte und eher in die Klapse müsste als zu einem Freier, aber irgendwann zuckte ich innerlich die Schultern, kassierte die angebotene doppelte Summe und freute mich später darüber, dass die Windeltermine für mich sogar sehr entspannte Treffen waren, denn sobald er das Baby spielte, konnte er mich wenigstens nicht mit seinem langweiligen Zeug vollquatschen. Zudem durfte ich ihn schließlich »bestrafen«, was sich meistens in mehreren kräftigen Klapsen äußerte, woraufhin er üblicherweise sehr schnell abspritzte – in die Windel. Glücklicherweise wurde das Babyutensil nur dafür gebraucht, denn ich hatte auch schon von Freiern gehört, die in die Windel schissen. Was für ein Ekelkram.

Natürlich musste ich versprechen, davon niemandem zu erzählen, vor allem nicht dem Chef, was ich natürlich ohnehin nie getan hätte, immerhin haben sogar Stricher eine Art Berufsehre und so was wie eine Schweigepflicht. Der andere Typ, dem der Chef mich vorgestellt hatte, meldete sich übrigens nie. Bei einer der Partys, die auch weiterhin regelmäßig stattfanden, fragte ich den Chef, als ich mit ihm allein im Pool saß, ob er denn wisse, was seinem anderen Freund an mir nicht gefallen haben könnte.

»Nun«, erwiderte er, »du warst ihm etwas zu jung. Er meinte, dass er wohl auf älter wirkende Typen abfährt. Na ja, er weiß eben nicht, was er verpasst. Du hast dich wirklich toll entwickelt, obwohl du definitiv schon von Anfang an super warst. Aber ich mache mir langsam echt Sorgen um dich, Jasper. Du wirst immer dünner, deine Haut sieht blass aus und du wirkst unruhig und nervös. Was ist los? Komm, erzähl. Du weißt, ich höre zu, urteile nie und rede auch mit keinem anderen Stricher darüber. Du kannst dich mir also gern anvertrauen. Na los.«

Einen Moment lang saß ich nur da. Erinnerungen an die erste Party nach Felix' Abreise wurden wach. Eigentlich hatte sich nichts geändert. Ich vermisste Felix wie verrückt, auch nach Monaten noch, die Wohnung war natürlich immer noch nicht renoviert, ich schlief stets viel zu lange und das Geld reichte gerade mal so eben. Bloß angemeldet hatte ich mich, einen Tag nach meinem achtzehnten Geburtstag, das war mir wichtig gewesen. Immerhin hatte ich mich dadurch endgültig und unwiderruflich von meinem Vater gelöst. Ich, Jasper Gräf, hatte eine eigene Wohnung und nichts und niemand konnte mir das jetzt noch nehmen. Erst recht nicht mein verfickter Erzeuger.

»Jasper?«, hakte der Chef nach.

»Es ist nichts«, beteuerte ich und bemühte mich, das auch glaubwürdig klingen zu lassen, denn wenn ich eins nicht wollte, war es Mitleid. Obwohl ich natürlich wusste, dass der Chef sich sicher ernsthaft sorgte, ich war ihm schließlich nicht unsympathisch. Allerdings war ich nur ein Stricher, einer von vielen. Einer seiner Jungs. Austauschbar. Ersetzbar. So wie Felix und auch der Spinner Angus. Keiner wurde je vermisst. Außer Felix von mir.

»Ich glaube ja alles Mögliche, aber das ganz sicher nicht. Ist es immer noch Felix? Hast du ihn denn wirklich geliebt?«

Die Frage kam so voller Anteilnahme, dass mir die Tränen in die Augen stiegen und ich unter leisem Schluchzen die Geschichte von dem verpassten Anruf erzählte. Und von meiner Angst, Felix zurückzurufen. Nur meine Träume und den Alkohol verschwieg ich. Sicherheitshalber.

Der Chef hörte ruhig zu, hielt mir zwischenzeitlich ein Glas Champagner hin und nahm mich zu guter Letzt sogar tröstend in den Arm.

»Ach Jasper, das wird schon wieder«, versuchte er, mich zu beruhigen. »Die erste Trennung ist immer die Schlimmste. Bis die nächste kommt. Kopf hoch, Kleiner, du wirst sicher nicht mehr lange allein bleiben, so wie du aussiehst. Und auch nicht mehr ewig diesen Job machen, du bist nicht hart genug dafür. War Felix jedoch auch nicht. Es gibt eigentlich nur wenige Jungs, die das wirklich über Jahre machen. Glaub mir, ich habe schon einige Typen kommen und gehen sehen. Und jetzt geh duschen, ich denke, du solltest dich morgen richtig ausschlafen und einfach mal zur Ruhe kommen.«

Obwohl ich nach wie vor traurig war, denn dem Chef all das zu erzählen, hatte alles wieder aufgewühlt, grinste ich innerlich ein wenig sarkastisch. Wie leicht sprach man so etwas dahin. Zur Ruhe kommen! Als ob ich das wirklich könnte, außer ich dröhnte mich zu. Apropos zudröhnen. Ich stellte mir selbst die Frage, ob der Chef nicht längst wusste, dass ich viel zu viel trank, und deshalb so fürsorglich reagierte. Für einen Moment erwog ich, mich ihm gegenüber hingehend meiner Sauferei zu outen, doch irgendwie sträubte sich mein Inneres dagegen. Er war schließlich nur ein Freier, wenn auch einer der besten, dennoch hatte er damit nichts zu tun. Der Alkohol war meine Privatsache. Deshalb nickte ich auf seine Aussage lediglich, verschwand unter die Dusche, zog mich an und ließ mich nach Hause kutschieren – mit vierhundert Euro in der Tasche, der Chef hatte, wohl aus Gutmütigkeit, was draufgelegt.

Zurück in meiner Wohnung griff ich, ohne weiter darüber nachzudenken, zu einem Bier und leerte die Flasche beinahe in einem Zug. Anschließend zündete ich mir eine Zigarette an, rauchte sie heiß und schmiss die Fluppe, ohne sie auszudrücken, achtlos in den Aschenbecher. Ich hasste mich selbst, und zwar mehr denn je. Weil ich meinen Körper an irgendwelche Kerle verkaufte. An den Windeltypen, den Chef und an so viele Idioten, deren Namen ich noch nicht einmal kannte. Wieso tat ich das? Um zu überleben? Für ein paar beschissene Scheine in meiner Tasche? Aus Neugier oder vielleicht aus Geilheit? Nee! So richtig heiß wurde ich bereits seit Wochen nicht mehr. Meine Orgasmen waren flach, sofern ich überhaupt kam. Das lag bestimmt am Alkohol. Beim Chef bemühte ich mich natürlich, abzuspritzen, aber bei den Vollidioten vom Zoologischen Garten oder aus dem Park, in den ich ab und zu doch wieder ging, machte ich mir keine Gedanken, falls ich nicht hart wurde. Die Kerle erregten mich nicht, sie widerten mich eher an. Was mich jedoch wirklich beunruhigte, war, dass ich nicht mehr mit einer Morgenlatte aufwachte und auch überhaupt keine Lust hatte, mir einen runterzuholen. Ich genehmigte mir ein zweites Bier und zündete mir eine weitere Zigarette an, obwohl der Filter der ersten noch vor sich hin glomm und übel riechenden Rauch erzeugte. Doch das interessierte mich nicht. Erst als ich aufgeraucht hatte, drückte ich mit der zweiten Kippe die andere aus.

Während ich am Fenster stand und auf die Straße sah, die vielen Spießer beobachtete, die sich gut gelaunt miteinander unterhielten, bekam ich

Lust auf mehr Alkohol. Ich konnte das ganze Drumherum einfach nicht ertragen, die Wände meiner Wohnung wirkten auf mich, als wollten sie mich ersticken, die Leute draußen brachten mich fast um den Verstand. So etwas konnte ich eigentlich nur im Rausch durchstehen. Deshalb nahm ich, ohne nachzudenken, die Whiskyflasche vom Klapptisch, der bereits seit Tagen ohne Beachtung meinerseits im Weg herumstand, und trank. Immer mehr! Bis die Flasche leer war! An das, was daraufhin folgte, kann ich mich nur noch schemenhaft erinnern. Irgendwann bin ich im Vollrausch nach draußen gelaufen, weil mir die Jungs, die unten nach wie vor miteinander sprachen, derart auf den Zeiger gingen, dass ich sie anpöbelte. Mir war kalt, wahrscheinlich, weil ich kein Oberteil trug, doch das war mir in dem Moment scheißegal. Ich wollte nur, dass die sich verzogen, deshalb machte ich sie doof von der Seite an. Das war natürlich saublöd, denn die waren in der Überzahl und einer von ihnen verpasste mir einen Kinnhaken, wodurch ich prompt zu Boden fiel. Danach gingen mir die Lichter total aus, lediglich aus der Ferne konnte ich Gelächter und Sätze wie »Lass den bloß, der ist doch völlig besoffen!« oder »Meine Fresse, was für ein Idiot!« vernehmen. Es fielen noch viel mehr Worte, die jedoch nur wie durch einen Regenschauer gedämpft an mein Ohr drangen. Durch meine schlitzförmig geöffneten Augen erkannte ich die Straßenlaternen, die mich blendeten, doch dafür sah ich sie doppelt und dreifach. Außerdem war mir schlecht, besser ausgedrückt, kotzübel.

Irgendwann verschwanden die Typen und ich kroch zurück ins Treppenhaus. Mit Mühe schleppte ich mich in meine Wohnung und konnte gerade noch die Toilette erreichen, bis es mir hochkam und sich der komplette Inhalt meines Magens in die Schüssel ergoss. Mein Kopf dröhnte, als hätte ich eine Holzlatte vor die Stirn bekommen, mein trockener Mund machte es mir schwer, zu schlucken und an meiner Nase klebte getrocknetes Blut. Ich wusste, dass es höchste Zeit wurde, etwas zu ändern, doch ich hatte keine Ahnung, wie ich aus diesem Sumpf herauskommen sollte.

Mit zitternden Händen drückte ich mich von den kalten Fliesen ab und hangelte mich auf mein Bett. Die Zimmerdecke drehte sich wie ein Karussell und mein Magen zog sich mehrmals zusammen, als wolle er sich abermals entleeren, zum Glück blieb es jedoch beim Würgen und irgendwann gelang es mir, mich ein wenig zu beruhigen. Ich atmete schwer und überlegte, was ich als Nächstes tun wollte. Im Kühlschrank stand noch eine Flasche Wasser, in jenem Moment hätte ich die Person vergöttert, die sie mir geholt hätte, doch es war ja niemand da. Daher wagte ich es, mich noch einmal vom Bett zu bewegen, da ich dringend was trinken musste, doch ich schaffte es nicht, weil ich mich nicht auf den Beinen halten konnte, schlug daher der Länge nach auf den Boden und streifte während des Sturzes mit der Stirn die Kante des Klapptisches, was sofort einen dumpfen Schmerz verursachte. Zum Glück blutete es nicht so stark, ich hielt mir den Kopf, öffnete im Liegen die Kühlschranktür und fischte mir mit langen Fingern das Wasser heraus.

Während mir die kühlende Flüssigkeit die Kehle hinunterlief, erwachten meine Lebensgeister wieder ein klein wenig. Dennoch fehlte mir die Kraft aufzustehen und so beschloss ich, dort, wo ich war, die Augen zu schließen und durch etwas Schlaf zu ein wenig mehr Energie zu gelangen.

Als ich erwachte, war es bereits hell. Da die Sonne durch mein Fenster schien, konnte ich das gesamte Ausmaß der Nacht erkennen. Sowohl am Tisch als auch auf dem Fußboden klebte Blut, ich hatte neben die Toilette gekotzt und im Schlaf wohl auch nicht bemerkt, dass ich pinkeln musste, da meine Hose nass war. Angeekelt zog ich die Jeans aus und verschwand mit klopfenden Schmerzen in meinem Kopf unter die Dusche. Erschrocken starrte ich in den Spiegel und sah ein ziemlich lädiertes Gesicht. Verkrustetes Blut an Stirn und Nase sowie ein blauer Fleck am rechten Wangenknochen machten mich an diesem Morgen nicht unbedingt zu einem Vorzeigeobjekt. In diesem Zustand konnte ich keinesfalls irgendwelche Freier bedienen. Rasch wusch ich mir unter der Dusche den Dreck vom Körper, wischte das Erbrochene vom Boden und nahm mir frische Kleidung. Anschließend versorgte ich meine Kopfwunde mit einem kleinen Pflaster, zündete mir, statt zu frühstücken, eine Kippe an und trank den abgestandenen Rest aus einer Bierflasche, die noch neben meinem Bett stand. Bei dem Geschmack schüttelte es mich förmlich und mein Körper warnte mich prompt durch einen erneuten Würgereiz, ihn weiterhin auf diese Art zu malträtieren. Ich nickte mit Tränen in den Augen, weil mir durchaus bewusst war, dass ich es ohne fremde Hilfe nicht aus diesem Sumpf schaffen würde, beschloss jedoch trotzdem, den Tag nicht in der Wohnung zu verbringen, sondern irgendwas in der Stadt zu unternehmen.

Deshalb verließ ich meine Bleibe mit langsamen Schritten und schlich zur Bahn, um zum Ku'damm zu fahren. Dort wollte ich eigentlich nur eine Kleinigkeit essen, um mir etwas Nahrhaftes zuzuführen, doch kaum hatte ich mich in die Schlange vor einem Kiosk eingereiht, sprach mich ein Freier an, dem ich schon mehrfach in der Nähe einen runtergeholt oder einen geblasen hatte.

»Ich mache heute nix!«, entgegnete ich müde und schüttelte den Kopf, doch der Typ ließ sich nicht mit meiner Aussage und meinte, dass ich mitkommen müsste, wenn er es wollte.

»Nein!«, widersprach ich ihm. »Ich werde unter Garantie nicht tun, was du sagst, nur weil du das willst. Verpiss dich!«

Soeben wollte ich mich wieder umdrehen, als der Typ zu schreien begann und mir Schimpfwörter wie »Du mieser kleiner Stricher, du Abschaum, wenn ich dir meinen Schwanz ins Maul stopfen will, hast du zu spuren, du Nichtsnutz! Dir werde ich die Fresse polieren!« entgegenrief und mit erhobener Faust auf mich zukam, was die anderen Passanten schon die Köpfe schütteln und tuscheln ließ, bis sich plötzlich jemand einmischte, den ich jedoch nicht sah, weil ich in die andere Richtung schaute, sondern nur hörte, und selbst das bloß undeutlich, da gerade erneut Übelkeit in mir aufstieg.

»Was bist du denn für ein Idiot?«, rief die männliche Stimme. »Verschwinde, du merkst doch, dass der Junge nichts von dir will!«

Anschließend vernahm ich Schritte, die sich mir näherten, und dann tippte mir jemand auf die Schulter.

»So, der Kerl ist weg!«

Der Tonfall klang dermaßen beruhigend, dass ich mich umdrehte und in ein Gesicht sah, das mir sehr gut bekannt war. Erschrocken schaute ich in mir sehr vertraute Augen. Musste er mich gerade jetzt in diesem Zustand und in einer solchen Situation treffen oder sogar noch daraus befreien? Auch er schien sichtlich überrascht zu sein, denn er trat erstaunt einen Schritt zurück und kniff überlegend die Augen zusammen.

»Jasper, bist du das?«

Ich nickte und lief rot an. Er hatte mich erkannt und ich wäre am liebsten vor Scham im Boden versunken. Weshalb zum Teufel war Berlin nur so ein Dorf?

ALLES AUF ANFANG

Im ersten Moment ergriff mich Panik und ich checkte in Windeseile meine Möglichkeiten ab, mich durch Flucht der weiteren Prüfung durch diese warmherzigen Augen zu entziehen. Allerdings musste ich feststellen, dass meine Energie zum Rennen an jenem Tag ungefähr der eines am Boden klebenden Kaugummis entsprach, sodass ich den Gedanken sofort wieder verwarf. Es half nichts, ich musste mich stellen und die Fragen aushalten, denn kein Geringerer als Jannik stand vor mir und musterte mich nach wie vor mit prüfenden Blicken.

»Jannik.«

Mehr konnte ich nicht zwischen meinen Zähnen hervorpressen, es gab nichts, was ich hätte erklären oder sagen können, denn er hatte ja offensichtlich alles mitbekommen, konnte sich also ausmalen, was für eine jämmerliche Gestalt in diesem Moment vor ihm stand. Es war mir allerdings unmöglich, ihm in die Augen zu sehen.

»Genau. Wolltest du dir hier gerade etwas zu essen besorgen oder warst du … anderweitig unterwegs?«

Mit ziemlicher Sicherheit hatte Jannik meine ablehnende Antwort an den Vollspacken gehört, dennoch schien es, als wolle er sich vergewissern, dass ich nicht wirklich auf Tour war, um ein paar Freier zu kobern.

Ich nickte und schüttelte gleichzeitig den Kopf, wobei ich beschämt zu Boden blickte, was Jannik allerdings durch seinen Zeigefinger, den er mir sanft unter das Kinn schob und dieses anhob, änderte.

»Jasper, schau mich an. Falls du etwas essen möchtest, dann komm mit. Dieser Schuppen da wirkt nämlich nicht besonders vertrauenerweckend, was das Essen angeht. Ich koche uns was, okay? Nein, jetzt keine

Ausflüchte oder Erklärungen, das hat Zeit bis später. Du siehst dermaßen dünn aus, dass dich ein starker Windstoß umwerfen könnte. Und nein, ich wohne nicht mehr bei meinen Eltern, hab mir eine nette Wohnung gekauft und die liegt sogar ziemlich in der Nähe.«

Erneut nickte ich stumm, was hätte ich in dem Moment auch erwidern sollen? Vielleicht, dass ich am Tag zuvor völlig blau gewesen war, dass ich in dem Moment gerade merkte, wie unruhig meine Hände wurden, oder dass mein Magen krampfte, mein Bauch grummelte und so ein dämliches Karussell in meinem Kopf eine Freifahrt nach der anderen einläutete und nicht aufhörte, sich zu drehen? Wie ein geprügelter Hund schlich ich an Janniks Seite zu seinem Auto, das er nicht weit entfernt geparkt hatte, ließ mich schwer auf den Beifahrersitz fallen und sah stur geradeaus, wobei ich nicht verhindern konnte, dass sich Tränen aus meinen Augen stahlen und langsam über meine Wangen liefen.

Nur wenige Minuten dauerte die Fahrt, dann stoppte Jannik den Wagen vor einem Mehrfamilienhaus in einer guten Gegend. Es sah sehr gepflegt aus, allerdings kein Vergleich mit dem villenartigen Haus seiner Eltern, sodass ich automatisch überlegte, was vorgefallen sein mochte, dass Jannik eine im Vergleich sicher eher kleinere Wohnung dem Luxus des Elternhauses vorzog. Mein Gesicht musste meine Gedanken wohl sehr deutlich widergespiegelt haben, denn Jannik äußerte sich, ohne dass ich gefragt hatte.

»Keine Sorge, ich hab mich nicht mit meinen Eltern überworfen oder so was. Ich wollte bloß endlich unabhängig sein, was sie auch vollkommen verstanden und sich durchaus nicht knauserig gezeigt haben. Die Wohnung ganz oben gehört mir, und da es sich um ein Penthouse handelt, habe ich mich sicher nicht wesentlich verschlechtert. Okay, den Pool vermisse ich manchmal, aber ich weiß ja recht gut, wo einer ist. Also los, ich habe Hunger.«

Jannik gab sich alle Mühe, mich abzulenken, und fragte mich nichts, doch mehr als ein leicht verrutschtes Lächeln bekam ich nicht zustande. Ich folgte ihm in den Aufzug, der uns ins oberste Stockwerk brachte und stand gleich darauf sekundenlang fast reglos im Flur der Wohnung, nachdem Jannik die Tür geöffnet hatte. Ein wundervoller Anblick bot sich meinen Augen. Ein großer, heller, von Sonnenlicht durchfluteter Raum lag vor mir. Absolut harmonisch fügten sich Wohnzimmer, ein integrierter Essraum und eine, durch einen Tresen abgetrennte, chromblitzende offene Küche mit jeder Menge technischer Gerätschaften zusammen und luden förmlich dazu ein, es sich gut gehen zu lassen. Vor dem Fenster war eine Dachterrasse zu erkennen, von der aus man einen Wahnsinnsblick über die Dächer und den Himmel Berlins hatte.

»Na komm, geh ruhig ganz rein. Mach es dir bequem, ich schau mal, was ich so dahabe.«

Mit diesen Worten schob mich Jannik auf die schwarze Ledercouch am Fenster, während er selbst in die Küche verschwand und mit mehreren Schubladen und Türen herumklapperte.

»Was magst du haben? Es gibt Pizza, leider nur tiefgekühlt und nicht frisch, ich hätte noch Rinderminutensteaks im Kühlschrank oder ich mache uns frische Pfannkuchen mit Erdbeeren dazu. Such dir was aus.«

»Ich will dir keine Arbeit machen und zur Last fallen schon gar nicht. Ich gehe besser wieder. Danke, dass ich mich kurz ausruhen durfte«, erwiderte ich statt einer Antwort auf Janniks Frage und erhob mich, wobei ich leicht taumelte, da mein Kreislauf offensichtlich einen Pakt mit meinem Kopf geschlossen hatte und sich zu dem Karussell im Hirn nun auch noch eine Achterbahn gesellte.

»Schon wieder, hör bloß mit dem Mist mal auf. Solange du hier schwankst wie ein Blatt im Wind, gehst du nirgendwo hin. Setz dich hin und lass mich machen.«

Irgendwie erleichtert, mich nicht bewegen zu müssen, sackte ich auf das Sofa zurück und stöhnte leise auf, als ich merkte, dass ich offensichtlich bei meinem Zusammenbruch am vergangenen Abend eine leichte Rückenverletzung davongetragen hatte, zumindest eine Zerrung. Und ich stellte erschrocken fest, dass meine Hände nach wie vor zitterten, woraufhin ich sie rasch unter meine Oberschenkel schob, damit Jannik es nicht sah. Verdammter Alkohol. Wie oft hatte ich genau diese Symptome bei meinem Vater gesehen und ihn dafür gehasst? Und nun war ich selbst einer dieser verfickten Schnapsjunkies und jieperte nach einem Schluck Bier oder Whisky.

»Jasper?«

Mein Kopf, den ich gerade zur anderen Seite gedreht hatte, um den Rest der Wohnung abschätzen zu können, fuhr herum.

»Ja?«, stieß ich hervor, wobei ich mir vollkommen sicher war, dass Jannik den leichten Tremor meiner Hände bemerkt hatte und mich deswegen auf der Stelle rauswerfen würde. Einen Typen wie mich, der ihn schnöde verlassen hatte, ohne eine halbwegs brauchbare Begründung dafür zu liefern, den brauchte er nun sicher nicht. Doch ich hatte mich getäuscht, er wollte etwas anderes wissen.

»Es gibt Pfannkuchen. Magst du die überhaupt?«

»Klar«, antwortete ich. »Wer mag die nicht?«

Wow, mein erster, halbwegs normaler Satz an diesem Tag. Wenn doch bloß mein Kopf nicht so beschissen gewummert hätte und mir nicht fast permanent schlecht gewesen wäre. Ich hoffte inständig, in der Lage zu sein, mit Jannik eine einigermaßen vernünftige Unterhaltung zu führen. Vor allem hatte er natürlich, gerade jetzt, wo er mich quasi zum zweiten Mal gerettet hatte, ein Recht auf die Wahrheit, und zwar die ganze, ungeschönte, brutale, hässliche, abgefuckte Wahrheit, was aus dem netten Jasper geworden war, den er im Jahr zuvor kennengelernt hatte.

»Essen ist fertig«, rief Jannik wenige Minuten später und bat mich an den Esstisch, den ich mit nach wie vor leicht wackligen Knien erreichte und mich setzte.

»Guten Appetit, Jasper.«

Ich bekam mein Essen sogar vorgelegt, dazu hatte Jannik Wasser aus einer großen Karaffe eingegossen, was ich in großen Zügen trank, da mich ein ziemlicher Nachdurst plagte. Vorsichtig probierte ich meinen Pfannkuchen, schob mir ein Stück in den Mund und schluckte ihn langsam runter. Er schmeckte köstlich, nur leider hatte mein Magen offensichtlich etwas gegen feste Nahrung, zumindest zu diesem Zeitpunkt, denn ich spürte sofort, dass sich das eben genossene Stück wieder nach oben bewegte. Panisch presste ich mir die Hand vor den Mund und sah Jannik flehentlich an. Er verstand sofort, zog mich rasch vom Stuhl hoch und schob mich in das angrenzende Gäste-WC, wo ich gerade noch rechtzeitig den Deckel hochbekam, bevor mein Magen alles von sich gab, was er erhalten hatte, obwohl das hauptsächlich nur aus Wasser bestand.

Jannik behielt mich aufmerksam im Auge, reichte mir einen Waschlappen, um meinen Mund abzuwischen, hob mich anschließend ohne Umstände auf seine Arme und trug mich in ein mittelgroßes Zimmer, das, der Einrichtung nach zu urteilen, für Gäste vorgesehen war.

»So, nun legst du dich erst mal hin. Willst du etwas schlafen?«

Mit deutlich besorgtem Blick breitete Jannik eine dünne Decke über meinen Körper und sah mich fragend an, doch ich schüttelte den Kopf, wobei mir erneut die Tränen kamen.

»Nein«, flüsterte ich. »Ich weiß auch nicht, was …«

»Du musst nicht weiterreden. Ich weiß genau, was mit dir los ist, Jasper. Sogar sehr genau. Immerhin habe ich das hautnah bei jemandem mitbekommen, da war ich ungefähr in deinem Alter. Ich hatte doch mal den einen Freund erwähnt, dem ich damals nicht helfen konnte. Er war in die Sucht abgerutscht. Zunächst Alkohol, später Drogen. Ich habe schon lange nichts mehr von ihm gehört, weiß nicht einmal, ob er noch lebt. Auch er war damals von zu Hause geflüchtet. Und deswegen erkenne ich ziemlich gut, dass dein Körper auf Entzug ist, das habe ich oft genug mitbekommen. Ich denke, es wäre gut, wenn wir uns jetzt in Ruhe unterhalten könnten. Erzähl mir alles, Jasper, egal, wie schlimm es auch klingen mag. Ich verurteile nie, das weißt du hoffentlich noch. Und ja, es hat mich sehr verletzt, dass du damals einfach verschwunden bist, ohne eine einleuchtende Erklärung. Ich mache es dir ein bisschen leichter und verrate dir jetzt, dass du mir verdammt viel bedeutet hast und ich nicht mehr damit gerechnet hätte, dich jemals wiederzusehen. Ja, Jasper, ich hab dich lieb, das hat sich nicht geändert, ich hab es bloß ganz tief in mir vergraben. Und deswegen sei bitte absolut ehrlich zu mir, es gibt nichts, was ich nicht verstehen könnte. Ich will für dich da sein und dir helfen, Jasper.«

Staunend und mit immer größer werdenden Augen hörte ich Jannik zu. Sollte ich ihm wirklich alles beichten? Angefangen beim Detektiv über Felix bis hin zum Chef und dem Windelmenschen? Würde er mich anschließend nicht hassen oder verabscheuen?

Jannik setzte sich zu mir auf die Bettkante und griff nach meiner Hand. Er hielt mich fest und signalisierte mir auf diese Weise, dass ich mich ihm anvertrauen konnte. So platzte nach und nach alles aus mir heraus. Jedes noch so kleine Detail verriet ich ihm. Ich erzählte von der ersten Begegnung mit dem Detektiv, der Nummer mit ihm, berichtete über meine Gefühle, die sich in meinen Körper schlichen, als ich ihn damals auf der Party kennenlernte, erklärte ihm den wahren Grund, weshalb ich damals Hals über Kopf das Haus verlassen hatte, und ich redete über Felix und meine Tätigkeit als Stricher, was mir wieder die Tränen in die Augen trieb.

»Du weißt gar nicht, wie sehr ich ihn vermisse!«, entfloh es mir schluchzend. »Diese Wohnung! Sobald ich sie betrete, rieche, spüre und schmecke ich ihn förmlich. Dieses Zimmer, das ist für mich nach wie vor seins. Nichts darin gehört eigentlich mir. Es ist offiziell meine Wohnung, die ich mittlerweile ordnungsgemäß angemietet habe und in der ich gemeldet bin, aber trotzdem fühle ich mich dort nur als aufgenommener Gast. So viele Nächte habe ich geweint, mich nach ihm gesehnt, wollte ihn einfach in die Arme schließen. Aber er war einfach nicht mehr da und deshalb habe ich immer mehr getrunken. Dieser verdammte Scheißalkohol machte mich täglich oberflächlicher, und nun bin ich ein abgefuckter Stricher, der noch nicht mal mehr kommen kann, wenn er es will. Jannik, ich kann mir mittlerweile nicht mal mehr einen runterholen. Als wir damals am Pool waren, musste ich höllisch aufpassen, dass du meinen halben Ständer nicht siehst, weil es mir peinlich war. Du hast mich so extrem angemacht, doch von solchen Gefühlen ist derzeit nichts mehr da. Sex ist für mich im Moment nur Mittel zum Zweck.«

Während ich erzählte, rannten mir unablässig Tränen über die Wangen. Jannik öffnete die Schublade des Nachttisches neben dem Bett, holte ein Paket Taschentücher heraus und wischte sie mir liebevoll ab. Diese Art von Körperkontakt tat mir wahnsinnig gut und sorgte dafür, dass ein kleiner Schauer über meinen Rücken lief. Das erfreute mich, denn irgendwo hatte ich mich bereits damit abgefunden, meine Gefühle völlig verloren zu haben und komplett abgestumpft zu sein.

»Und ich habe es genau gesehen, wie du am Pool deine Latte verstecken wolltest«, warf Jannik dabei lächelnd ein und putzte mir weiter mit dem Tuch über das Gesicht. »Aber ich wusste nicht, wie du dazu gestanden hättest, sofern ich irgendwas signalisiert hätte. Nein, ich drücke es anders aus, Jasper, ich habe mich nicht getraut, dich anzuflirten, weil ich Angst hatte, eine Abfuhr zu bekommen, du warst doch so furchtbar jung. Daher hatte ich gehofft, es käme irgendwas von dir, es aber auch akzeptiert, dass es nicht so war. Nachdem du weg warst, war ich sehr traurig und ja, ich war natürlich etwas enttäuscht, aber …«

»Ich war total unsicher, Jannik! Und ich hatte Angst, dass du mich verurteilst und nicht mehr magst, weil ich mit dem Kaufhausdetektiv was gemacht hatte. Ich weiß, dass das falsch war, und ich schäme mich so, vor allem, weil du mich jetzt in diesem Zustand siehst. Meine Hände zittern und mein Magen wehrt sich gegen alles, was nicht alkoholisch ist.«

Jannik schaute mich ernst an. Sein Händedruck wurde fester und wenig später wurden meine Finger durch seine zweite Hand umschlossen. Das gab mir erneut ein gutes Gefühl, obwohl mir nach wie vor speiübel war. Dennoch wusste ich, dass ich bei Jannik gut aufgehoben war. Ich sah auf seine vollen Lippen. Wie schön sie doch waren. So perfekt geschnitten und so rot. Für einen Moment versank ich darin und ließ sein Gesicht auf mich wirken.

»Du brauchst Hilfe, Jasper!«, flüsterte er mir nach wenigen Minuten der Stille zu. »Und ich werde dir bei allem beistehen, du musst es nur wollen.«

Ich nickte leicht und schloss die Augen. Dabei gingen mir unzählige Dinge durch den Kopf. Was hatte ich denn zu verlieren, sofern ich einwilligte? Nichts! Vielmehr breitete sich in mir das Gefühl aus, dass ich durch Janniks Hilfe aus meinem Tief herauskommen könnte. Allein würde ich es definitiv nicht schaffen, mich vom Alkohol zu lösen, dazu benötigte ich Unterstützung. Mir war vollkommen klar, dass ich, falls ich gegen meinen Konsum nichts unternähme, keinen Deut besser wäre als mein Vater und aller Wahrscheinlichkeit nach noch nicht einmal meinen zwanzigsten Geburtstag erleben würde.

»Ich möchte wirklich sehr gern, dass du mir hilfst, Jannik! Ich bin total down derzeit und bekomme es einfach nicht hin.«

»Dann schaffen wir das auch gemeinsam. Aber nun schlaf dich erst mal ein bisschen aus. Ich lasse dich am besten mal in Ruhe. Nachher können wir weiterquatschen.«

Jannik ließ meine Hand los und wollte soeben aufstehen, doch ich zog ihn zurück aufs Bett. Keinesfalls wollte ich in diesem Moment allein sein. Ich schlang meinen schwachen, zitternden Arm um seinen Körper und drückte ihn an meinen. Jannik fühlte sich wahnsinnig gut an, seine Haut war so warm und weich, das erregte mich komischerweise enorm, was mich aufgrund meines desolaten Zustandes wiederum sehr stark staunen ließ. Plötzlich entflammten alte, längst vergrabene Gefühle. Ich musste an den vergangenen Sommer denken, an den Abend, an dem ich Jannik zum ersten Mal sah, und daran, wie heiß ich ihn damals schon gefunden hatte. Und deshalb bekam ich Lust, diese Lippen, die sich so nah vor meinem verheulten Gesicht befanden, zu küssen. Im ersten Moment dachte ich, dass er sich bestimmt vor mir ekeln würde, und zögerte, doch als hätte er meine Gedanken lesen können, übernahm Jannik die Initiative und presste seine Lippen auf die meinen. Ich hob die Bettdecke an und signalisierte ihm, dass er sich doch bitte zu mir kuscheln sollte. So lagen wir wenige Augenblicke später eng umschlungen in diesem wahnsinnig bequemen Gästebett und streichelten uns. Obwohl ich sowohl physisch als auch psychisch absolut schwach war, hatte ich komischerweise dazu genügend Energie. Ich sog die Nähe förmlich in mir auf, konnte es kaum erwarten, meine Klamotten abzustreifen und Janniks Haut, ohne störenden Stoff, auf der meinen zu spüren. Deshalb wartete ich nicht sehr lange und zog erst mein T-Shirt aus, bevor ich an seinem Oberteil nestelte, was wenig später gleichermaßen zu Boden flog. Unsere restlichen Klamotten streiften wir ebenfalls rasch ab, sodass wir relativ schnell nur noch unsere heiße Haut fühlen konnten. Janniks Schwanz drückte gegen meinen Bauch. Das bescherte mir einen weiteren Schauer, bloß dass sich dieser nicht nur auf meinen Rücken beschränkte, sondern mir durch den gesamten Körper fuhr. Ich schwitzte und war so erregt, wie ich es auch bei Felix gewesen war. Dabei hatte ich ja bereits befürchtet, dass ich ein solches Gefühl nie wieder erleben würde, umso intensiver konnte ich meine aufflammende Gefügigkeit zulassen.

Meine Hand wanderte zu seinem Ständer und streichelte darüber, nicht mechanisch, wie bei einem Freier, sondern voller Erotik und Hingabe. Als ich seine Finger in meiner Mitte spürte, zuckte ich zusammen, weil er dermaßen vorsichtig war. Das machte mich an, denn ich wusste nicht, was in der nächsten Sekunde geschehen würde. Ich ließ ihn machen, genoss seine Nähe, seine Finger, seine Hände, seine Lippen, sein Atmen, seine Blicke und vor allem seine Erregung. Jannik war extrem heiß, er stöhnte und zerfloss unter meinen Fingern an seinem Schwanz, den ich nach wie vor nur streichelte. Ich hätte ihn gern geblasen, doch dazu war ich an dem Tag nicht imstande. Das bemerkte er und es war völlig in Ordnung für ihn. Mein Handjob versetzte ihn in Ekstase, eventuell war es aber auch die unglaubliche Nähe, die wir uns gaben, die uns beide fast zeitgleich zum Höhepunkt kommen ließ. Doch das war nicht wichtig, es zählte einzig dieser wahnsinnig schöne Moment, ungezwungen kommen zu können, trotz meiner desolaten körperlichen Verfassung fähig zu sein, einen Orgasmus zu erleben. Es war ein Erlebnis, das ich für mich als einfach wunderbar bezeichnete.

Nachdem wir uns entladen hatten, küssten wir uns noch eine ganze Weile. Jannik tat mir so gut, wie konnte ich ihn damals nur verlassen? Ich verstand es nicht, doch gleichzeitig holte ich mir wieder dieses Gefühl vor mein geistiges Auge, das mich in jenem Moment zu dieser Entscheidung getrieben hatte. Innerlich schüttelte ich mich. Es war einfach grauenvoll, das in Gedanken noch einmal zu erleben.

»Möchtest du jetzt was essen?«, flüsterte mir Jannik ins Ohr und holte mich so aus meinen Grübeleien. Ich schüttelte den Kopf, da es mir nach wie vor nicht gut ging, ich total geschlaucht war und weil mein Körper noch immer nach Alkohol gierte.

»Nein!«, fügte ich hinzu. »Ausruhen oder etwas trinken wäre nett.«

»Morgen fangen wir mit dem Entzug an, Jasper!«, erklärte mir Jannik. »Das wird bestimmt hart für dich und ich werde auch einen Arzt hinzuziehen, der dich vielleicht mit Medikamenten oder etwas Ähnlichem unterstützen kann. Aber jetzt bekommst du ein Bier, damit du etwas ruhiger wirst, sofern du willst. Sonst drehst du bestimmt gleich am Rad.«

»Ein Bier wäre schon toll, aber ich glaube, es geht nicht. Vielleicht nachher, sonst kotze ich bestimmt wieder. Etwas Wasser und eine Zigarette auf der Dachterrasse – das hätte was. Und dann kuscheln. Wenn du mich festhältst, kann ich bestimmt schlafen. Weil ich dann auf andere Gedanken komme«, erklärte ich mit Nachdruck, kroch aus dem Bett und zog Jannik hinter mir her. Dabei vergaß ich völlig, mich anzuziehen, erst als ich vor der großen Glastür zur Terrasse stand, wurde mir klar, dass wir vielleicht von den Nachbarn aus dem gegenüberliegenden Haus gesehen werden konnten und es besser war, mich zu bedecken. Jannik gab mir einen Bademantel und ich zündete mir etwas später auf der geräumigen Terrasse eine Zigarette an. Zum ersten Mal seit langer Zeit fühlte ich mich wieder einigermaßen gut, so, als wäre ich etwas wert. Das hatte ich Jannik zu verdanken! Allein deshalb wollte ich ihn nicht noch einmal enttäuschen und beschloss tief in meinem Inneren, alles dafür zu tun, ehrlich zu ihm zu sein und den Entzug zu überstehen. Für mich, für ihn, für uns!

LIEBE KANN MAN NICHT ERKLÄREN

D iese erste Nacht mit Jannik war das Schönste, was ich seit Langem, wenn nicht sogar überhaupt je erlebt hatte. Wir lagen nackt aneinander gekuschelt im Bett, allerdings mittlerweile in seinem Schlafzimmer. Der Raum war riesig und in der Mitte stand es einfach so da: ein kreisrundes Bett mit etwa zwei Metern Durchmesser.

Irgendwann am Vorabend waren mir im Wohnzimmer nämlich die Augen fast zugefallen. Meine bleierne Müdigkeit hatte es mir allerdings nicht mehr erlaubt, aus eigener Kraft aufzustehen, daher hatte mich Jannik erneut auf seinen Armen ins Bett getragen, nur dass ich ihn dieses Mal fest umklammert und meinen Kopf an seiner Schulter platziert hatte. Ich fühlte mich geborgen. Erinnerungen an die erste Nacht in Janniks Elternhaus wurden wach. Wie sehr hatte ich es genossen, dass er mich damals so verwöhnte. Und nun hatte er es erneut getan, obwohl ich ihm ausdrücklich erklärt hatte, dass ich eigentlich Felix liebte und seinetwegen in die Sucht gerutscht war. Jannik schien das jedoch entweder nicht gehört zu haben oder er akzeptierte meine Empfindungen einfach, nahm sie als gegeben hin. Dennoch war er nicht weniger aufmerksam als zuvor, im Gegenteil, seit unserem heißen, kleinen Erlebnis schien sein Interesse an mir noch gewachsen zu sein. Vorsichtig hatte Jannik mich auf die Matratze gelegt und mir den Bademantel ausgezogen, bevor er seinen eigenen ebenfalls zu Boden gleiten ließ und sich neben mich schob. Ich war so nah wie möglich an ihn herangerutscht und hatte meinen Oberschenkel auf seinen gelegt. Es war ein so intensives Gefühl, viel besser, als ich es mir vor einem Jahr erträumt hätte. Jannik hatte seinen Arm um mich geschlungen und sich auf den anderen gestützt, damit er mich besser ansehen konnte.

»Ach Jasper! Warum habe ich mich letztes Jahr bloß nicht getraut? Sehr viel Leid wäre dir erspart geblieben.«

Diese Worte hatte ich nur noch im Halbschlaf mitbekommen, denn zum ersten Mal seit langer Zeit war mein Körper endlich wieder in der Lage, zur Ruhe zu kommen und abzuschalten.

Als ich erwachte, ging es mir schlecht. Ich zitterte am ganzen Leib und mir war speiübel, obwohl ich bereits seit einer kleinen Ewigkeit nichts mehr gegessen hatte. Zudem schwitzte ich und mein Mund war dermaßen ausgetrocknet, dass mir die Zunge fast am Gaumen klebte. Ich tastete nach Jannik, doch der lag nicht mehr neben mir, was mich etwas nervös werden ließ.

»Wo bist du?«, rief ich halblaut, denn meine Stimme wollte mir nicht so recht gehorchen.

Sekundenbruchteile später stand Jannik bereits neben dem Bett und sah mich prüfend an.

»Hey«, sagte er leise und schaute mir mit liebevollem Blick in die Augen. »Wie geht es dir?«

»Um es klar und deutlich auszudrücken, beschissen«, krächzte ich schwach und musste dabei husten. »Mir ist schlecht und sobald ich den Kopf bewege, dreht sich alles um mich. Ich habe solchen Durst.«

»Ich hole Wasser, Jasper, und unser Arzt kommt auch gleich.«

»Keinen Arzt«, rief ich, dieses Mal um einiges lauter, »ich bin doch gar nicht versichert.«

»Darüber mach dir bitte mal keine Gedanken. Das werde ich schon regeln. Schließlich kennt mich Doktor Sprangel schon, seit ich auf der Welt bin, zudem ist er der Arzt der Familie, mach dir also über die Kosten keinen Kopf. Das regele ich schon.«

»Aber ich will dir nicht …«, erwiderte ich, wurde allerdings sofort unterbrochen und spürte einen Finger auf meinen Lippen.

»Ich weiß, ich weiß, nicht zur Last fallen«, vollendete Jannik meinen Satz und ein sanftes Lächeln umspielte seine Lippen. »Jetzt lass mich einfach mal machen, okay? Und zieh dir besser etwas über, der Doc wird jeden Moment da sein.«

Ein schwaches Nicken war das Einzige, was mir gelingen wollte, denn erstens wurde mir von Minute zu Minute schlechter und zudem schnürten mir aufsteigende Tränen den Hals förmlich zu. Ich akzeptierte wortlos

Janniks Fürsorge und schob mit einer heftigen Bewegung die Decke von meinem Körper, was Jannik aufmerksam verfolgte, und griff nach dem Bademantel, der auf dem Fußboden lag.

»Du bist ja total verschwitzt. Geht es dir wirklich dermaßen schlecht?«

»Ja«, hauchte ich kraftlos. »Ich habe das Gefühl, zu verbrennen, ich fühle mich wie in einer Sauna und es hört einfach nicht auf. Doch sobald ich Luft an meinen Körper lasse, denke ich, dass ich erfriere. Und schwindlig ist mir außerdem, sogar im Liegen.«

Ich hatte meinen Satz kaum ausgesprochen, da ertönte bereits ein Klingelton, woraufhin sich Jannik sofort zur Tür begab, um diese zu öffnen. Wenig später kehrte er in Begleitung eines weißhaarigen Mannes mit goldfarbener Brille zurück.

»Das ist Doktor Sprangel, Jasper. Er wird dich jetzt kurz untersuchen. Ich lasse euch beide mal allein, bin aber gleich nebenan.«

Jannik verließ den Raum und der Arzt trat näher an das Bett heran, wobei er freundlich lächelte.

»Nun, junger Mann, dein Name ist also Jasper. Ich darf doch Du sagen?«

»Natürlich«, bestätigte ich mit leiser Stimme.

»Gut, dann setz dich bitte mal auf, ich möchte zunächst dein Herz abhören. Wie fühlst du dich gerade?«

Ich beantwortete die Frage und natürlich ebenso die folgenden, gab ehrlich Auskunft über meinen Alkoholkonsum der letzten Zeit und versicherte mehrfach, dass ich definitiv trocken werden und bleiben wollte. Der Doktor hörte aufmerksam zu und fragte mich, als die Untersuchung beendet war, ob Jannik wieder reinkommen dürfte, um gleich umfassend informiert zu werden, was ich natürlich ohne zu zögern bejahte, denn immerhin war er der Familienarzt und wurde von Jannik bezahlt.

»Nun, wie geht es Jasper und was müssen wir beachten?«, fragte Jannik, kaum dass er das Zimmer betreten hatte.

»Zunächst das Positive vorweg«, begann der Arzt, »Jasper ist, von seinen akuten Entzugserscheinungen mal abgesehen, körperlich gesund, obwohl er etwas zu dünn für seine Größe ist. Herz und Lunge sind unauffällig und alles Weitere, was ich hier vor Ort untersuchen konnte, ebenso, was schon mal eine gute Voraussetzung ist, um ohne größere Probleme durch die ersten schweren Tage zu kommen. Jannik, du sagtest, Jasper würde bei dir wohnen? Zumindest während des Entzugs?«

»Stimmt, das tut er. Ich habe ihm angeboten, solange hierzubleiben, wie er möchte, nicht wahr, Jasper?«

Fragend schaute Jannik zu mir herüber und zwinkerte mir fast schon ein wenig schelmisch zu, sodass ich schnell nickte.

»Das hat Jannik wirklich gesagt«, bekräftigte ich meine Kopfbewegung zusätzlich und freute mich plötzlich wahnsinnig. So genau hatten wir das eigentlich gar nicht besprochen, doch in jenem Moment tat es mir einfach wahnsinnig gut, dass Jannik sich um mich kümmerte, das war doch etwas anderes als die sicher gut gemeinten, aber eher sinnlosen und teils oberflächlichen Vorschläge des Chefs. Apropos Chef, über diese Angelegenheit musste ich mit Jannik ganz dringend mal reden, also darüber, wie ich aus der Nummer am besten rauskommen würde. Schließlich müsste ich meinem besten Freier mitteilen, dass ich nicht mehr an seinen Poolpartys teilnehmen könnte, und ob ich danach die Wohnung weiterhin nutzen dürfte, stand in den Sternen. Außerdem war mir klar, dass die restliche Stricherei ebenfalls ein Ende haben müsste, sonst würde ich irgendwann erneut am Rande des Abgrunds stehen und völlig versacken.

»Und wie willst du das handhaben, Jannik?«, hakte Doktor Sprangel besorgt nach. »In den ersten paar Tagen sollte Jasper keinesfalls allein sein. Es kann nämlich durchaus zu Komplikationen kommen, zum Beispiel zu Bewusstseinsstörungen, Krampfanfällen oder Verwirrtheit. Zudem sollte regelmäßig die Körpertemperatur gemessen werden, und falls sie zu hoch wird, müsstest du mich sofort verständigen. All das geht nicht, wenn du beruflich unterwegs bist.«

»Keine Sorge, ich habe mir diese ganze Woche freigenommen. Den Master hab ich inzwischen ja in der Tasche und in der Firma meines Vaters kommen die locker ein oder zwei Wochen ohne mich aus. Ich habe heute Morgen mit Papa gesprochen und ihn auf die Schnelle eingeweiht. Von daher kann ich bei Jasper bleiben. Was kann ich sonst tun, um es ihm zu erleichtern?«

»Das Wichtigste ist, dass du immer in der Nähe bist. Ich könnte Jasper mit ein paar Medikamenten …«

»Nein!« Mit diesem leisen Aufschrei unterbrach ich den Arzt. »Keine Tabletten, Tropfen oder so was in der Art, ich schaffe das, ehrlich. Jannik, bitte keine Medis! Das will ich nicht.«

Jannik schaute mir fest in die Augen und wandte sich anschließend an den Hausarzt.

»Wenn Jasper keine Pillen möchte, dann lassen wir das. Was kann ich noch tun?«

»Jasper sollte viel trinken, Vitamine können nicht schaden, regelmäßig essen wäre auch gut. Es wird sicher ein bisschen dauern, bis er wieder richtigen Appetit hat. Und ich werde jeden Tag morgens und abends nach ihm sehen. Falls dir irgendetwas komisch vorkommt oder du dir nicht sicher bist, ob eine Reaktion gefährlich sein könnte, ruf mich an. Bitte erschrick nicht, es könnten sehr hässliche Momente kommen, aber das geht alles vorbei. Ich schau heute Abend noch mal rein. Pass gut auf ihn auf, Jannik.«

»Das mache ich. Warten Sie, ich bringe Sie zur Tür.«

Jannik verließ zusammen mit Doktor Sprangel den Raum und kehrte kurz danach zurück.

»Jannik?«

»Was gibts, Jasper? Brauchst du etwas?«

Statt einer Antwort schüttelte ich den Kopf und klopfte auf das Bett, um Jannik zu signalisieren, dass er sich zu mir setzen sollte, was er auch sofort tat.

»Warum tust du das alles?«, fragte ich. Meine Stimme klang heiser, da meine Kehle brannte und ich kaum einen normalen Ton herausbekam. Dennoch wollte ich Klarheit, ich musste einfach wissen, wie Jannik tickte.

»Weil ich dir helfen will. Und weil du mir nicht gleichgültig bist. Warst du letztes Jahr nicht und bist du auch jetzt nicht. Reicht das?«

»Aber … ich meine … da ist immer noch Felix in meinem Kopf«, stotterte ich und spürte dabei, wie mir die Tränen aus den Augen rannen. »Ich kann nichts dafür … ich … will dir nicht wehtun.«

»Tust du nicht. Du brauchst mich jetzt, das reicht. Und ja, das mit Felix ist mir bekannt. Ist aber derzeit nicht relevant. Es ist auch nicht wichtig, was du für mich empfindest, sondern, was ich für dich fühle. Am allerwichtigsten ist allerdings, dass du wieder fit wirst.«

So schlicht diese Worte auch waren, so tief trafen sie mein Herz. Ununterbrochen rannen die Tränen meine Wangen hinab, ich schaute Jannik mit verschleiertem Blick an, drückte seine Hand und wünschte mir nichts sehnlicher, als ihm aus unbeschwertem Herzen sagen zu können, dass

Felix mittlerweile nur eine Erinnerung war. Leider konnte ich das nicht, aber Jannik sah mich nur unverwandt an und lächelte.

»Willst du mir nicht ein bisschen mehr über Felix erzählen?«, fragte Jannik nach einer Weile und hob seine rechte Augenbraue.

»Nein!«, hauchte ich kaum hörbar. »Das heißt, vielleicht irgendwann, aber nicht jetzt, weil ich einfach zu müde bin. Kann ich mir den Bademantel endlich wieder ausziehen?«

»Sicher!«, antwortete Jannik und war mir dabei behilflich, das Teil wieder loszuwerden. Anschließend brachte er mich liebevoll ins Bad, setzte mich in die Badewanne und wusch mit sanft den Schweiß von der Haut. Er war so einfühlsam und vorsichtig dabei, als würde er mich mit dem Schwamm massieren wollen. Das entlockte mir ein Schnurren, ich genoss diese wunderbaren Berührungen und wünschte mir, dass er mich noch stundenlang so intensiv verwöhnen würde. Irgendwann jedoch stellte er das Wasser ab, trocknete mich mit einem weichen Frotteehandtuch ab, trug mich zurück ins Schlafzimmer, deckte mich bis zum Hals zu und strich mir nochmals sanft durchs Haar.

»Jasper, solltest du irgendwann den Drang haben, doch über Felix reden zu wollen, bin ich für dich da.«

Ich nickte und schloss die Augen. Janniks Hände konnte ich noch eine ganze Weile spüren. Immer wieder streichelte er mir über die Stirn und Wangen, bis ich eingenickt war. Die Schlafphase hielt jedoch nicht lange an. Etwa zwei Stunden später erwachte ich und zitterte an Armen und Beinen. Mein Körper fühlte sich an, als würde er auseinanderbrechen wollen. Jannik bekam die Geräusche mit, die ich verursachte, und betrat sofort das Zimmer. Er wollte mir einen kühlenden Waschlappen auf das Gesicht legen, doch das verweigerte ich. Meine Sucht war in diesem Moment so stark, dass ich nahezu alles getan hätte, um meinen Körper durch ein Bier oder ein anderes alkoholisches Getränk zu beruhigen. Ein feuchtes Tuch konnte ich jedoch in dem Moment nicht gebrauchen, es würde mir eher ein beklemmendes Gefühl vermitteln, einem Erstickungsanfall nicht ganz unähnlich. Deshalb schrie ich Jannik an, verwies ihn sogar des Raumes. Entgegen meinen Erwartungen blieb er cool und schloss leise die Tür von außen, allerdings konnte ich keine Schritte vernehmen, die mir verraten hätten, dass er sich fortbewegte. Ich war mir daher sicher, dass er auf dem Flur verharrte und auf ein

Rufen meinerseits wartete. Das machte mich wütend, am liebsten hätte ich mich mit ihm gestritten, wünschte mir die Konfrontation, nur um inneren Druck abzubauen, mir fehlte jedoch die Kraft, aufzustehen und ihm nachzugehen, deshalb schlug meine Emotion von Zorn in pure Verzweiflung um. Ich heulte wie ein Schlosshund, umarmte mich sozusagen selbst, nahm eine Art Fötusstellung ein und zerkratzte mir mit den eigenen Fingernägeln den Rücken.

Jannik ließ nicht lange auf sich warten, bis er den Raum erneut betrat. Er fragte mich weiteres Mal, ob er etwas tun könnte, doch ich antwortete lediglich mit einem »Verschwinde!«, was ich im Nachhinein sofort bereute und mich noch trauriger stimmte, als ich eh schon war.

»Ich mache alles kaputt!«, wisperte ich heulend in die nassen Kissen. »Ich versaue es mir mit jedem. Wahrscheinlich ist Felix nur meinetwegen abgehauen und wenn ich so weitermache, wird sich auch Jannik von mir zurückziehen. Simon will bestimmt ebenfalls nichts mehr mit mir zu tun haben und bei meinen Eltern brauche ich mich erst recht nicht blicken zu lassen, wobei ich bestimmt nicht vorhabe, dort aufzukreuzen. Ich bin und bleibe halt ein abgefuckter Stricher, ein asozialer Scheißkerl, der jeden Schwanz in den Mund nimmt, sofern irgendjemand dafür bezahlt.«

Ich schüttelte mich und zitterte heftig an Armen und Beinen, mein Körper krampfte und meine Augen brannten wie Feuer. Ich flennte nach wie vor wie ein Schlosshund, es dauerte eine ganze Weile, bis ich mich wieder gefasst hatte, meine Hand in meiner Mitte vergrub, mich mit krummem Rücken auf die rechte Seite legte und weiter vor mich hin schimpfte.

»Außerdem bin ich ein Alki, ein richtig verfickter Versager, der nichts kann außer dumm rumlabern, saufen, rauchen und vögeln. Super! Dann kann ich mir ja gleich nen Strick nehmen.«

Irgendwann wurde ich ruhiger und irgendwie müde. Ich nahm mir ein Taschentuch, schnäuzte mich und warf meinen Körper in die Waagerechte. Plötzlich klopfte es an der Tür.

»Darf ich jetzt reinkommen?«, kam es vorsichtig aus Janniks Mund.

»Ja, sicher!«, krächzte ich und Jannik trat mit einem kleinen Tablett in der Hand näher. »Entschuldige bitte, dass ich gerade so bescheuert war! Ich habe schließlich nicht das Recht, dich hier rauszuschmeißen, was bin ich nur für ein Arschloch?«, gab ich ihm im selben Satz zu verstehen und ließ Jannik näherkommen.

»Ist schon okay, mach dir darüber keinen Kopf. Ich habe etwas Brühe zubereitet, falls du etwas zu dir nehmen möchtest. Sie schmeckt gut. Ist ein Rezept meiner Oma und ein Wundermittel gegen fast alle Krankheiten.«

Ich nickte und Jannik reichte mir eine Tasse. Ich roch daran und musste ihm recht geben. Dieses Zeug duftete wunderbar, sodass ich mehrfach in kleinen Schlucken daran nippte.

»Das war eben nicht gegen dich gerichtet«, entschuldigte ich mich weiter. »Mir war total beschissen zumute und deshalb musste ich ein wenig Dampf ablassen. Sorry!«

Jannik nickte verständnisvoll.

»Ich nehme es dir nicht übel. Mir ist schon bewusst, dass dir keine einfachen Zeiten bevorstehen. Also schrei mich an, wenn du willst, ich komme damit zurecht. Ich bin für dich da, sofern du Nähe brauchst und auch, falls du jemanden benötigst, den du anmeckern willst. Good times, bad times, wenn du verstehst. Ich bin auf alles gefasst und unterstütze dich. Du kannst dich jederzeit auf mich verlassen.«

Darauf wusste ich nichts zu sagen. Für mich war es das Schönste, was mir ein Mensch jemals mitgeteilt hatte, und trieb mir abermals die Tränen in die Augen, was ich jedoch energisch zu unterdrücken versuchte. Mir war von diesem Moment an zu einhundert Prozent bewusst, dass ich bei Jannik gut aufgehoben war, weil er mir tatsächlich helfen wollte. Und das war gut so!

In den nächsten Tagen ging ich durch Himmel und Hölle. Manchmal war mir danach, Jannik zu küssen, was ich auch tat, mitunter hatte ich sogar Lust auf Sex, und dann gab es Stunden, in denen ich mir am liebsten die Haut in kleinen Fetzen vom Körper gerissen hätte. Die unsäglichen Schmerzen, die Augenblicke, in denen ich jede einzelne Ader spürte, ließen mich verzweifeln und schreien. Doch Jannik ertrug mich und ich wusste, dass ich ihm dafür immer dankbar sein würde.

Nach etwa einer Woche ließen die Entzugserscheinungen nach, von da an war ich auch längere Zeit über wach und viel aktiver. Ab und zu schauten Jannik und ich sogar einen Film oder sonnten uns auf der Dachterrasse. Es war wieder etwas mehr normales Leben möglich, selbst der Arzt war mit mir sehr zufrieden, da ich sogar zwei Kilo zugenommen hatte. Zum Glück hatte Jannik sich eine weitere Woche freigenommen, denn dass ich allein blieb, hielt der Doc noch für zu gefährlich.

»Mein Vater hat übrigens gefragt, wie es dir geht«, gab mir Jannik irgendwann zu verstehen, als wir an einem Abend der zweiten Woche gemeinsam auf dem Sofa lagen und irgendeinen Fantasykram schauten.

»Was weiß er eigentlich genau über mich?«, konterte ich mit einer Gegenfrage, da ich keinesfalls wollte, dass der Mann irgendwas über meine Vergangenheit erfuhr.

»Nichts Genaues. Nur, dass du ein Freund bist, der Hilfe braucht und den ich sehr mag. Von dem Job, den du ausgeführt hast, habe ich ihm natürlich nichts erzählt. Keine Angst, mein Dad ist keiner von diesen versnobten Neureichen, die auf andere Menschen, die nicht so viel Geld haben wie er, herunterschauen. Mein Vater ist cool, eigentlich sogar ziemlich modern. Vielleicht sollte ich dir meine Eltern irgendwann mal vorstellen.«

Als ich diesen Satz vernahm, durchzuckte es meinen Körper wie ein Blitz. Nein! Seinen Vater wollte ich nicht kennenlernen. Nicht, solange ich nicht völlig wiederhergestellt war. Ich schüttelte den Kopf.

»Bitte lass uns damit noch warten, ja? Ich will keinen schlechten Eindruck hinterlassen. Und momentan fühle ich mich noch so schmutzig und … keine Ahnung, ich denke immer, dass ich ein Mensch zweiter Klasse bin. Am besten sage ich dir, sobald ich dazu bereit bin, okay?«

Jannik zog ein schiefes Lächeln, nickte dennoch trotzdem.

»In Ordnung! Ich kann dich verstehen, aber du bist kein Mensch zweiter Klasse, du bist einfach ein Junge, der eine Menge Scheiße durchgemacht und sich glücklicherweise dazu entschlossen hat, sich helfen zu lassen. Das schafft nicht jeder und darauf solltest du stolz sein.«

Ich zuckte mit den Schultern, denn ich war alles andere als von mir selbst überzeugt. Nicht zuletzt hatte ich eine Dummheit nach der anderen begangen. Aber das war egal, wen interessierten schon meine Gefühle?

»Bist du nicht stolz?«, hakte Jannik nach.

»Nein! Doch darüber sprechen wir jetzt nicht, sonst bekomme ich schlechte Laune«, antwortete ich schroff und starrte wieder auf den Bildschirm, obwohl mich der Film eigentlich überhaupt nicht interessierte.

»Jasper, erzähl mir doch mal bitte endlich, was dich außer Felix noch bewegt. Da wird unter Garantie viel mehr sein als dieser Junge, oder nicht?«

»Ich komme aber mit allem zurecht, nur Felix schwirrt mir noch immer im Kopf rum. Den Entzug habe ich ja fast erfolgreich hinter mich bringen können. Denke ich zumindest. Und mit dem Anschaffen ist es nun endgültig vorbei, obwohl ich da noch eine Menge regeln muss, sobald ich wieder einigermaßen dazu in der Lage bin.«

»Ich helfe dir dabei, es ist egal, mit wem du irgendwas regeln willst. Ich lasse dich nicht allein. Was wäre denn vorrangig zu erledigen?«

»Also ganz wichtig wäre der Chef!«, erklärte ich. »Immerhin war er nicht nur mein Hauptfreier, sondern ist derzeit auch mein Vermieter und deshalb sollte ich mich ganz dringend bei ihm melden.«

»Wieso nennst du ihn eigentlich Chef?«, wollte Jannik neugierig wissen.

»Alle nennen ihn so, wenn du verstehst. Der hat eine Menge Kohle, ein Haus im Brandenburger Land und veranstaltet dort regelmäßig Partys mit Strichern. Er war der beste Zahler und eigentlich ist er sogar sehr nett. Auch er hat mir Hilfe angeboten, doch die wollte ich nicht annehmen, weil er halt ein Freier war.«

»Okay, vielleicht solltest du ihn anrufen. Vor allem wegen deiner Wohnung, das ist ziemlich wichtig und sollte nicht auf die lange Bank geschoben werden. So genau hattest du mir das bisher ja nicht erzählt.«

Ich nickte schüchtern und lief etwas rot an.

»Schon klar, Jannik, aber ich kann eben nicht ein ganzes Jahr in ein paar Stunden pressen. Außerdem ist mir das alles immer noch ziemlich peinlich. Dennoch werde ich dir bestimmt noch das eine oder andere erzählen, was du nicht weißt. Also bitte …«

Jannik grinste und nahm mich in den Arm.

»Kein Problem. Alles in Ordnung. Doch nun solltest du wirklich mal dein Handy holen und dich bei diesem Chef melden. Eventuell auch die Wohnung auflösen oder … ach, du musst selbst wissen, was du willst.«

»Wohnung auflösen? Wo soll ich denn dann hin?«, hakte ich nach und schaute Jannik mit großen Augen an.

»Gut, ich meine, egal, ob du mich magst oder wie sehr, ich würde dich hier wohnen lassen, aber wie gesagt, das entscheidest du ganz allein.«

Ich hörte Jannik zu, erhob mich jedoch unterdessen vom Sofa und holte mein Handy, auf das ich den ganzen Tag über nicht geschaut hatte, aus dem Schlafzimmer. Es hing wie meistens am Ladekabel, daher stöpselte ich es ab und erblickte eine Textnachricht, die mir augenblicklich Gänsehaut auf dem gesamten Körper verschaffte.

»Hey Jasper! Wollte mich nur mal melden und dir sagen, dass es mir gut geht. Ich hoffe, dass bei dir alles in Ordnung ist. Melde dich doch mal. Viele liebe Grüße aus Granada, Felix!«

»Jannik, Jannik, guck mal, er hat mir geschrieben! Ich habe ein Lebenszeichen von ihm erhalten. Er hat sich nach mir erkundigt. Ist das nicht cool?«

»Wer hat dir geschrieben? Etwa der Chef?«, warf Jannik ein, nachdem ich sein Wohnzimmer mit meinem Handy in der Hand betreten hatte, wobei ich vor lauter Euphorie beinahe wie auf Wolken schwebte.

»Nein! Felix hat sich gemeldet. Und mir Grüße aus Granada geschickt. Wo genau ist das eigentlich?«

»Andalusien!«, antwortete Jannik knapp und, seinem Gesicht nach zu urteilen, auch ein wenig traurig.

»Ob ich ihm schreiben sollte? Ich meine …«

»Jasper, er hat in Spanien ein neues Leben! Lass ihn doch einfach.«

»Nein! Ich meine, ja! Ach, egal. Falls ich ihm nichts bedeuten würde, hätte er sich bestimmt nicht gemeldet.«

»Jasper, bitte, hör mir mal zu. Du musst …«

»Jannik, du weißt doch, dass ich ihn noch irgendwie liebe, oder?«, unterbrach ich ihn. »Und falls da noch irgendwas ist, sollte ich versuchen, das herauszufinden. Ich kann nicht anders, ich muss das einfach tun.«

In Janniks Augen konnte ich einen feuchten Schimmer erkennen, was mir ein schlechtes Gefühl bescherte. Ich wollte ihm keinesfalls wehtun, das hatte ich beteuert. In diesem Fall hatte ich jedoch von vornherein mit offenen Karten gespielt.

»Ich will dich nicht traurig machen, Jannik«, fügte ich meinen Eindrücken schließlich mit leiser Stimme hinzu. »Ich lasse Felix wohl doch besser einfach in Ruhe!«

»Nein!«, widersprach er mir und sah mich plötzlich ernst an. »Du musst wirklich mit deiner Vergangenheit abschließen und alles erfahren, was du unbedingt wissen willst, sonst hängt dir das ewig nach und du wirst dich niemals frei fühlen. Und falls das dazu gehört, solltest du ihn kontaktieren. Persönlich! Flieg hin! Triff ihn! Rede mit ihm! Und dann entscheidest du, was das Beste für dich ist. Hauptsache, du wirst glücklich, Jasper. Hattest du nicht selbst mal davon gesprochen, dass man das loslassen sollte, was man liebt? Dieses Mal bist du es – der, den ich gehen lasse.«

Ich nickte und flüsterte Jannik ein »Ja!« entgegen und ergänzte: »Aber ich habe gar kein Geld für einen Flug nach Spanien.«

Jannik zuckte mit den Schultern.

»Das ist kein Problem. Sobald du ganz gesund bist, keine Entzugs-erscheinungen mehr hast und dich fit genug fühlst, buchen wir einen Flug für dich. Ich bezahle den und warte hier auf dich. Und entweder kommst du zurück oder bleibst bei ihm. Du entscheidest. Und nun komm her. Ich möchte dich einfach umarmen. Weil du so ehrlich zu mir warst.«

GRANADA

itte August ging es mir endlich so gut, dass ich mich auf den Weg nach Spanien machen konnte. In den Wochen zwischen dem Tag, als Jannik beschlossen hatte, mir diese Reise zu ermöglichen, und dem Moment, in dem ich im Flugzeug auf einem Platz am Fenster saß, war ich noch mehrfach durch die Hölle gegangen. Nicht unbedingt körperlich, sondern eher seelisch. Dem Chef hatte ich eine knappe Nachricht hinterlassen, allerdings nur geäußert, dass ich mich nicht wohlfühlte und mich mit ihm träfe, sobald ich dazu in der Lage wäre und ihm an dem Tag auch die Miete bezahlen würde. Er akzeptierte meine Mitteilung ohne weitere Nachfrage und signalisierte lediglich, dass er einverstanden war, was mich natürlich deutlich beruhigter die nächsten Schritte planen ließ. Immerhin behielt ich auf diese Weise meine Wohnung, sodass ich nicht auf Gedeih und Verderb auf Jannik angewiesen war. Ich schämte mich für diesen Gedanken und doch … was wäre, wenn ich ihm dermaßen wehtäte, dass er mich rausschmeißen würde? Klar, zurück auf den Strich wollte ich auf gar keinen Fall, damit war ich durch, doch zu wissen, wo ich im Notfall würde schlafen können, gab mir ein, zugegebenermaßen trügerisches, Gefühl von Unabhängigkeit.

Der Arzt gab schließlich grünes Licht und erklärte, dass ich den ersten wichtigen Schritt mit Erfolg absolviert hatte, mahnte jedoch, dass ich mich demnächst, und zwar in nicht allzu ferner Zukunft, einer Selbsthilfegruppe anschließen sollte, was Jannik natürlich sofort unterstützte. Ich stimmte zu, nicht zuletzt, um ihm einen Gefallen zu tun, allerdings auch ein ganz kleines bisschen, weil ich spürte, dass es ohne weitere Hilfe fast unmöglich sein würde, nicht rückfällig zu werden.

Es war klar, dass ich zukünftig keinen Alkohol mehr würde trinken dürfen. Gar keinen, sprich, kein kühlendes Bier für mich im Sommer, wenn es heiß war, und erst recht keine härteren Sachen. Da ich am eigenen Leib erfahren hatte, wie sehr man sich nach einem Schluck Alkohol sehnen konnte, war mir bewusst, dass ich sicher noch sehr oft in Versuchung geraten würde und es verdammt schwer werden könnte, immer standhaft zu bleiben. Ich war gerade mal achtzehn Jahre alt und hatte bereits den ersten Entzug absolviert. Eine wirklich tolle Karriere hatte ich da hinter mir. Säufer, Stricher, Nichtsnutz. Aber okay, ich würde es schaffen, denn Jannik stand mir tatsächlich fast rund um die Uhr zur Seite. Wenn er arbeiten ging, was sich natürlich irgendwann nicht mehr vermeiden ließ, durfte ich ihn jederzeit anrufen, was ich sogar mehrfach tat. Es dauerte nie lange, bis er ins Haus geeilt kam und mich tröstete, in den Arm nahm … oder beides.

Irgendwann hatte ich sogar die Nachricht von Felix beantwortet. Mehrere Wochen hatte ich das vor mir hergeschoben, denn obwohl ich allein bei dem Gedanken an ihn zu zittern und mein Herz zu rasen begann, hatte ich ziemlich lange gezögert. Vielleicht fehlte es mir an Mut oder ich hatte, trotz allen Verständnisses, einfach ein zu schlechtes Gewissen Jannik gegenüber. Als ich jedoch auf meine schlichte und kurze Nachricht, dass es mir gut ginge und die ich mit HDL unterzeichnete, prompt eine Rückantwort bekam, konnte es mir gar nicht schnell genug gehen, Felix endlich wiederzusehen.

Jannik, der mich nach wie vor bei allem, was ich tat oder plante, unterstützte, und der mich jede Nacht tröstend oder beruhigend im Arm hielt und so manche Träne trocknete, stand mir, wie zugesagt, bei meinem Plan, zu Felix zu fliegen, mit Rat und Tat zur Seite. Immerhin hatte ich keinen blassen Schimmer, wo ich Felix suchen sollte. Granada, klar, bloß das war eine große Stadt, zudem in einem fremden Land, dessen Sprache ich nicht beherrschte. Ich konnte mich dort ja schlecht mitten auf den Marktplatz stellen und nach Felix rufen. Also begann Jannik, ein paar Nachforschungen anzustellen. Ich hatte ihm in einem der vielen Gespräche, die wir in den ganzen Wochen führten, Fabians vollen Namen verraten, und da der, zumindest nach Aussage von Felix, Unternehmer sein sollte, versuchte Jannik über ein paar Geschäftsfreunde, etwas über einen Mann namens Fabian Döbler herauszubekommen. Es dauerte zwar ein paar Tage, doch dann kam Jannik abends nach Hause und wirkte sehr ernst.

»Ist etwas passiert?«, fragte ich, sobald ich Jannik sah, denn sein Gesichtsausdruck war dermaßen traurig, dass es mir fast körperlich Schmerzen bereitete. Nicht zum ersten Mal schämte ich mich dafür, dass ich seine Zuneigung und Fürsorge dermaßen ausnutzte, bloß andererseits hatte ich aus meinen Gefühlen nie ein Geheimnis gemacht. Ja, ich hatte Gefühle für Jannik. Zärtliche und liebevolle, aber … Felix wohnte nach wie vor in meinem Herzen. Ich verabscheute mich dafür und gleichzeitig ließ ich es zu, dass Jannik mich verwöhnte und sich um mich kümmerte, und zwar in jeder freien Minute.

Jannik nickte, setzte sich zu mir auf die Liege, auf der ich es mir auf der Dachterrasse bequem gemacht hatte, und reichte mir einen großen Umschlag.

»Was ist das?«

»Mach es auf«, antwortete Jannik leise und ich konnte den ernsten Unterton in seiner Stimme deutlich wahrnehmen. Zögernd griff ich nach dem, was er mir gereicht hatte, öffnete das Kuvert und zog ein paar Papiere heraus. Bevor ich fragen konnte, sprach Jannik weiter und seine Worte wurden nach und nach leiser. »Das ist für dich, damit kannst du jetzt endlich nach Spanien fliegen – zu Felix.«

Vorsichtig schaute ich mir die Unterlagen genauer an. Es handelte sich um ein Blatt Papier, auf dem die Anschrift von Fabian Döbler in Granada vermerkt war, um mehrere hundert Euro Bargeld und zwei Flugtickets. Nach Malaga und zurück.

Mit Tränen in den Augen schaute ich zu Jannik und sah mit wundem Herzen, dass auch er mit dem aufsteigenden Nass zu kämpfen hatte. Ich erkannte, dass dieser Mann mich aufrichtig liebte, obwohl er es mir nie ganz direkt gesagt hatte, und ich verfluchte mich, wie schon so oft, selbst dafür, dass ich ihn nicht einfach auf die gleiche Art lieben konnte.

»Das soll ich einfach so annehmen?«, hauchte ich mit erstickter Stimme, denn ich hatte einen mehr als dicken Kloß im Hals. Womit hatte ich nach allem die bedingungslose Fürsorge dieses wunderbaren Mannes eigentlich verdient? Zumal ich ja noch nicht einmal wusste, ob ich mich jemals dafür würde revanchieren können.

»Ja«, erwiderte Jannik. »Genau das sollst und musst du. Flieg hin. Von Malaga aus gibt es genügend Verbindungen nach Granada, du wirst sehen, das ist ganz leicht. Und dort sprichst du mit Felix. Erzähl ihm, was du mir erzählt hast. Redet über alles. Stell fest, ob er dich ebenso liebt wie du ihn. Doch solltest du erkennen, dass er sein Glück gefunden hat, denk an dein eigenes Motto. Ein Rückflugticket ist dabei. Wenn du nicht in Granada bleiben willst, ich bin hier. Und ein bisschen Geld brauchst du natürlich auch, deshalb habe ich dir eine kleine Finanzspritze dazugelegt.«

»Das kann ich unmöglich jemals zurückzahlen.«

Ich schaute, weiterhin kopfschüttelnd, auf die Papiere, die auf meinen Oberschenkeln lagen. Das konnte ich doch gar nicht annehmen, die Summe war viel zu hoch, Jannik hatte ohnehin schon viel zu viel für mich ausgegeben.

»Das sollst du auch gar nicht. Ich will nur, dass du glücklich bist oder wirst und endlich zur Ruhe kommst. Deshalb schicke ich dich zu ihm. Für dein Seelenheil.«

»Und du?«, fragte ich leise und mein Herz krampfte zusammen. Ich fühlte mich grottenschlecht und dennoch zog eine fast unmerkliche Freude darin ein. Ich würde Felix endlich wiedersehen. Nur das zählte in diesem Moment.

»Ich bin da, nicht mehr und nicht weniger. Denk nicht an mich, okay? Und nun wollen wir nicht mehr darüber reden, die nächsten Stunden gehören uns. Lass uns etwas kochen, ja?«

Wir verbrachten einen wahnsinnig netten Abend zusammen, nur eine gewisse Traurigkeit schwang in jedem Wort und jedem Lachen mit. In der Nacht schmiegten wir uns ein letztes Mal nackt aneinander und obwohl es unglaublich zärtlich gewesen war, hatte es sich doch vergänglich angefühlt.

Tja, und ehe ich mich versah, saß ich tatsächlich in dem Flieger, der mich nach Malaga bringen sollte. Jannik hatte es sich natürlich nicht nehmen lassen, mich zum Flughafen zu begleiten und am Sicherheitscheck so lange zu warten und mir nachzuwinken, bis ich für ihn außer Sichtweite war.

Als ich auf das Boarding wartete, wurde ich plötzlich angesprochen.

»Jasper?«

Erschrocken drehte ich mich um und starrte den Mann, der meinen Namen genannt hatte, verstört an. Es war der andere Typ, den ich über den Chef kennengelernt, der, der mich nie geordert hatte. Der nach Aussage des Chefs auf nicht ganz so junge Männer stand. Was zum Henker wollte er von mir? Gerade jetzt.

»Ja, stimmt«, gab ich zur Antwort und wollte mich wegdrehen, doch der Kerl hielt mich zurück.

»Was machst du denn ganz allein hier?«

Da ich keinerlei Lust verspürte, mich weiter mit dem Heini abzugeben, griff ich zu einer Notlüge – denn immerhin wollte ich weder mit ihm noch mit der Szene, in der er sich bewegte, zukünftig noch irgendetwas zu tun haben.

»Ich fliege zu meinem Mann nach Spanien, der arbeitet da als Manager in einem großen Hotel. Entschuldigen Sie mich bitte, ich muss ihn eben noch mal anrufen und meine genaue Ankunftszeit durchgeben.«

Damit wandte ich mich schnell ab und ließ den Mann stehen, der nichts zu erwidern wusste und mich von daher nicht zurückhalten konnte.

Rasch verzog ich mich aufs Klo und atmete tief durch. Der Typ hatte mir gerade noch gefehlt. Hoffentlich saß der wenigstens im Flugzeug weit weg, sodass ich ihm nicht ein weiteres Mal begegnen musste.

Eine halbe Stunde nach diesem Vorfall hatte ich endlich meinen reservierten Sitz eingenommen und schaute mit einem gewissen Maß an Aufregung zu, wie sich der stählerne Vogel langsam in die Luft erhob. Es war mein erster Flug überhaupt und ich fand es so faszinierend, die Wolken von der Oberseite zu beobachten, dass ich minutenlang mit offenem Mund aus dem Fenster schaute und aus dem Staunen nicht mehr rauskam. Die Welt war für mich so unglaublich schön, dass ich alles um mich herum vergaß und völlig irritiert war, als die Flugbegleiterin mich fragte, ob ich etwas trinken wollte. Ich bestellte mir einen Tee, der mir gleich darauf serviert wurde, und genoss das warme Getränk in kleinen Schlucken. Unterdessen sah ich weiter in die Luft und grübelte ein wenig nach. Mein Gewissen plagte mich, denn Jannik war ein richtig lieber Kerl und ich ein solches Arschloch. Wieso musste es eigentlich immer nur nach meiner Nase gehen? Weshalb hatte ich nicht einfach gesagt, dass Felix Geschichte wäre und ich keinen Flug nach Spanien wollte? Irgendwo machte mich das völlig fertig, obwohl ich andererseits auch wahnsinnig nervös war, Felix zu treffen, ihn zu überraschen und mit ihm zu reden. Doch was wäre, falls er das gar nicht wollte? In einem solchen Fall würde meine Welt sicher zusammenbrechen.

Als der Flieger zur Landung ansetzte, kribbelten meine Arme und Beine vor Nervosität. Mein trockener Mund verbot mir, mich vom Flugpersonal zu verabschieden, daher nickte ich lediglich und verschwand in Richtung Flughafengebäude, um am Gepäckband die Tasche in Empfang zu nehmen, die Jannik für mich gepackt hatte. Ich hatte in den letzten Wochen ohnehin schon seine Klamotten getragen, da ich ja, als er mich traf, nichts dabeihatte, so war es für ihn kein Problem gewesen, mir zwei Hosen und ein paar T-Shirts von sich abzutreten. So etwas hätte niemand sonst für mich getan, dessen war ich mir durchaus bewusst.

Am Flughafen erkundigte ich mich, wie ich denn am schnellsten nach Granada käme. Eine freundliche Dame erklärte mir in gebrochenem Deutsch, dass es eine Bahn gäbe, die mich innerhalb von zwei Stunden zu meinem Ziel brächte. Ich bedankte mich, nahm mir ein Taxi zum Bahnhof und schaffte es tatsächlich, mir in einem Land, in dem ich bisher niemals war, ein Zugticket zu kaufen. Glücklicherweise halfen mir meine Englischkenntnisse ein wenig.

Im Zug schrieb ich Jannik eine schnelle SMS, damit er wusste, dass ich angekommen war, und schlief anschließend ein. Erst kurz vor meinem Ziel schlug ich die Augen wieder auf und wankte müde zur Ausgangstür. Irgendwie fühlte ich mich benommen, wahrscheinlich war ich an eine solch lange Reise nicht gewöhnt oder die Hitze machte mir zu schaffen, da die Klimaanlage in der Bahn entweder nicht funktioniert hatte oder schlichtweg nicht vorhanden war.

Verschwitzt stieg ich aus und versuchte, mich zu orientieren. Ich entfaltete das Papier mit der Adresse der Firma Döbler, schaute auf das Straßenschild vor mir, versuchte, mir eine Verbindung mit öffentlichen Verkehrsmitteln herauszusuchen, was mir jedoch nicht gelang, und entschied letztendlich, dass ein Taxi die beste und womöglich die einzige Möglichkeit war, um an mein Ziel zu gelangen. Glücklicherweise lag das Unternehmen Döbler nicht allzu weit vom Bahnhof entfernt, sodass die Fahrt mit dem Mietwagen, im Nachhinein betrachtet, nicht sonderlich viel Geld schluckte.

Je mehr ich mich jedoch der Adresse näherte, umso stärker schlotterten meine Knie. Ich war aufgeregt wie ein Kind vor der Weihnachtsbescherung und fühlte mich, als würde ich kurz vor einem Herzinfarkt stehen. Dennoch musste ich es wagen, Felix zu treffen, selbst wenn es eine Enttäuschung für mich werden würde. Deshalb straffte ich meine Schultern und begab mich zum Eingang des Bürogebäudes, vor dem ich einem Pfeil folgte, auf dem in mehreren Sprachen das Wort Anmeldung/Information geschrieben stand. Hoffentlich arbeitete Felix hier im Haus und nicht in irgendeiner anderen Filiale oder Niederlassung. Egal, irgendjemand an der Information würde mir das garantiert sagen können. Notfalls würde ich mit Fabian Döbler sprechen.

Irgendwann stand ich vor einer Tür, betätigte den kleinen Klingel-knopf, den ich vor mir entdeckte, und wartete nervös, bis eine Frauen-stimme mich auf Spanisch fragte, was sie denn für mich tun könnte. So zumindest interpretierte ich die Worte, die aus dem Lautsprecher zu mir drangen.

»Sprechen Sie Deutsch?«, rief ich aufgeregt zurück und hoffte, dass sie mich verstand, da ich sonst wahrscheinlich aufgeschmissen gewesen wäre.

»Ja!«, antwortete sie zu meinem Glück. »Wie kann ich Ihnen helfen?«

»Ich möchte gern zu Herrn Felix Steinmüller. Geht das?«

»Herr Steinmüller? Ich glaube, das ist möglich.«

Ein Summer ertönte und ich konnte die Tür aufdrücken. Eine Dame mit hochgesteckten, schwarzen Haaren und dunklem Teint lächelte mir entgegen.

»Das Büro von Herrn Steinmüller befindet sich in der zweiten Etage, direkt neben dem des Juniorchefs«, erklärte sie mir. »Wen darf ich denn melden? Und haben Sie einen Termin?«

»Nein, ich habe keinen Termin. Herr Steinmüller ist ein sehr guter, alter Freund von mir und ich würde gern kurz mit …«

»Ist in Ordnung!«, unterbrach mich die Rezeptionistin mit einem Blick, als hätte sie meine Nervosität erkannt und würde genau wissen, was der eigentliche Grund meines Auftauchens war. »Bitte füllen Sie den Be-sucherschein aus, anschließend gehen Sie bitte zum Fahrstuhl. Die Zwei drücken und anschließend nach rechts. Ich werde Sie in der Zwischenzeit anmelden.«

In zittriger Handschrift notierte ich meinen Namen auf dem Blatt und schlich in Richtung Lift. In diesem Moment wusste Felix wohl bereits, dass ich im Haus war, da die Dame ihm wohl Bescheid gesagt hatte, noch bevor ich den Aufzug erreichen konnte.

Im Fahrstuhl musste ich vor Aufregung würgen, denn ich hatte plötz-lich einen derartig starken Bammel vor dem, was mich erwarten würde. Als ich Felix jedoch wenige Augenblicke später gegenüberstand, sah ich einen völlig anderen Menschen vor mir, gepflegt und mit Anzug, dabei lächelnd wie ein Geschäftsmann. Ich wurde von einer Sekunde auf die andere komplett ruhig, denn damit hatte ich irgendwie nicht gerechnet.

»Jetzt bin ich platt. Ich glaube, ich spinne. Kneif mich mal bitte jemand! Sag mal, Jasper, was treibt dich denn hierher? Das ist ja der Hammer! Wow, du in Spanien? Ich glaube, mich tritt ein Pferd. Als Maria dich anmeldete, dachte ich, sie wollte mich veräppeln. Das kann doch nicht sein. Komm rein! Setz dich!«, sprudelte Felix wasserfallähnlich hervor.

Ich betrat ein großes, weiß gestrichenes Büro mit massivem Schreibtisch und riesigen Schränken. Es war klimatisiert und verfügte über eine riesige Fensterfront.

»Wow!«, entfloh es mir staunend. »Du hast es wohl geschafft.«

»Jasper, nun lass dich doch erst mal anschauen. Dünn bist du geworden. Vielleicht sollten wir heute Abend Tapas essen gehen, damit du mal zu Kräften kommst. Geht es dir gut? Aber zuerst erzählst du mir mal, warum du hier bist. Und woher wusstest du, wo ich arbeite?«

»Ich habe halt recherchiert«, antwortete ich knapp und nahm auf einem der Lederstühle Platz. »Weil ich dich gern wiedersehen wollte. Deshalb! Aber du scheinst so … so glücklich und ausgeglichen zu sein, und dieses tolle Büro mit diesem wahnsinnigen Ausblick über die Stadt, das ist der absolute Oberkracher. Ich gönne dir das so sehr!«

»Weißt du, Fabian hat mir das ermöglicht, sonst wäre daran niemals zu denken gewesen. Die Büros sind übrigens alle gleich ausgestattet. Ich bin in diesem Unternehmen für die Rechnungserstellung und Reklamationsbearbeitung zuständig. Und ich wohne bei Fabian. Kannst du dir vorstellen, was das für eine Chance für mich war? Mir geht es gut. Es war damals wirklich die richtige Entscheidung, mit meiner Vergangenheit abzuschließen, obwohl es mir für dich sehr leidgetan hat. Aber nun erzähl! Was ist mit dir? Wohnst du noch in Pankow? Und hast du noch Kontakt zum Chef?«

Ich schüttelte den Kopf, denn ich wollte mir keine Blöße geben. Außerdem war mir in dem Moment danach, ihm zu zeigen, dass sich auch bei mir etwas geändert hatte.

»Ich wohne derzeit bei Jannik, von ihm hatte ich dir mal erzählt. Er hat mittlerweile eine Penthousewohnung in der Nähe vom Ku'damm. Ich verkaufe mich seit Wochen schon nicht mehr, du hattest damals recht, als du sagtest, dass es einen kaputtmacht.«

Felix nickte etwas bestürzt, setzte einen ernsten Blick auf und irgendwie war ich glücklich, dass ich Jannik ihm gegenüber erwähnt hatte. Weshalb? Das wusste ich nicht. Ich wollte wahrscheinlich einfach nur, dass er erfuhr, wo ich zu dem Zeitpunkt wohnte und sich auch bei mir etwas getan hatte.

»Ja, das ist der schlimmste Job, den man machen kann, Jasper. Ich war total verkorkst und konnte einfach nicht mehr. Und ich habe echt verdammt oft an dich gedacht und mich gefragt, ob es richtig war, dich einfach so zurückzulassen. Manchmal habe ich auch gezweifelt und dich vermisst. Doch mir wurde klar, dass ich hier richtig bin, und Fabian war die ganze Zeit für mich da. Aber jetzt sag doch endlich mal, was du in Spanien machst. Bist du im Urlaub hier? Hast dich ja bisher nicht so richtig geäußert.«

Ich stellte fest, dass Fabian für Felix offensichtlich dasselbe getan hatte, was Jannik für mich tat, was mich irgendwie beruhigte und erleichterte. Felix war glücklich, nur das zählte. Einen Augenblick lang zögerte ich, bevor ich mir rasch im Kopf eine Story zurechtbog, um nicht allzu bescheuert dazustehen und um ihm vielleicht sogar ein wenig zu imponieren.

»Ich brauchte eine Auszeit, Felix! Und ich wollte nach Spanien. Das hat mir Jannik ermöglicht, sonst wäre daran niemals zu denken gewesen. Er meinte, ich sollte mal ein paar Tage raus. Und ja, ich wollte dich wiedersehen, weil ich genau wissen wollte, was aus dir geworden ist und weil du mir gefehlt hast. Ich bin wirklich froh, dass du glücklich bist und das Richtige getan hast. Ich bin dir nicht böse, weil du gegangen bist, du weißt doch, was du liebst, lass frei! Wenn es wiederkommt, gehört es zu dir! Ich weiß nicht, ob du das hören willst, aber ich habe dich die ganze Zeit über geliebt – und dich freigelassen. Du bist jedoch nicht zurückgekommen, deshalb gehörst du nicht zu mir. Du gehörst zu Fabian. Genau bei ihm bist du richtig und das ist gut so. Und wie du siehst, geht es auch bei mir weiter.«

Ich sah zu Felix und konnte sehen, dass Tränen in seinen Augen standen. Meine letzten Sätze waren ihm wohl doch etwas nahe gegangen. Er versuchte zwar, gefasst zu bleiben und unterdrückte seine Emotionen, aber ich kannte ihn, ich wusste, sobald ihm zum Heulen zumute war. Klar, er hatte es geschafft, aus seinem Sumpf zu entkommen, doch vor ihm stand ein Überbleibsel aus vergangenen Zeiten, ein Mensch, der etwas für ihn empfand und der wusste, dass es vielleicht auch andersherum so war.

»Du stimmst mich nachdenklich, Jasper!«, krächzte er mit belegter Stimme. »Ich habe eine Menge Gefühle für dich gehabt, aber ich habe dir von Beginn an gesagt, dass ich keine Beziehung wollte. Deshalb hatten wir keine. Das hätte auch gar nicht funktioniert, obwohl, andersherum war es vielleicht doch eine Partnerschaft. Ja, es war eine und ich habe mich nicht korrekt verhalten. Ich habe auch gelitten, das sagte ich eben schon, doch ich kann dir hier und heute sagen, dass ich nicht mehr am Leben wäre, falls ich nicht gegangen wäre.«

Nun standen auch mir die Tränen in den Augen. So gern hätte ich dem noch etwas hinzugefügt. Doch irgendwie fehlten mir die Worte. Ich wollte nur noch raus aus dem Gebäude. Felix war glücklich, das konnte ich spüren, er war angekommen. Dort, wo er jetzt lebte, wurde er geliebt und war gut aufgehoben. Das beruhigte mich und ließ mich irgendwie aufatmen. Von jetzt auf gleich hatte sich in mir etwas verändert. Ich sagte, dass ich ihn nicht länger von der Arbeit abhalten wollte, verabredete mich jedoch mit ihm und Fabian zum Abendessen in einer nahe gelegenen Tapas-Bar. In jenem Moment hatte ich einfach nicht mehr die Kraft, mich mit ihm weiter zu unterhalten. Sein Glück nagte an mir, doch gab mir auch Zuversicht für meine Zukunft – und das war enorm wichtig.

Ein paar Stunden später saßen wir alle zusammen. Felix rauchte nicht mehr und bestellte sich Wasser zum Essen. Fabian war sehr sympathisch und erkundigte sich genau nach meinem Leben. Anscheinend hatte er tatsächlich Interesse daran, wie es mir ging. Ich drehte natürlich abermals alles ein klein wenig zu meinem Vorteil, sodass ich nicht allzu schlecht dastand, verkniff mir ebenfalls das Rauchen und war zudem sogar erleichtert, als die zwei sich von mir verabschiedeten und ich mir ein Hotelzimmer suchen konnte. Ich war total müde und froh, als ich fündig wurde und mich auf ein frisch gemachtes Bett fallen lassen konnte. Ich sah dabei durch die geöffnete Balkontür auf den Sonnenuntergang und beobachtete den gelben Ball, der sich langsam, aber sicher ebenfalls schlafen legte. Später würden an dem wolkenlosen, spanischen Himmel unter Garantie Millionen von Sternen funkeln, und in diesem Moment überfiel mich die Erinnerung an die erste Nacht in Janniks Elternhaus, als ich, ziemlich betrunken, auf einen Sternenhimmel geblickt und daraus Mut geschöpft hatte. Egal was geschehen würde – der Himmel war immer da! Seufzend schloss ich die Augen und dachte an den Mann, der so selbstlos war.

Bevor ich mich etwas später endgültig zur Ruhe begab, stand ich noch einmal auf, stellte mich direkt auf den Balkon, überlegte für einen kurzen Moment, mir eine Zigarette anzuzünden, entschied mich jedoch dagegen, nahm stattdessen mit einem Lächeln auf den Lippen mein Handy und schrieb eine Nachricht.

»Jannik, ich fliege morgen Mittag zurück und werde gegen drei Uhr nachmittags in Tegel sein. Es wäre sehr schön, wenn du mich abholen könntest. Danke für alles. Ich vermisse dich und freu mich auf morgen. Und übrigens: Wenn es zurückkommt, gehört es zu dir! Dein Jasper!«

Es verging noch nicht einmal eine Minute, bis ich eine Antwort empfing. Sie war kurz und knapp, dennoch hatte sie so viel Inhalt, dass sie mein Herz berührte und irgendwie die ganze Nacht über nicht losließ.

»Ich werde da sein!«

Vier Worte mit der Aussage eines Romans. Es war so schön.

Ein neues Leben

Mein Flugzeug landete nahezu auf die Sekunde pünktlich in Berlin und wenige Minuten, nachdem die Räder zum Stillstand gekommen waren, begab ich mich langsam durch den Landefinger in Richtung Gepäckausgabe. In meinem Kopf ging alles wild durcheinander. Einerseits war ich froh, endlich Gewissheit zu haben, dass es Felix tatsächlich gut ging, andererseits war ich fast schon ein wenig wütend, dass er mich offensichtlich bei Weitem nicht so geliebt hatte wie ich ihn. Ich trauerte zudem ein wenig um meine verlorene Liebe und hätte während des Fluges beinahe mehrfach losgeheult, doch in anderen Momenten, und die waren am Ende der Reise bereits in der Überzahl, zog eine Art Frieden in mir ein, weil ich mich jetzt nicht mehr schämen musste, Janniks Hilfe anzunehmen. Solange Felix in meinem Kopf noch derart präsent gewesen war, hatte ich nämlich ständig das Gefühl gehabt, als würde ich Jannik betrügen oder gar verraten. Das war jedoch von einer Sekunde zur anderen verschwunden, ich atmete innerlich auf und das gab mir ein Gefühl von Zufriedenheit. Endlich konnte ich mich ausschließlich auf Jannik konzentrieren.

Kaum hatte ich meine Tasche vom Band gezogen und war durch die Tür für Fluggäste ohne zu verzollende Waren getreten, stand Jannik bereits in voller Lebensgröße vor mir. Lächelnd begrüßte er mich und hielt mir eine Blume entgegen. Eine einzelne Rose in tiefblauer Farbe. Überrascht blieb ich stehen und griff nach der Blume, steckte meine Nase zwischen die Blütenblätter und sog den Duft tief in meine Lungen. Noch nie in meinem Leben hatte mir irgendjemand ein solches Geschenk gemacht, diese Geste traf mich, allerdings im positiven Sinne. Erst nach mindestens einer Minute sah ich zu Jannik auf und erkannte ehrliche Freude in seinen Augen.

»Schön, dass du wieder da bist«, sagte er leise und griff nach meiner Hand. »Die Zeit ist mir wie eine Ewigkeit vorgekommen, obwohl du ja eigentlich gar nicht lange weg warst. Du kannst dir überhaupt nicht vorstellen, wie sehr ich dich vermisst habe.«

Schlicht und doch so voller Gefühl kamen diese Worte aus seinem Mund, vollkommen ehrlich und warmherzig. Mein Blick hielt seinen fest und bevor ich es verhindern konnte, erwiderte ich: »Du hast mir auch gefehlt.« Noch während ich diese Worte sagte, überlegte ich, ob sie der Wahrheit entsprachen, was ich für mich jedoch selbst sofort aufrichtig bestätigen konnte. Ja, ich hatte Jannik tatsächlich vermisst, ich wollte bloß in diesem Augenblick nicht analysieren, warum das der Fall war.

»Wie komme ich zu der Ehre mit der Rose?«, fragte ich ebenso leise wie Jannik vorher. Es schien fast so zu sein, als würden laute Worte diese ganz eigene Stimmung, die zu spüren, aber noch nicht zu greifen war, zerstören können, also dämpften wir wohl unwillkürlich unsere Stimmen.

»Ich wollte dich mit etwas ganz Besonderem begrüßen und da schien mir eine Blume in genau dieser Farbe passend. Blau steht schließlich nicht nur für Treue, das ist bloß die bekannteste Bedeutung, sondern ebenso für Unendlichkeit, Harmonie, Zufriedenheit und Ruhe, aber auch für Sehnsucht. Wenn also eine Farbe zu dir passt, dann diese. Ich hoffe so sehr, dass du jetzt endlich zur Ruhe kommen kannst, doch darüber reden wir zu Hause, okay?«

»Ja, lass uns nach Hause fahren.«

Wie sich das anhörte. Nach Hause. War es das denn, also auch mein Zuhause? Jannik hatte mir ja zugesagt, dass ich bei ihm würde wohnen können, solange ich wollte. Ob das noch galt? Nun, wir würden sehen, zunächst jedoch plagte mich allen Ernstes der Hunger, was mein Magen mittels eines lauten Knurrens deutlich hörbar mitteilte. Jannik sah mich einen Moment lang irritiert an, grinste plötzlich, als hätte ihm jemand einen absolut geilen Witz erzählt, zog mich fest in die Arme und küsste mich auf die Stirn, ungeachtet der Tatsache, dass wir mitten im Weg standen und die anderen Fluggäste einen Bogen um uns machen mussten.

»Da quassele ich dich voll und dir hängt der Magen bis zur Kniekehle. Hast du denn nicht gefrühstückt?«, fragte Jannik, als er mich wieder losgelassen hatte und mit sich in Richtung Ausgang zog.

»Nein, ich war einfach zu aufgeregt und habe am Morgen nur Kaffee in mich reingeschüttet«, gab ich zu und musste unwillkürlich ebenfalls lächeln. »Das war heute nämlich erst mein zweiter Flug. Außerdem musste ich mich ziemlich beeilen, damit ich rechtzeitig zum Airport kam.«

»Nicht dein Ernst, echt? Gestern war demnach das erste Mal? Schade, dass ich dich nicht bei deiner Premiere begleiten konnte, aber, wenn du magst, können wir demnächst mal zusammen irgendwohin fliegen. Wo möchtest du denn gern hin?«

»Im Moment einfach nur in den nächsten Imbiss«, konterte ich kichernd und staunte darüber, wie sich meine, durch die bisher ungeklärten Verhältnisse bis vor Kurzem noch eher gedämpfte, Stimmung zusehends verbesserte und dass ich tatsächlich wieder unbeschwert lachen konnte. Es war, als ob vorher Ringe um meine Seele gelegen hätten, die einer nach dem anderen zersprangen. Ich fühlte mich förmlich befreit.

»Kommt ja gar nicht infrage«, schmetterte Jannik meinen Vorschlag prompt lachend ab und machte einen anderen Vorschlag. »Wir gehen ein schönes Steak essen. Ich entführe dich jetzt zum Fleischdealer und Restaurantbesitzer meines Vertrauens, danach können wir meinetwegen stundenlang reden. Also los, lass uns.«

Erst über zwei Stunden später erreichten wir Janniks Wohnung. Es war wirklich ein Heimkommen, so, als wäre das tatsächlich auch mein Zuhause. Ich stellte meine Tasche vor die Waschmaschine, denn es waren ja getragene Sachen darin, und begab mich anschließend ins Wohnzimmer, wo Jannik in Windeseile die Rose in eine Vase gestellt und mitten auf dem Tisch platziert hatte. Er bat mich darum, dass ich mich neben ihn setzen sollte, was ich natürlich tat. Ich streckte meine Beine von mir und wartete darauf, dass Jannik irgendwie den Anfang machte, da ich nicht wusste, wo ich hätte beginnen sollen.

»Hat dir dein erster Flug denn wenigstens gefallen?«, begann Jannik nach ein oder zwei Minuten der Stille.

»Es war unglaublich, ich hätte glatt um die ganze Welt fliegen mögen. Dennoch war ich so was von nervös, als der Vogel abhob, aber es war trotzdem gut, dass ich geflogen bin.«

Jannik sah mich nur abwartend an, er sagte nichts, sondern verschränkte seine Finger miteinander, was mir klarmachte, dass er, trotz seiner gespielten Unbekümmertheit, ziemlich nervös war, was mich wiederum innerlich lächeln ließ. Es machte Jannik so herrlich normal, dass selbst er nicht zu jedem Zeitpunkt der Überlegene war, obwohl er ein Pokerface aufsetzte.

»Ich habe Felix tatsächlich gefunden«, sprach ich weiter und erzählte fast minutengenau, was ich in Spanien erlebt hatte. Ich schloss damit, dass ich Felix quasi ein zweites Mal freigegeben und ihm alles Glück der Welt gewünscht hatte. Und dass ich mit diesem Menschen abgeschlossen hatte und endlich komplett frei war, im Herzen, vor allem aber im Kopf, und somit bereit für ein neues Leben.

Jannik atmete auf, was er zwar zu verbergen versuchte, ich bemerkte es allerdings dennoch. Sein Gesicht wirkte von jetzt auf gleich nicht mehr so angespannt, ein Leuchten hielt Einzug in seine Augen und er lächelte.

»Und was willst du nun zukünftig machen? Du weißt, und ich wiederhole mich da gern noch einmal, dass du hier wohnen darfst, solange du willst. Gern auch für immer. Und bevor wieder das Ding mit der Last oder den Nerven kommt: nichts davon, klar?«

Ich schluckte. Jannik war wirklich das Beste, was mir je passiert war. Ob ich ihm bald würde sagen können, was er mir bedeutete? Noch war ich nicht so weit, zu frisch war die herbe Enttäuschung, dass meine Gefühle für Felix zum Schluss nur Augenwischerei gewesen waren, da er sich schon lange gegen mich entschieden hatte. Aber für Jannik empfand ich mittlerweile viel, sehr viel sogar. Irgendwie wollten mir die berühmten drei Worte noch nicht über die Lippen gleiten und ihm bloß ein burschikoses »Ich habe dich lieb!« an den Kopf zu ballern, konnte ich mir auch irgendwie nicht geben – das klang ein bisschen nach Haustier und das machte es mir sehr schwer, meine Empfindungen auszudrücken.

»Da Wichtigste wäre eigentlich, dass ich meine Klamotten aus der Wohnung hole, wobei es sich dabei ja nur um meine Rucksäcke handelt. Und mit dem Chef sprechen muss ich, denn ich sollte ihm langsam mal ehrlich sagen, dass ich ihn weder weiter treffen möchte noch in der Wohnung leben will. Ich habe immerhin durch dich eine zweite Chance bekommen, die werde ich nicht leichtfertig verspielen. Selbst ein Versager erkennt manchmal, was richtig ist.«

»Könntest du bitte mal damit aufhören, dich ständig als Versager zu bezeichnen? Du hattest Pech. Die Gründe dafür sind sicher diffiziler, als man auf den ersten Blick erkennen kann, aber ein Versager bist du deswegen nicht. Außerdem werde ich dir helfen, mit allem, was mir zur Verfügung steht. Soll ich dich zu dem Mann, den du Chef nennst, begleiten?«

»Das wäre toll, denn wenn du dabei bist, fühle ich mich ein bisschen sicherer. Am besten sende ich ihm gleich eine Nachricht, damit das geregelt wird. Könnten wir bitte heute noch meine Sachen abholen? Dann kann ich ihm den Schlüssel nämlich gleich zurückgeben, sobald wir ihn treffen.«

»Na klar, wollen wir gleich, damit wir es uns anschließend gemütlich machen können?«

»Musst du denn heute nicht mehr arbeiten?«

»Nein, ich hab mir für dich ab Mittag freigenommen und sieh mal bitte zur Uhr. Du bist am frühen Nachmittag gelandet und wir haben knapp zwei Stunden im Restaurant verbracht. Da ist nix mehr mit Arbeit. Ich hätte sowieso Feierabend.«

Ein wahnsinnig warmes Gefühl durchfloss meinen ganzen Körper, als ich diese Worte hörte, obwohl sie etwas flapsig klangen. Jannik war ein echter Traummann, der stets zuerst an andere dachte. Womit hatte ich diesen Superhelden bloß verdient?

Wenige Minuten nach diesem Gespräch saßen wir bereits in Janniks Auto und fuhren nach Pankow. Mit gemischten Gefühlen betrat ich das Haus, in dem ich gelebt hatte. Es war immer noch schäbig und es sah, gerade nach einiger Zeit der Distanz, sogar weit schlimmer aus, als ich es in Erinnerung hatte. Ein Seitenblick zu Jannik bestätigte mir, dass er ebenfalls ziemlich erschüttert war, so krass hatte er sich das sicher nicht vorgestellt.

In der Wohnung hatte sich logischerweise nichts verändert, wie auch? Der Klapptisch stand noch immer im Weg und erst in diesem Moment, in dem ich richtig klar war, sah ich, dass nach wie vor ein bisschen Blut an der Ecke klebte. Das von damals, von dem Sturz. Leere Flaschen standen überall und das Bett war nicht gemacht. Außerdem erblickte ich meine vollgepinkelte Hose, die ich, ohne zu zögern, rasch in einen Müllbeutel stopfte, um sie zu entsorgen.

»Pack deine Sachen, das ist nicht mehr deine Welt«, meinte Jannik. »Wenn du mir den Schlüssel für einen Tag überlässt und den Termin mit dem Chef auf frühestens übermorgen legen kannst, schicke ich unsere Putzfrau hier durch. Besser, man übergibt die Bude sauber, meinst du nicht?«

Ich nickte, denn mir fehlten einfach die Worte. Janniks Großzügigkeit kannte offensichtlich kaum Grenzen. Ich raffte in Windeseile meine wenigen Habseligkeiten zusammen und schaute mich ein letztes Mal in der kleinen Wohnung um, die mir vor ungefähr einem Jahr als Zuflucht gedient hatte und danach zu meinem Zuhause geworden war. Was nur hatte mich hier gehalten? Zu wenig Geld? Nein, eigentlich hatte ich meistens ganz gut verdient. Ich schüttelte unmerklich den Kopf. Es waren die Gefühle gewesen, die Wohnung hatte sie bewahrt wie ein Weckglas seinen Inhalt. Sie hatte eine Liebe konserviert, die längst erloschen und zu einer schmerzlichen Erinnerung geworden war. Ich zog fröstelnd die Schultern hoch und mir wurde plötzlich extrem kalt, ich wollte bloß noch weg.

»Ich möchte gehen«, raunte ich Jannik zu, der mir daraufhin den Schlüssel abnahm, mich auf den Flur schob und hinter uns abschloss.

In Janniks Wohnung angekommen schüttete ich meine wenigen Habseligkeiten auf den Küchenfußboden, hockte mich hin und unterzog die Sachen einer eingehenden Prüfung, während Jannik mir dabei schweigend zusah. Plötzlich hielt ich inne. Da war es, das Hemd, mit dem alles begonnen hatte. Ich hielt es hoch und ... zerriss es in mehrere Teile. Immer kleiner wurden die Stücke, bis das ganze Hemd nur noch aus einem Haufen Fetzen bestand. Es war befreiend, sich davon zu trennen, denn dieses Hemd hatte mir nur Unglück gebracht. Von Jannik mal abgesehen, aber der würde mir auch ohne diesen blauen Stofffetzen bleiben.

»Warum zerreißt du denn das tolle Oberteil?«, fragte Jannik erstaunt nach. »Das Hemd war nun wirklich sehr schön!«, fügte er noch hinzu und sah mich mit verständnislosem Blick an.

»Weil ...«, setzte ich wütend zu einer Antwort an, »... genau mit diesem verfickten Hemd alles angefangen hat. Das war der Fetzen, den ich gestohlen habe, der mir zum Verhängnis wurde, weshalb ich dich damals verlassen habe und letztendlich bei Felix gelandet bin. Ich musste dieses Hemd einfach zerstören, weil ich damit meine Vergangenheit in Stücke reiße. Außerdem finde ich es mittlerweile total hässlich. So gut es mir damals gefiel, so beschissen sieht es heute für mich aus. Das Hemd ist für mich Geschichte, ebenso wie die schmuddelige Wohnung in Pankow, Felix, der Chef, der Alkohol und erst recht alle anderen Freier. Verstehst du, was ich meine?«

Jannik nickte. Er schien zu begreifen, wie wichtig mir das war, was ich in dem Augenblick tat. Ich feierte sozusagen das Ende eines Lebensabschnitts, um ein neues, reiferes, besseres Kapitel zu beginnen, und das zerstörte Hemd diente mir mehr oder weniger als Symbol für die Veränderung.

»Du scheinst es wirklich ernst zu meinen! Finde ich klasse, das gibt mir ein wahnsinnig gutes Gefühl und ich weiß wirklich zu schätzen, wie du mir das mit dem Hemd erklärt hast. Danke dafür, dass du so offen zu mir bist«, erwiderte Jannik, lächelte und lehnte sich an die Türzarge, um mir weiter bei meinem Treiben zuzusehen.

»Wenn ich zu dir nicht offen bin, zu wem soll ich es denn sonst sein? Ich habe keinen anderen Menschen, erst recht niemanden, dem ich Vertrauen schenken kann.«

»Vertraust du mir denn, Jasper?«, hakte Jannik neugierig nach und zog erwartungsvoll die rechte Augenbraue hoch.

»Vom allerersten Tag an habe ich dir vertraut. Und du kannst dir nicht vorstellen, wie sehr ich es bereue, damals einfach so ohne Grund abgehauen zu sein. Im Nachhinein betrachtet, ist mir klar, was für ein Vollidiot ich war!«

»Du musst gar nichts bereuen und ein Vollidiot bist du auch nicht!«, erklärte Jannik daraufhin und zog mich zärtlich hoch in seine Arme. »Das Wichtigste ist doch, dass du deinen Entzug geschafft und eingesehen hast, dass du nicht mehr länger Stricher sein kannst, weil es dich einfach kaputtmacht. Und dir muss klar sein, dass du nicht allein bist, denn ich bin da und helfe dir, egal, was du zukünftig machen willst. Also blick einfach nach vorn.«

»Ehrlich gesagt weiß ich noch nicht genau, was ich machen möchte. Auf jeden Fall werde ich mir einen Job suchen, damit ich was zum Haushalt beitragen kann. Eventuell frage ich mal in einer Tanke nach. Dort könnte ich doch ein paar Schichten machen und Geld verdienen.«

»Jasper, was soll das?«, warf Jannik ein. »Du brauchst an keine Tanke. Das ist Humbug. Vielmehr solltest du dich ernsthaft mit deiner Zukunft beschäftigen. Letztes Jahr hattest du, wenn ich mich recht erinnere, noch vor, deinen Schulabschluss nachzuholen. Es wäre toll, wenn du das jetzt in die Tat umsetzen würdest.«

»Ach Quatsch, dazu bin ich mittlerweile viel zu alt, ich bin ja schon …«

»Achtzehn?«, fiel Jannik mir ins Wort. »Total alt würde ich sagen. Der Zug ist abgefahren. Natürlich ist er das nicht, mein Gott, und sofern du wirklich etwas zum Haushalt beitragen willst, kannst du dir gern einen Vierhundert-Euro-Job suchen, obwohl du das auch nicht bräuchtest. Ich habe Geld genug, aber ja, ich weiß, Jasper will sich nicht aushalten lassen, sondern was Eigenes haben. Deswegen ist der Vorschlag mit dem Nebenjob bestimmt nicht die schlechteste Idee.«

Jannik hatte recht. Meine Zukunft war wichtig. Und er ging auf mein Bedürfnis, eigenes Geld zu verdienen, ein. Ehrlich gesagt hatte ich an so etwas wie einen Nebenjob gar nicht gedacht. Tanke und Schule! Oder Gastro und Schule! Whatever! Ich würde wirklich meinen Abschluss nachholen können, hätte eventuell sogar ein Jahr später die ersehnte Mittlere Reife in der Tasche und würde gleichzeitig Geld verdienen.

»Ich habe es mir überlegt, Jannik. Ich will wieder zur Schule gehen, aber wenn es möglich ist, in einem anderen Stadtteil. Den Lehrern von damals möchte ich nämlich nicht unbedingt wieder begegnen. Aber den Nebenjob gibts trotzdem. Darauf bestehe ich, weil ich dir nicht auf der Tasche liegen will. Apropos auf der Tasche liegen. Ich habe noch Geld von dir, das du mir für Spanien mitgegeben hast. Satte zweihundertfünfzig Euro sind übrig geblieben. Die würde ich dir gern zurückgeben.«

»Unverbesserlich, dieser Jasper! Aber gut. Falls du mir das restliche Geld wiedergeben willst, kannst du es auf den Tisch legen, aber du kannst es auch ebenso gut behalten. Entscheide du das. Es gehört dir. Jetzt werde ich erst mal unsere Putzfrau verständigen, dass die deine Butze sauber macht. Und du schreibst bitte diesem Chef eine Nachricht, damit wir das Zimmerchen schnellstmöglich loswerden.«

Gesagt, getan! Unverzüglich griff ich zu meinem Handy und tickerte den Chef an. Ich schrieb ihm, dass ich ihn in den kurzfristig treffen müsste, und er antwortete mir sehr zeitnah, dass es bei ihm am übernächsten Tag klappen könnte.

Das passte gut, denn bereits am nächsten Tag glänzte die Pankower Absteige wie schon lange nicht mehr. Die gute Fee hatte schon sehr früh den Schlüssel geholt und gleich darauf spitzenmäßige Arbeit geleistet, außerdem hatte sie Jannik per MMS Fotos von vorher und nachher geschickt, weil sie wissen wollte, ob das so in Ordnung wäre.

»So sauber war es da garantiert noch nie!«, erklärte ich und erntete von Jannik dafür sowohl ein schiefes Grinsen als auch einen Kuss, den ich irgendwie nur zu gern erwiderte. Ich fühlte mich von Minute zu Minute wohler in seiner Gegenwart. Mir war so, als wäre ich angekommen und könnte positiv in die Zukunft schauen.

Am darauffolgenden Tag trafen Jannik und ich nach seinem Dienst im väterlichen Unternehmen den Chef in einem kleinen Café. Er begrüßte mich lächelnd und stellte sich Jannik kurz mit seinem richtigen Namen vor, den ich in diesem Moment tatsächlich zum ersten Mal aus seinem Mund hörte. Wir bestellten Kaffee und gleich darauf ergriff Jannik das Wort.

»Wir sind hier, um kurz mit Ihnen zu sprechen«, begann er in einem freundlichen, aber ernsten Ton zu erklären. »Es geht um die Wohnung, die Jasper von Ihnen gemietet hat. Die würden wir gern zurückgeben. Ich habe sie reinigen lassen, seine Sachen sind bereits ausgeräumt und so würden wir Ihnen gern den Schlüssel überreichen. Der Zweitschlüssel befindet sich auf dem Klapptisch in der Wohnung.«

»Außerdem«, sprach ich plötzlich mutig dazwischen, obwohl ich bis zum Treffen mehr als nervös gewesen war und kaum einen Ton herausgebracht hatte, »außerdem kann ich keine Treffen mehr annehmen, das macht mich völlig kaputt. Tut mir leid, wenn ich jetzt enttäuschend und undankbar rüberkomme oder als feige gelte, aber das geht einfach nicht mehr, sorry.«

»Sollte noch Miete fällig sein, lassen Sie mich das bitte wissen, dann werden wir diese umgehend ausgleichen«, erläuterte Jannik weiter, woraufhin der Chef den Kopf schüttelte.

»Nein! Ich habe keine Forderungen mehr an Jasper. Er kann die Wohnung sofort abgeben, eine Kündigungsfrist war sowieso nicht vereinbart.« Der Chef wandte sich mir zu und lächelte verständnisvoll, bevor er weitersprach. »Und ja, ich habe bereits beim letzten Treffen bemerkt, dass es dir mit dem Job als Stricher nicht gut ging und du gravierend etwas ändern musstest. Ich sehe ...«, und bei diesem Satz schaute der Chef abwechselnd zu mir und zu Jannik, »... ja, ich sehe genau, dass du bei diesem jungen Mann recht gut aufgehoben bist, es ist der richtige Weg, Jasper. Nicht nur Felix hat seinen Deckel gefunden, sondern offensichtlich du auch. Ich mag dich wirklich sehr und möchte dir auch in Zukunft jegliche Unterstützung anbieten, die du brauchst.«

Der Chef sah mich eindringlich an, doch seine Blicke waren mir einfach zu viel. Ich sagte ihm, dass ich das zu schätzen wüsste, davon jedoch Abstand nehmen wollte, da es mir wichtig war, der Stricherszene komplett den Rücken zu kehren. Außerdem würde es sich irgendwie völlig falsch anfühlen, denn in seiner Nähe käme ich mir dann immer noch wie der Stricher vor, der ich nicht mehr war und nie wieder sein wollte.

»Okay, Jasper, das akzeptiere ich«, gab mir der Chef schulterzuckend zu verstehen und nickte. »Aber du sollst dennoch wissen, dass du dich jederzeit bei mir melden kannst, falls du was brauchst. Und nun muss ich weiter. Ich wünsche euch alles Gute und viel Glück für die Zukunft.«

Mit diesen Worten verabschiedete sich der Chef von uns, trank rasch seinen Kaffee aus, nahm den Wohnungsschlüssel und verschwand. Es tat so verdammt gut, wieder ein Kapitel der Vergangenheit abzuschließen.

»Wollen wir nun kurz einen Abstecher zu meinen Eltern wagen? Mein Dad brennt förmlich darauf, dich kennenzulernen«, fragte mich Jannik, doch das lehnte ich ab.

»Ich kann das noch nicht! Nicht jetzt, bitte, ich muss erst mal runterkommen, das war total aufregend für mich, mit alldem abzuschließen. Kannst du das verstehen? Gern fahre ich mit dir am nächsten Wochenende dorthin. So habe ich noch ein bisschen Zeit, mich darauf vorzubereiten.«

»Klar! Sorry, ich wollte dich nicht drängen. Aber ich habe es angesprochen, weil mein Dad mir heute in der Firma sagte, dass du, sobald du einen Schulabschluss hast, vielleicht bei uns eine Ausbildung beginnen kannst. Er meinte halt, dass er, wenn ich mich schon so sehr um dich kümmere, auch seinen Teil dazu beitragen will, und deshalb sollte er dich langsam wirklich kennenlernen.«

»Das ist ja der Hammer!«, jubelte ich, da ich das nicht erwartet hatte. »Klar, ich meine, sicher, ähm, wow, du glaubst gar nicht, wie sehr ich mich … okay, am nächsten Wochenende ist Dad-Kennenlern-Tag. Versprochen. Und weißt du, was ich jetzt will?«

»Na, sag mal!«, hauchte mir Jannik entgegen.

»Dich küssen, mit dir nach Hause fahren und dich anschließend mit Haut und Haaren vernaschen.«

»Das lässt sich einrichten!«, raunte Jannik, zahlte den Kaffee und beeilte sich, mit mir in seine oder besser gesagt unsere Wohnung zu kommen, in der ich ihm, gleich nachdem die Tür geschlossen war, die Kleidung vom Leib riss.

Ich küsste ihn am ganzen Körper, streichelte seine Haut, leckte an seinen Nippeln, noch bevor wir das Bett erreichten. Er stöhnte und genoss meine Liebkosungen, er war derart stark erregt, dass ich gezwungen war, etwas langsamer zu machen, um das Ganze nicht vorzeitig zu Ende zu bringen. So schob ich ihn vorsichtig auf die Matratze, tastete mich mit der Zunge über seine Brust, verweilte am Bauchnabel und leckte schließlich an seinem harten Schwanz, was ihn abermals zum Schmelzen brachte. Um ihn richtig in Ekstase zu bringen, massierte ich derweil seinen Bauch und die Oberschenkel, fuhr immer wieder mit den Fingerkuppen leicht über seine feuchte Haut und erfreute mich daran, dass ich ihm damit etwas richtig Gutes tun konnte. Irgendwann jedoch zog er mich zu sich hoch und küsste mich derart liebevoll, dass ich alles um mich herum vergaß. So gern hätte ich ihn in mir gespürt, doch ich traute ich mich nicht, ihm das zu sagen. Es war auch egal, ich würde es laufen lassen, es war gut so, wie es geschah. Für andere Dinge würde uns noch Zeit genug bleiben. Nach weiteren zahlreichen Küssen näherten wir uns irgendwann einem gemeinsamen Höhepunkt, der uns irgendwie in andere Sphären katapultierte.

Anschließend lagen wir eng umschlungen auf dem Bett und sahen uns tief in die Augen. Ich wusste, dass ich dort angekommen war, wo ich hingehörte, und mir war klar, dass ich in eine positive Zukunft blicken konnte. Eine gemeinsame Zukunft, mit einem Schulabschluss, einem Nebenjob, einer Ausbildung, ja vielleicht sogar einer Familie – und, vor allem, mit Jannik an meiner Seite.

EPILOG

Seit meiner Rückkehr aus Spanien waren mittlerweile mehrere Monate ins Land gegangen. Ich besuchte vom Beginn des Schuljahres an erneut die zehnte Klasse einer Realschule, allerdings, wie ich es mir gewünscht hatte, in einem anderen Stadtteil. Da ich mittlerweile volljährig war, hatte mein Vater darüber glücklicherweise nicht mehr zu entscheiden, sodass die Anmeldung und der Schulwechsel problemlos vonstattengingen. Außerdem galt es mittlerweile zwischen Jannik, seinem Vater und mir als vereinbart, dass ich nach meinem Schulabschluss eine Ausbildung in der Firma Drossel antreten würde.

Wir hatten uns vorher zwar noch lange darüber unterhalten, da Jannik irgendwann trotz des väterlichen Angebots auf die Idee kam, dass ich doch eigentlich erst einmal in Ruhe mein Abitur machen könnte, was ich jedoch kategorisch ablehnte. Ich versuchte, ihm begreiflich zu machen, dass es genau dieser Punkt der totalen Abhängigkeit gewesen war, der mich in der Zeit mit Felix beinahe zu einem Opfer hatte werden lassen und dass ich genau aus diesem Grund unbedingt den Nebenjob in der Tanke wollte. Da ich Jannik nichts verschwiegen hatte, auch nicht die Beinahe-Vergewaltigung, konnte er das schließlich nachvollziehen und stimmte meinem Plan zu. Für mich war einfach absolut wichtig, dass ich auf diese Weise auch während der Ausbildung mit einer zusätzlichen Tätigkeit an der Tankstellenkasse ein bisschen Geld verdienen konnte, sodass ich einen kleinen Beitrag zum Haushalt würde beisteuern können. Mein Anteil wäre garantiert nicht annähernd kostendeckend, aber ich hätte nicht mehr das Gefühl, Jannik auf der Tasche zu liegen, obwohl er mich dahingehend immer wieder beruhigen wollte. Ich wusste, dass

Jannik definitiv kein Problem damit hatte, dass er Geld besaß und ich nicht.

Im Grunde war ich sehr froh, dass ich mit Janniks Hilfe meine Krise überwunden hatte, obwohl es mir definitiv nicht ganz leichtgefallen war. Der erste Schritt war sogar unglaublich schwer gewesen, denn ein kalter Entzug, selbst unter ärztlicher Aufsicht, kann schon heftig sein. Und nachdem ich endlich trocken war, wollte ich auch unbedingt den Rest schaffen, ich war mir absolut sicher, das hinzubekommen. Ich wollte meine Abwärtsspirale ein für alle Mal zum Stillstand bringen und nach und nach wieder den Weg nach oben erklimmen. Ich hegte den Wunsch, mir etwas aufzubauen, und um mich dafür zu motivieren, hatte ich, noch vor Beginn des Schuljahres, damit angefangen, ein Tagebuch zu schreiben. Dabei hatte ich es mir zur Auflage gemacht, nicht einfach nur alles aufzuschreiben, sondern für jeden einzelnen Eintrag auch irgendetwas besonders Positives zu finden. Egal was, und wenn es eine Blume war, die ich gesehen hatte, oder einen Regenbogen am Himmel. Hauptsache etwas, über das man sich hatte freuen oder tief im Herzen hatte bewahren können.

Inzwischen war das Weihnachtsfest nicht mehr weit und ich lernte fleißig für die letzten Klassenarbeiten vor den Ferien, was ich im Arbeitszimmer unserer Wohnung erledigte. Unserer Wohnung? Ja, Jannik bestand darauf. Er war felsenfest davon überzeugt, dass es unsere Wohnung wäre, denn schließlich würde ich hier leben, unabhängig davon, wie wir zueinander stünden, obgleich wir inzwischen ein richtiges Paar waren. Ich fand es sehr interessant, wie pragmatisch er eigentlich war. Viele Menschen denken ja, dass diejenigen, die wohlhabend oder reich sind, einfach über nicht so gut betuchte Leute hinwegsehen oder sich erhaben fühlen, für Jannik traf das allerdings in keiner Weise zu. Und für seine Eltern glücklicherweise ebenfalls nicht, von Einbildung oder Snobismus keine Spur.

An einem dieser Lernabende schaute ich durch die offene Tür ins Wohnzimmer, wo Jannik es sich auf der Couch bequem gemacht hatte und beim Zappen durch die Programme eingeschlafen war. Ich betrachtete sein entspanntes Gesicht und seine Lippen, die leicht geöffnet waren. Lippen, die, wie ich inzwischen wusste, unglaublich zärtlich sein konnten. Ein Mund, der mir dauernd lauter süße Sachen ins Ohr flüsterte, sich allerdings auch auf Dirty Talk verstand. Mein Blick glitt zu seinen Händen, die auf seinem Bauch ruhten. Ich schaute auf diese Finger, die absolut unglaubliche Sachen anstellen und mich in die allerhöchste Ekstase versetzen konnten. Mein Herz begann lauter zu schlagen, als ich ihn so musterte. Ich erinnerte mich an unsere ersten gemeinsamen Tage im Sommer des vergangenen Jahres, als ich dachte, ich hätte mich verliebt. Dem war auch so gewesen, nur das Schicksal war uns zu dem Zeitpunkt eben noch nicht wohlgesonnen. Ja, ich hatte mich damals verliebt, und genau diese Verliebtheit war mittlerweile zu einer großen Liebe herangewachsen.

Lächelnd zog ich mein Tagebuch aus der Schublade des Schreibtisches und öffnete das kleine Schloss. Nach einem kurzen Moment schlug ich es auf und griff nach einem Stift. Ich schrieb:

Montag, 10. Dezember 2007

Ich habe gerade Jannik beim Schlafen beobachtet. Nein, es war eher ein liebevolles Betrachten. Dieser Mann ist jetzt und hoffentlich für immer meine Welt. Das heißt, er war es ja schon mal und ist es wieder. Ich liebe ihn, das weiß ich. Es ist eine tiefe Liebe, aber eine eher ruhige, nicht so stürmische. Woher ich das weiß? Weil ich auch diese andere Liebe kennengelernt habe.

Ja, ich habe Felix geliebt. Er war mein erster Mann, vielleicht ist er auch deshalb etwas Besonderes. Ich weiß noch, wie er mich verließ. Ich erinnere mich an die Tränen und meinen Absturz, allerdings auch an das Wiedersehen. Ja, ich wusste noch im selben Moment, als wir uns in Spanien gegenübersaßen, dass er das Richtige getan hatte. Nicht nur für sich, sondern auch für mich. Auf Dauer hätten wir uns vielleicht gegenseitig zerstört, zu viel gefordert, oder einfach bloß viele Geheimnisse voreinander gehabt, trotz aller Versprechen. Dass ich nach unserer Trennung zu viel trank, daran ist natürlich nicht er schuld gewesen, das hatte er nicht vorhersehen können. Und er liebt seinen Fabian aufrichtig.

Wenn ich jetzt hier sitze und an Felix denke, merke ich, wie sein Bild zu verschwimmen beginnt. War es früher scharf und klar,

scheint es mittlerweile hinter einem Vorhang aus Nebel oder Regen
zu verschwinden. Es wird unscharf – und das ist gut so. Felix wird
auf ewig ein Teil meines Lebens sein, nie kann und wird er mir
gleichgültig werden. Und sollte er in Not geraten, werde ich ihm auch
immer helfen, und das sogar mit Unterstützung durch Jannik, das
hat er anklingen lassen, als ich vor ein paar Monaten aus Spanien
zurückkehrte.

Ja, so ist er eben. Jannik hat das größte Herz der Welt und dazu
auch noch die beste Laune. Nie lässt er sich hängen und ist stets
für jeden da. Besonders für mich. Ich bin ihm außerordentlich
dankbar, dass er mich dermaßen unterstützt, und ich weiß in diesem
Augenblick eines ganz genau – diesen Mann will ich nie wieder
verlieren, nie belügen und auf gar keinen Fall enttäuschen, er hat
mir so viele Dinge verziehen. Ob es mir gelingt, das wird man sehen.
Nobody is perfect. Aber ich weiß, dass ich alles in meiner Macht
Stehende tun werde, um ihm der Partner zu sein, den er verdient.
Jannik Drossel, ich liebe dich!

Entschlossen klappte ich das kleine, in Leder gebundene Buch zu, verstaute es, sprang auf und ging ins Wohnzimmer. Dort setzte ich mich auf den Boden neben Janniks Kopf und strich ihm sanft eine Haarsträhne aus der Stirn. Seine Augenlider zuckten, einen Moment später war er wach und schaute mich fragend an.

»Ist was passiert?«, hauchte er halblaut.

Ich schüttelte den Kopf und lächelte.

»Nein, es ist alles gut, Jannik. Ich wollte dir nur sagen, dass ich dich liebe. Ehrlich und aufrichtig. Und nun komm ins Bett, da ist es viel gemütlicher.«

WAS DU LIEBST, LASS FREI.
KOMMT ES ZURÜCK, GEHÖRT ES DIR FÜR IMMER.

*Konfuzius, * 551 v. Chr. † 479 v. Chr.*
Chinesischer Philosoph

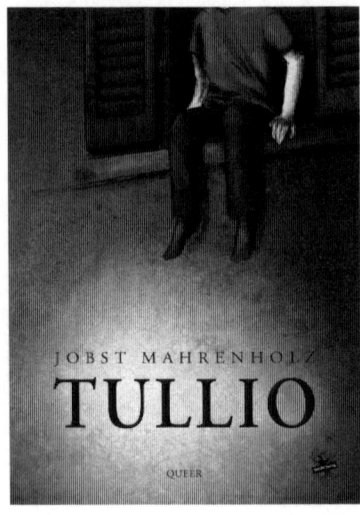

Jobst Mahrenholz

Tullio

ISBN: 978-3-95949-386-4

"Und zum ersten Mal in meinem Leben stelle ich fest, dass ich wirklich dringend etwas wissen möchte. Dass es mir wichtig ist, mehr darüber zu erfahren. Aber ich frage nicht. Aus demselben Grund, aus dem ich nicht bereit bin, ihm zu antworten. Es ist zu persönlich.
Aber eines ist passiert: Ich bin ihm nah, plötzlich. So fühlt es sich zumindest an."

»Mahrenholz verrät seine Helden an keiner Stelle. Er nimmt sie mit all ihren Schwächen und Stärken ernst und lässt zu, dass sich ihre Geschichte genau so erzählt, wie sie ist. Keine Schminke, kein Sicherheitsnetz und dennoch fühlt man sich während des Lesens geborgen und sicher genug, sein Herz zu verschenken.« S.B. Sasori, Autorin